文化共享工程记忆

刘 刚 吴 政 主编

国家图书馆出版社

图书在版编目（CIP）数据

文化共享工程记忆 / 刘刚，吴政主编 . -- 北京：
国家图书馆出版社，2024.11（2025.2 重印）
ISBN 978-7-5013-7732-9

Ⅰ . ①文… Ⅱ . ①刘… ②吴… Ⅲ . ①文化事业－资
源共享－中国－文集 Ⅳ . ① G12-53

中国国家版本馆 CIP 数据核字（2023）第 007332 号

书　　名　**文化共享工程记忆**
　　　　　WENHUA GONGXIANG GONGCHENG JIYI

著　　者　刘　刚　吴　政　主编
责任编辑　王炳乾
封面设计　项梦怡

出版发行　国家图书馆出版社（北京市西城区文津街 7 号　100034）
　　　　　（原书目文献出版社　北京图书馆出版社）
　　　　　010-66114536　63802249　nlcpress@nlc.cn（邮购）
网　　址　http://www.nlcpress.com
排　　版　北京旅教文化传播有限公司
印　　装　河北鲁汇荣彩印刷有限公司
版次印次　2024 年 11 月第 1 版　2025 年 2 月第 2 次印刷

开　　本　710mm×1000mm　1/16
印　　张　21.75
字　　数　285 千字
书　　号　ISBN 978-7-5013-7732-9
定　　价　98.00 元

序

2021年4月15日至17日，文化和旅游部全国公共文化发展中心在辽宁省沈阳市举办了基层公共文化设施效能提升工作交流会，一大批来自全国各省、自治区、直辖市的基层公共文化服务单位的代表参加了此次工作交流会。这次会议是新冠疫情发生后公共文化领域一次规模比较大的重要会议，代表们见面后格外亲切，久不相聚，一时话语多多。谈笑间，一些早年从事全国文化信息资源共享工程（书中简称"文化共享工程"）建设的代表畅谈个人对文化共享工程的认识和体会，以及个人与文化共享工程一起成长的经历。谈到文化共享工程，每一位"工程建设者"心中都有一幅文化共享工程建设发展的全景图，都有一段抹不掉的历史记忆。

我们在总结文化共享工程的历史时，曾说过文化共享工程是推动文化与科技创新的重要力量。一项充满无限生机的创新举措与广袤的国土、与渴望获得美好生活的人民大众相结合，必将演绎出一段传奇。

回顾文化共享工程的发展历程，总有一些留在脑海深处的记忆：忘不掉党中央、国务院的多次强调和部署，中央领导同志多次深入基层服务点视察；忘不掉原文化部部长孙家正同志、原文化部部长蔡武同志、原文化部副部长周和平同志和原文化部副部长杨志今同志等亲临一线指挥部署，带领我们确定具体工作内容、搭建工作网络、实施数字资源建设、落实专项资金等，为文化共享工程的顺利实施提供了重要保障；忘不掉 2002 年初受时任文化部副部长周和平同志的委托，王芬林、镇锡惠和我在北京昌平大学城研发出了文化共享工程试验系统，随后获得了财政部领导的支持；忘不掉国家图书馆原副馆长孙承鉴先生为工程的发展付出的心血；忘不掉四川省图书馆赵红川同志最早提出文化共享工程"集中连片建设"的建议，这个建议使工程日后在全国成片开花；忘不掉原文化部全国文化信息资源建设管理中心（今为文化和旅游部全国公共文化发展中心）的刘刚同志在红军长征胜利 70 周年之际建议，在红军长征时经过的 15 个省市联合开展"文化共享长征行"活动，整个活动安排有序，取得圆满成功；忘不掉在汶川地震后全国文化资源信息共享工程四川省分中心的年轻同志挑灯夜战，为灾区人民送去设备和需要的资源，为战胜灾情献上一份爱心；忘不掉上海图书馆在工程开展之初创建的以上海东方社区信息苑为代表的社会共建共享的新模式；忘不掉宁夏贺兰县图书馆为扩大文化共享工程的影响，以刻录光盘和散发油印小册子的方式宣传文化共享工程；忘不掉山东省图书馆推出的一站式服务开创了全新服务功能，辽宁省图书馆在全省推进进村入户的服务方式，福建、安徽两省图书馆制作精良的文化资源，杭州市萧山图书馆组织文化共享工程技术培训大赛，云南省图书馆推出"农民网络培训学校"新型模式，"文化共享工程十年成就展"的全国六级服务网络示意沙盘受到中央领导的表扬；等等。我在这里无法一一列举文化共享工程建设、发展过程中涌现出的人物及其事迹，这些都反映出全国各地参与文化共享工程的同志们"不忘初心、牢记使命"的精神。

文化共享工程走过 17 年（2002—2019 年）的路，给广大人民群众留下了一大批宝贵的文化财富，也为公共文化的发展聚集起一大批宝贵的人才。文化共享工程开创的事业将在新的历史时期发挥更大作用，乡村振兴同样需要文化共享工程的精神传承，在中华民族伟大复兴之路上，我们将展开一场永不休止的接力赛！

以上是我作为文化共享工程亲历者写下的一点感受，同时受各位同志的委托，让我写个序，就以此作为序吧。

张彦博

2022 年 1 月 1 日

目 录

不负韶华，与文化共享工程并肩成长

王菲菲

长期以来，公共文化服务体系建设一直都是北京市塑造文化之都的重要内容。2001 年，北京市公共图书馆计算机信息服务网络"一卡通"工程启动实施。2002 年 4 月，全国文化信息资源共享工程（以下简称"文化共享工程"）北京市分中心在首都图书馆正式成立。这两个重要工程在北京市的实施，对北京市公共图书馆的数字化建设、基层公共文化的落地实施都起到了极为重要的作用。而我作为一名图书馆人，非常有幸能参与文化共享工程，并与之并肩前行近 20 年。

北京市文化共享工程建设就是一部"网络"发展史

文化共享工程初期，正值北京市公共图书馆"一卡通"工程建设启动不久。由于我大学学习的专业是计算机网络管理，馆里就安排我跟随工作组走访调研北京市公共图书馆，了解区县图书馆自动化建设情况，摸清公共图书馆网络建设家底。那时，我刚参加工作，以为馆员的工作就是借书还书、上架整理。通过这次走访，我才了解到图书馆其实是一个高效、科学、严谨的大系统，从采编到典藏再到流通，各个环节环环相扣，密不可分。而且，图书馆服务的发展与计算机网络技术的发展密切相关，真正的资源共享只有通过现代化的计算机网络技术手段才能有效实现。我觉得我可以在学习图书馆业务的同时，发挥我的专业优势，出一份力。

文化共享工程一直致力采用最新的信息技术，借助网络平台整合各种优秀的文化资源并进行数字化，建设一个不受时空限制的网络体系和传播渠道。北京市文化共享工程经过 10 年的发展，建成 1 个省级分中心、23 个区级分中心，形成了"国家中心—北京市分中心—区县分中心—基层中心—基层服务点"的五级网络体系。

回顾 20 年前，中国互联网刚刚起步，"交换机""路由器"这些陌生名词，即使放在首都北京也不为大部分人所知。城区内还好，到远郊区县，尤其是边远地区，文化基础设施的薄弱和通信传输方式的落后使基层群众长期陷于"信息贫困"的局面。

当年针对这种情况，我国在资源传输上采用了卫星广播方式，负责文化共享工程组织管理工作的文化部全国文化信息资源建设管理中心（以下简称"管理中心"）定时定点将资源通过卫星传输到各个基层服务点。卫星数据广播系统所具有的独特的大面积覆盖、特有的广播和多播优势，不受地理条件限制的快速灵活性与普遍服务的能力以及广域互联网连接能力，使其在当时具有不可替代的作用。文化共享工程通过卫星广播方式传输资源，既能打破地域、时间和用户数的限制，又能迅速稳定地将优秀的文化教育资源和科技信息资源及时传送到群众手中。

还记得 2003 年 11 月底，馆里安排我和几位同事前往怀柔区长哨营满族乡安装调试卫星设备。路程是真的远啊！我们一早不到 8 点从单位出发，开车到怀柔区就用了近 2 个小时，之后一路都是蜿蜒陡峭的盘山公路，路上还飘起了雪花，接近中午才到达目的地。因为路程遥远，怕回去路上天太黑，大家顾不上吃午饭，抓紧时间搭建卫星天线、调试设备。卫星天线的选址要选在距主机安装地点最近的建筑物顶上，必须充分考虑当地的自然环境和电磁环境，考虑卫星信号的场强、周围环境的干扰、操作与联网的方便性等因素。我们在不断实践中摸索总结，最终在北京市建成了近 200 个卫星接收站点，用于接收数字资源。

2007 年 6 月，首都图书馆技术人员在丰台区王佐镇庄户村基层服务点安装文化共享工程卫星接收设备

这次工作之后，我对公共文化服务有了更深的认识。我为我们所从事的文化共享工程工作感到骄傲，我们的工作是真正面向基层群众提供文化服务的。

时间推移到了 2006 年，当时的网络线路中，北京有线电视网络得益于国家"村村通"工程的推进，在全市建立起广泛覆盖北京地区 18 个区县的有线电视网络，成为北京地区重要的网络基础设施资源。因此，北京市文化局决议将北京市文化共享工程与有线电视广播网络相结合，我所在的部门筹备开发"北京市文化信息资源共享工程内容传输平台"。这个平台的建成弥补了在城市无法安装卫星、互联网带宽不足的缺陷，形成具有北京特色的文化共享工程网络。

互联网发展越来越快，"北京市文化信息资源共享服务平台"网站也启动了。平台、网站有效整合了各方资源，形成了一个共享工程资源服务群，使资源的传输、利用手段趋于多样化，基层群众可以根据自己的条件、需求进行选择，更加方便实用。

参加文化共享工程"感人故事"演讲比赛

图书馆工作对专业要求很高,图书馆员不仅要熟悉了解各种图书馆专业知识,还要有充分的实践经验。没有学问不行,只有学问也不行。多年从事文化共享工程工作的经历对我的业务提升起了很大作用,一方面,我会利用空闲时间学习图书馆专业知识,参加职称考试,发表学术论文,在工作中做到知其然也知其所以然;另一方面,我也积极参加全国范围内的各种业务培训,并与同行交流,向他们请教各省的优秀经验,并取得一定的成绩。

2010年10月,管理中心举办了文化共享工程"感人故事"评选及摄影作品评选,我代表全国文化信息资源共享工程北京市分中心(以下简称"北京市分中心")参加了此次活动。参赛前我很忐忑,我只是在会议上进行过发言,在培训上授过课,可从没有参加过演讲比赛呀!我想的最多的问题就是:观众和评委会喜欢听吗?我会不会一上台就把稿子都忘光了?赛前我投入紧张的准备之中。我演讲的题目是"心灵的光辉",这是一个发生在北京市石景山区图书馆员刘亚琴身上的真实故事。尹先生是一位退休的老纪检书记,退休后他常常到石景山区图书馆刘亚琴所在的阅览室看书。偶然的一次机会,他知道了文化共享工程有一个"双百人物"专栏,在刘亚琴的帮助下,他学习使用电脑了解该专栏内容。之后,尹老先生利用专栏内容,历时3年多,用打印纸抄写制作了60米长的人物故事长卷。

赛前准备期间,陈建新主任不断鼓励我,帮助我把稿子改了又改,还帮我对整个演讲过程进行了预演。到了赛场,管理中心王芬林处长也给我打气。充分的赛前准备,感人的故事内容,让我站在台前时并不感到紧张。我以第一人称的方式给大家讲述了一位古稀老人,用极大毅力制作手抄长卷的感人故事。"心灵的光辉"感动了大家,锻炼了我,也让我取得了文化共享工程"感人故事"演讲比赛第二名的好成绩。

2010 年 10 月，王菲菲参加文化共享工程"感人故事"演讲比赛现场

制作北京特色的地方数字资源

数字资源是文化共享工程的核心。首都图书馆作为北京市分中心，以本市文化系统可控资源为主，依托自身的资源建设能力，建设了一批具有北京地方特色，兼具学术性、普及性、欣赏性，门类齐全，适应不同人群的文化共享工程资源集合。"典藏北京""国韵京剧""北京记忆"这些具有鲜明特色的北京地方资源逐渐形成体系，并在全国树立起首都图书馆特色文化品牌，同时通过互联网、App（手机软件）、微信公众号等各种渠道服务于读者。

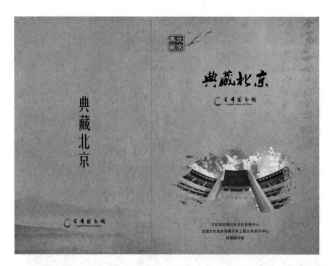

2015 年，文化共享工程北京分中心制作的《典藏北京》专题片光盘

从 2009 年开始，首都图书馆作为北京市分中心就启动了《典藏北京》历史文化系列专题片建设工作。10 余年间，我们先后创作了 20 多个系列 100 余集极具北京特色的历史文化专题片，每一个系列都从图书馆文献出发，选取独特的视角，通过对文献进行视频数字化，深度挖掘北京有特色的人文地理资源。其中《国韵京剧——梨园弟子口述历史》专题片更是利用馆藏戏曲文献的资源优势进行了采访拍摄。

拍摄过程中，我们陆续采访了很多梨园"弟子"。"弟子"指的不仅仅是京剧名家、研究学者，还包括京剧票友。他们讲述了很多不为人知的故事，有学艺经历，有后台的讲究，有唱腔的变化，有门派之间的区别，等等。令人遗憾的是，剪辑到专题片中的内容非常有限，还有很大一部分采访内容不能呈现给读者们。2020 年，我和同事着手对专题片素材进行整理、分类、提取文字稿。在这个过程中，我一直在思考，既然可以将文献拍摄成专题片，那专题片是不是也能再关联回图书？我们多年积累的采访资料，是否可以在内化为档案资料的同时，外化为广泛性的宣传，做到两者合一？捋清思路后，我们反复翻阅馆藏资料，悉心策划、整理，并对采访内容进行筛查，最终编辑出 22 位梨园弟子的口述稿，《国韵京剧——梨园弟子口述历史》正式出版。

书籍编辑过程中，我们又回溯采访了部分梨园弟子，他们对我们所做的工作表示了支持与赞许，对书中出现的人名、旧时地点进行了校对。图书出版需要补充剧照，一些老先生只能安排家里的年轻人或学生帮忙提供，来回沟通，不厌其烦。2014 年 6 月，我们对京剧大师程砚秋之子程永江先生进行了采访，采访过程非常顺利，老先生一直侃侃而谈。谁知几日之后，老先生与世长辞，享年 82 岁。王佩林先生先后在北京市京剧院担任二团、五团团长，口述了旧时的经励科制度和京剧昔日的舞台管理，让我们对之前的京剧"经纪人"有所了解。图书编纂期间，我们得知王老先生已经过世，他的口述是由其夫人进行校对。这些都让我们在哀痛的同时，感到时间紧迫，京剧口述史的整理工作任重而道远。

这本书的出版让我们深化了对传承的认识。京剧有传承，图书馆工作一样也有传承。工程融合只是开始。这近 20 年职业生涯带给我的是内心的充实与荣耀，我非常有幸能够与文化共享工程共成长，并享受作为一名文化共享人的无限荣光。

作者简介

王菲菲（1981 年 1 月— ），女，首都图书馆副研究馆员。参与多个国家级、北京市级公共数字文化工程建设项目，长期从事公共图书馆数据库建设、数字资源建设。

"共享"之旅　难忘往事

邹文欣

光阴流转，时间就像是一辆开往未来的列车，永远无法暂停、无法回头。2021 年 4 月的一天，当我将电脑关闭准备下班的时候，环顾四周，看着眼前新的办公环境，我忽然意识到在不知不觉中一段新的旅程已经开始了。

过去的这两年里，天津图书馆与天津市少年儿童图书馆进行了合并，部门也重新进行了整合。告别了奋战十年的全国文化信息资源共享工程（以下简称"文化共享工程"），我投入到一个新的环境。回顾从事文化共享工程这十年的经历，虽然很多记忆已经模糊，但有些往事却又仿佛就在眼前！

一个新起点

2003 年对于天津文化共享工程和我来说都是值得被记住的时间。那一年全国文化信息资源共享工程天津分中心（以下简称"天津分中心"）依托天津图书馆正式挂牌成立，那一年也是天津图书馆数字资源建设正式起航的一年。在时任馆长陆行素的建议下，我馆正式组建成立了数字资源建设部，专门从事图书馆数字资源建设工作。那一年，经过多年一线岗位磨炼的我，终于明确了自己的方向，成为数字资源建设队伍中的一员，这也为我今后从事文化共享工程工作打下了基础。

2010 年底，图书馆中层干部重新竞聘上岗，全馆 64 名符合竞聘条件的竞聘者进行了竞聘演讲，天津图书馆领导班子成员都出席了会议。那时已经从事了7年数字资源建设工作的我，也走上了演讲台。回想当时，演讲内容已经记不清了，只是记得自己竞聘的岗位是文化共享工程办公室副主任一职。要是问我为什么，我可能也没有具体的想法，只是觉得文化共享工程这个名字很吸引我，工作内容也和资源建设相关吧。

2011年，我正式成为文化共享工程队伍的一员。我刚上任感受到的就是作为一名"文化共享人"的使命感及紧迫感。在过去的时间里，天津文化共享工程工作在前辈老师们的共同努力下取得了不俗的成绩。"文化共享工程进中小学校园"活动，率先在全国实现了文化共享工程向中小学校园延伸的目标。2008年，天津19个区县支中心网站全部开通。2008年5月，在山东省济南市召开的文化共享工程工作会议上，天津市有7个区县被评为全国文化共享工程的示范县。天津的数字资源建设推出众多具有天津地方特色的专题资源库，2010年7月29日的《中国文化报》第8版以整版篇幅介绍了天津特色资源库的建设情况。

面对前辈们取得的成绩，我确实感受到了非常大的压力。当时部门里只有我和侯占军老师两个人。如何从一名普通的业务人员转变成为一名合格的文化共享工程从业者，是我当时面临的最大挑战。时任天津图书馆党委书记李云华、馆长李培、分管文化共享工程工作的李苗副馆长及侯占军老师给予了我充分的信任和帮助，这也是我逐渐成长的助推器。有了全新的工作平台，有了好的领导与同事，有了一个新的起点，我信心满满地开始了文化共享工程之旅。

一场竞赛

作为"文化共享人"，我参加的第一次全国大型活动就是第二届"文化共享杯——全国文化信息资源共享工程知识与技能竞赛"。2009年10月，文化部全国文化信息资源建设管理中心（以下简称"管理中心"）在文化共享工程培训基地——浙江省杭州市萧山区支中心举办了首届"文化共享杯——全国文化信息资源共享工程知识与技能竞赛"，活动覆盖 11.2 万个各级中心和基层服务点，有 13.3 万余人参加了竞赛活动，这次活动是文化共享工程启动以来单次参加人数最多的一次活动。每当谈论或回忆起那次竞赛的经历和盛况，我的内心仍然激情澎湃。

2011 年 5 月，管理中心下发了《关于开展"第二届文化共享杯——全国文化信息资源共享工程知识与技能竞赛"的通知》。收到通知后我们认认真真地研究了很多遍，实话实说，刚刚接手这项工作的我很想借这次活动作出点成绩来，打响头一炮，为今后的工作开个好头。但是由于没有组织大型活动的经验，真是不知该怎样开展，该从哪里入手。当时馆领导非常重视这项活动，给予了我们很大的支持。在李茁副馆长的具体指导下，我们对活动通知及竞赛规则进行了反复的研究，最终确定这次活动要完成两个核心任务以及要做好两个核心点。两个核心任务：一个是通过这次活动提升天津地区文化共享工程业务水平，扩大文化共享工程的影响力；另一个是在全国竞赛中取得好成绩，扩大天津图书馆的影响力。两个核心点：一个是制定合理严谨的活动方案，另一个就是选拔出最强的选手参赛。关于活动方案的制定，现在回想起来记忆犹新，主要是因为修改了太多次，有太多的想法和不确定因素要考虑。最终经过反复推敲和准备，我们在 8 月份确定了活动方案。

9 月份，我们在全市范围内顺利地开展了天津地区的选拔活动，来自全市 20 支代表队共 50 多名选手参加了选拔，最终 6 位表现突出的候选者进入了我们的视野。9 月底，按照计划我们开始了候选者的集训与选拔工作。实际上这真的是比较纠结的事情，6 位选手都非常优秀，同时又都有各自的小问题，如何选择呢？馆领导当时的意见是：首先，3 位现场选手都要具有出色的记忆力，测试成绩要突出；其次，3 位选手中要有一位是计算机知识储备丰富的，另外要有一位是抢答速度快的。根据领导的意见，经过综合考量，最终确定天津分中心的胡彦杰、全国文化信息资源共享工程天津红桥支中心的周小健、全国文化信息资源共享工程天津静海区唐官屯基层点的刘丹丹 3 位选手代表天津参加现场竞赛，另外 3 名选手作为场外答题选手参赛。后来也证明我们的选人思路基本是正确的，参赛选手在决赛中取长补短、配合默契，充分发挥出了各自的水平。

2011 年 10 月 11 日一早，李茁副馆长带队，我和侯占军老师及 3 位选手一行 6 人踏上了奔赴萧山的征途。火车上 3 位选手抓紧一切时间准备竞赛，在队长胡彦杰带领下，相互提问，互相指导。他们表现出来的积极向上、努力自信的精神状态也让我们有了底气。整个赛会期间，管理中心及全国文化信息资源共享工程浙江杭州萧山支中心优秀的赛会组织为我们提供了良好的竞赛环境。馆领导们全程观看了网络直播，并给予了我们很多建议和鼓励。李茁副馆长更是细致入微，每天带领大家分析总结，为选手减压，指导制定比赛策略。我和侯占军老师积极地做好大家的后勤保障工作。侯老师主动地与各省馆沟通交流，学习先进的经验、获得最新的信息，

2011 年 10 月，参加第二届"文化共享杯"竞赛活动的天津代表队成员合影：
左起邹文欣、胡彦杰、李茁、刘丹丹、周小健、侯占军、孟祥也
（管理中心天津籍工作人员）

为选手们提供合理化的建议。最终经过团队的共同努力，天津代表队取得了优异的成绩：以总分第三名的成绩获得了大赛二等奖；天津分中心获得组织奖；周小健获得优秀选手奖。

这次竞赛让我们增长了见识，结交了朋友，积累了经验，更重要的是这次赛事所形成的严谨细致、脚踏实地、团结协作的工作作风，始终贯穿在文化共享工程日后的各项工作中。

2011 年 10 月，选手们在前往杭州萧山的火车上仍然抓紧时间备战

一份建设方案

天津图书馆的文化共享工程资源建设工作始于 2011 年，此前我馆也一直在进行数字资源的建设工作，主要依托我馆于 2003 年成立的数字资源建设部，资源类型包括各类数据库、静态网站、图文、视频等，建设方式以自主建设为主。2011 年，天津图书馆的自建数字资源已经达到了一定的规模和水平，推出了众多具有天津文化特色的专题资源库。例如，反映图书馆特色馆藏的馆藏缩微文献影像数据库，反映近代天津历史文化的津门群星、天津抗战纪事、津门曲艺、天津民俗、名人故居等数据库。

2011 年 12 月，管理中心发布了《全国文化信息资源共享工程 2011 年度地方资源建设指南》，我馆也正式参与文化共享工程地方资源建设工作，这一年也称得上是天津文化共享工程数字资源建设的元年。现在想起来，每年资源建设工作的第一件大事就是准备下一年度项目申报及建设方案制订。现在记忆最深刻的就是 2012 年初准备《全国文化信息资源共享工程 2011 年度地方资源建设项目建设方案》时的情景。由于天津是第一年开展地方资源建设项目，很多事情都需要在这份方案中确定下来，包括今后项目建设的整体思路、框架结构、建设方式、建设内容、专家团队等内容，都要一一落实。对于我们来说，准备这个方案是非常困难的，因为我们没有这方面的经验，以往积累的资源建设的经验好像也派不上用场。当时的馆领导非常重视这项工作，给予了非常大的帮助和支持，特别是李苗副馆长亲自指导项目策划及方案的制定。方案要确定资源类型、文件要求。成果类型分为"视频专题片资源和专题资源库资源，各省级分中心可根据本地区实际情况自主选择建设类型"。最初，我们倾向于建设专题资源库，因为建设专题资源库对图书馆人来说比较容易操作，毕竟有多年的建设经验；而对于建设视频专题片，我们心里是真没底，因为我们没有制作专题片的经验，甚至连想都不敢想。这个不应该是电视台干的事吗？我们拍专题片能比电视台做得更好吗？所以我开始是比较质疑和抵触做专题片的。但是李苗副馆长并没有急于作出选择，她先安排我们做了一系列工作：对其他省级分中心资源建设进行调研；了解文化共享工程今后资源建设的趋势；摸清我馆现有数字资源情况等。之后，我们积极地与管理中心及其他省馆取得了联系并了解了相关情况，时任管理中心资源处处长的琚存华和吴哲等多位老师，给予了我们很多中肯又具有建设性的意见，其他省馆的老师们也给予了我们很大的帮助，特别是当我们了解到福建省馆独立完成了《闽南文化》《客家文化》两部系列专题片后，我们被深深地震撼了，我们没有想到图书馆人也能够拍出这么专业的专题片。

　　通过一段时间的调研与分析，我们对文化共享工程资源建设有了全新的认识，同时也形成了初步的建设思路。2012年初，我们制定了第一版《全国文化信息资源共享工程2011年度地方资源建设项目建设方案》，该方案后经专家论证及多次修改，最终于2012年7月定稿。该方案确定项目资源类型以视频专题片为主。这是考虑到今后视频资源广泛的应用性，以及我馆现有数字资源类型的互补。区别于电视台制作的专题片，图书馆制作的专题片充分利用丰富的馆藏资源，更加突出影片的史料价值及学术价值。在建设方式上，我们采取专业分工、自主建设的模式，也就是专业的事由专业的人来干，图书馆负责项目整体管理和质量把控，视频素材的拍摄、剪辑、包装通过公开招标的方式由专业的视频制作团队来完成，专题片文案撰写及验收由相关领域专家学者完成。同时，在建设内容上初步确定了方向与框架。2011年，项目以最具天津地方文化特点的非物质文化遗产作为切入点，然后逐步扩展到天津历史遗迹、人文景观、旅游资源等方向。

　　这份建设方案，明确了我们文化共享工程地方资源建设工作的方向和目标，在后面的建设过程中我们以此方案为基础，不断改进完善，树立精品意识。经过十年的努力，我们已经成功制作包括《天津非物质文化遗产》《历史遗迹》《津沽文化》等5大系列共计200余集专题片、100余集微视频，大大地丰富了图书馆数字资源内容。

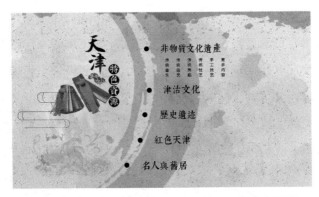

文化共享工程天津特色资源（专题片）网络发布页面

2012 年 10 月 23 日，摄制组拍摄《古典戏法》专题片

一次培训

提起文化共享工程的培训，我想很多"文化共享人"首先会想起的就是中央文化管理干部学院（今为中央文化和旅游管理干部学院，以下简称"文干院"）的培训班。加入文化共享工程队伍后，我常听一些前辈们提起文干院的培训，据说是以严谨、专业、紧凑、信息量大著称。后来亲身经历后，我感觉确实如此。记得我第一次参加文干院的培训班，拿到课程表后我惊呆了，从周一到周六，课程排得满满的，甚至于晚上都有课程或活动。记得第一天晚上的拓展活动，参加培训的人员通过游戏的方式迅速地拉近了彼此的距离，同时也充分感受到文化共享工程大家庭的温暖和积极向上的团队氛围。一周的培训结束后，同来培训的同事感叹，本以为来培训可以放松一下的，一周下来感觉比在单位工作还辛苦。这才是培训该有的样子！后面我又陆陆续续参加了多次文干院的培训，有几次承蒙发展中心领导的信任，担任了培训班的组长，压力真的好大，当时我找到发展中心培训处刘刚处长袒露自己的担忧，刘刚处长给予了我很多的鼓励和建议，为我减轻了很多的心理压力，很多省馆的老师也给予了我非常多的

帮助。为了不辜负这份信任，我唯有用更多的付出来回报他们。记得有一次总结小组成员的学习体会，我力争将每一位老师的想法和意见忠实地反映在报告中，报告完成时我才发现已经是凌晨3点钟了。虽然很辛苦，但是真的要感谢文化共享工程的培训班，自己的业务水平、组织能力、学习能力都有不小的提升，回到单位我也把这些经验运用到天津的培训工作中。

说到让我最难忘的一次培训，应该是我馆在2015年举办的一次全市公共电子阅览室技术培训，那次培训共有近300名天津市各级文化共享工程技术管理人员参加，也是迄今为止天津地区举办的参加人数最多的一次线下培训。

2015年，为贯彻落实《天津市"公共电子阅览室建设计划"实施方案》，提升我市基层公共电子阅览室技术管理人员的技术水平，受天津市文化广播影视局委托，天津图书馆计划在全市范围内举办一次培训活动。在筹划这次培训的过程中，我发现有两个问题比较突出。一个是培训范围。按照以往分级培训的模式，我们通常培训到区县支中心一级，乡镇街道基层点的培训一般由各区县支中心负责。但是这次情况有些特殊，公共电子阅览室的培训内容侧重于实际应用与操作，如果采取过去那样的分级培训，势必会影响培训效果及效率，进而影响全市公共电子阅览室建设的整体推进速度。如果采取全员培训，这对我们来说则是前所未有的挑战，包括具有相应承载能力的场地、酒店的选择，以及培训费用的控制等。另一个就是培训方式，主要集中在是否安排上机操作。如果不安排，这次培训的效果就会大打折扣；如果安排，那么去哪里找能够同时容纳300人的上机场所呢？后来经过馆领导的集体决策，决定学习和借鉴文化部全国公共文化发展中心（前身为管理中心）开展培训的思路和做法，把培训内容落到实处，做好细节工作，踏踏实实为天津市公共电子阅览室建设的推进做好技术保障。按照领导的意见，我们制定了详细的培训计划和培训指南。根据培训计划，本次培训范围为全市所有公共电子阅览室的技术管理人员，培训方式为理论授课、上机操作、研讨三者相结合。我们将学员分成了两组，采用轮流上机的方法满足全体学员上机操作的需求。应该说我们选择了难度系数最高的动作，但为了培训效果更好，效率更高，我们必须要完成好这次培训。

接下来的一个月，我和同事们把培训所有事项逐条理清、落实，馆领导和兄弟部门也给予我们很大的支持。2015年11月30日至12月1日，我馆在海河教育园馆区举办了天津市公共电子阅览室技术培训班，来自全市各区县公共图书馆、少儿图书馆、文化馆以及各街镇综合文化站公共电子阅览室的290名技术管理人员参加了培训。在开班仪式上，时任天津市文化广播影视局社会文化处处长朱义海、天津图书馆馆长李培分别讲话。两天的培训圆满结束了，这时候我们才真真切切感觉到疲惫。这次培训对我们触动很大，我们感受到了基层从业人员对知识的渴望，感受到了从实际出发、脚踏实地做好培训的重要性。

回首十年文化共享工程之旅，心中感慨颇多。很庆幸在这十年里有文化共享工程与我相伴，我开阔了眼界，遇到了良师益友，积累了经验。对于一名图书馆从业者来说，我很庆幸能够有机会从更加广阔的视角观察、了解图书馆的发展。这些经历对我今后的工作助益良多，感谢文化共享工程！

2015年11月30日，在天津图书馆举办的天津市公共电子阅览室技术培训班

2015 年 11 月 30 日，在天津图书馆举办的天津市公共电子阅览室技术培训班

作者简介

邹文欣（1973 年 5 月—　），男，现任天津图书馆（天津市少年儿童图书馆）系统资源部副主任。长期从事文化共享工程和图书馆数字资源建设工作。

我们走在大路上

——文化共享工程记忆

宋建增

我们走在大路上，有高有低也有平。当年的小伙子，如今鬓染霜，"一蓑烟雨任平生"，此刻待我追忆。

自从 2004 年 6 月加入河北省文化信息资源共享工程建设以来，我经历了许许多多的事情，有几件事一直装在我心里。上学的时候老师让写一篇《记一件有意义的事》，当时一直写不好，不知道有意义的事情是什么，也不理解，现在经历过以后，可以写一篇有意义的事了，但不一定能写好。

第一件有意义的事情是到各县给村民中心安装
文化共享工程设备

俗话说："好记性不如烂笔头。"现在翻翻我以前的小本本，虽不能完整记录每一日，但记下了那些天的行程，看着看着，仿佛往事就在眼前。

2006 年 11 月中旬的一天，负责文化共享工程的领导安排我带队到河北省各县安装 277 套设备，包括卫星接收天线、电脑服务器、投影仪、音箱等，要求在 2007 年 1 月底前完成任务。考虑到天气原因，计划先从北到南进行安装，也就是说先从张家口、承德、秦皇岛开始安装，然后到唐山、廊坊、保定、沧州、衡水，再到邢台、邯郸，最后到石家庄。领到任务后，我回到办公室，认真准备，找地图，先把要去的地方划出来，看看行车路线，不能打无准备之仗。由于此前这些设备已经送到各市图书馆，所以我们只带准备的资料就可以了。11月26日，我和技术部的纪锋亚一起带上2G手机（彼时手机能够发短信），和安装人员乘坐石家庄到张家口的4442次绿皮车，开启了此次设备安装的旅程。

27日，与时任张家口市图书馆副馆长高永明同志见面后，我们查验了设备，将人员分成四个小组，张家口市图书馆的同志负责两个小组，我和小纪各负责一个小组，每个小组各负责几个地方的设备安装。我是负责阳原县、蔚县和涿鹿县三县的设备安装，同时也和张家口市文明办的闫海取得联系，让他通知这三县的文明办，通过这三县的文明办告知村委会，明天我们就去安装设备。

28日早5点，我到达张家口市图书馆，往出租货车上装设备，稍微吃点儿早餐就上路了。11月底的张家口，冷风飕飕，我坐在驾驶室里，看着被刚刚升起的红日照耀的东方，感觉像是丹霞地貌一般，天空湛蓝，大地橘红，这时我的脑海里冒出了几个字：读万卷书，行万里路。

上午9点，我们到达阳原县南关村村委会，找安装场地。两位同行的工作人员负责安装，我跟村党支部书记说明来意，介绍情况，签协议，给使用服务器的人员发放资料，做简单的培训。下午1点，设备安装完毕。天线高度、水平方位角正确，接收信号良好，开机后一切正常，签验收报告，顺利完工，第一次安装就这样完成了。午饭后我们跟阳原县文化活动中心取得了联系。县图书馆和文化馆在一起，由于经济欠发达，办公场地破旧，仅有的场地也被置换到新的文化活动中心，而新的文化活动中心缺水、少电，不具备安装条件。经请示，县级基层点的设备暂时就地封存，由时任阳原县文化局办公室主任魏长征负责保管，待条件成熟，再来安装。后来是朱恒章去阳原安装了天线，开通了服务器。

29日，我们来到蔚县。我们先到六街村村委会，找到村支书马正军，按照正常程序，安装天线，签字，发资料，做简单培训。下午，我们到蔚县图书馆。蔚县图书馆和文化馆在一起，老馆长刚退休，刘少军馆长刚接任，但是业务上的事情还是老馆长负责。在两位的带领下，我们登上了蔚县的鼓楼，按照程序，安装、固定天线，调整天线方向。一通电，信号满格，太棒了！这是唯一一次不用调整天线水平方位角就直接出信号的场地。整个安装过程非常顺利、快速。这也是我第一次到蔚县，第一次跟刘少军馆长接触。陪同安装的有蔚县文化局王海军主任，如今他已是蔚县文化和旅游局副局长。蔚县人热情好客，我夜宿老馆长家里，也没给住宿费，怪不好意思的。

2007 年 1 月 22 日，霸州市东段乡安装完毕的文化共享工程卫星接收设备

11 月 30 日上午，我们到达涿鹿县大堡镇后沟村。下午到上洪寺村，安装了天线，调试了设备，做了简单培训。天黑后，我们和其他三组人员顺利会师张家口，畅谈一路的感想。在此期间，每天不管多晚，我都跟其他三个小组进行联系，了解进展，给领导报平安。至此，张家口的安装任务顺利完成。12 月 1 日，我们前往承德。

承德是历史文化名城。那时手机还没有导航，我们只能看《河北省地图册》。看地图时，我发现，承德的避暑山庄占了承德市近一半的面积，皇家离宫名不虚传！我很想去参观。可是不行啊！自己尚有任务在身。当晚，我们和承德市文明办的刘金山主任碰头，确定了各组的安装路线。第二天，我们到承德市图书馆跟姚馆长取得了联系，检查了设备，确定12月3日开始安装，并分配了人员。我带的小组的任务是前往兴隆县和承德县安装设备。只记得12月4日的傍晚我们小组才到达兴隆县八卦岭满族乡，这里离县城大概还有2小时的车程。安装完设备后，天已经黑了，我们抓紧时间签字、盖章，并留下了培训资料。乡镇工作人员的文化程度普遍比村委会工作人员要高一些，设备维护方面的事一说，对方就明白。我们赶紧走，人家也好赶紧下班。在回兴隆县城的路上，皎洁的月光照在山坳，山和树影黑黢黢的，只有我们这一辆货车奔跑在盘山路上，稍不注意，就有翻下沟的危险。为了保证司机的注意力，车上的人都不吭声。我静静地看着山路，真正地体会到了什么是翻山越岭。一到县城，赶紧询问其他小组的情况，并向单位领导报了平安。

2007年1月25日，河北省承德市围场御道口村村民在文化共享工程基层点学习

自从有了张家口和承德的安装经历后，其他的事情就不足为惧了。再后来一切顺利，即使有问题，也能很快解决。

第二件有意义的事情是"带着感情做工作"

文化共享工程人常说的一句话就是，带着感情做工作！

时间过得真快，一晃就到了 2016 年 11 月初。文化部全国文化信息资源建设管理中心改革为文化部全国公共文化发展中心（以下简称"发展中心"）。发展中心首次在河北石家庄举办了国家公共文化数字支撑平台应用推广暨骨干师资培训班，共有 33 个省级分中心、13 家省级数字文化馆试点单位的负责同志参加。

2016 年 11 月 1 日，发展中心在河北省石家庄市举办培训班

我一看参会嘉宾，许多人都认识，蔡荣生，时任江西省图书馆副馆长；吴政，来自南京图书馆；杨向明，来自河南省图书馆；秦升，来自陕西省图书馆……当时，我跟时任云南省文化馆副馆长刘江住一个房间。晚上我一进房间，老刘已经在沙发上坐着，他披着浴巾，捂着脸。我说："怎么了？"老刘说："上火牙疼，没吃饭。"我说："给你找点儿吃的吧。"老刘说："吃不下。"我心想，这可怎么办呀？牙疼不是病，疼起来真要命。我说："这么着吧，这外面的草地上长着蒲公英呢，不如采点吃吧，能去火，能消炎。"老刘说："明天吧，今晚先忍忍。"第二天一早，我就带着他去采

蒲公英，带回房间洗了洗就直接吃了。中午，他觉得好多了，非常感谢我。晚上聊天，我才知道他是一位立过一等功的军人，后转业到文化馆。他说："你知道音爆吗？我的耳朵有点儿背，就是因为在 20 世纪 80 年代末守卫法卡山的时候造成的。当时我是侦察连的副连长，带领一个排驻守在阵地上。那天下山到营部开会，天快黑的时候返回。快走到阵地要上坡的时候，突然听到一声枪响，在耳边呼啸过去。那声音非常大，我就仰面朝天直着躺了下去，一动也不敢动。但是我的手已经拔出手枪了，只要他敢过来，那肯定是遭遇战。过了好长时间，在阵地上的一班长感觉不对劲，副连长应该早回来了，现在还没回来，肯定是有情况。他就带着几个战士一路找来。找到我后，问我情况，我就把发生的事情告诉了他。"听了他的亲身经历，我感到，哪有什么岁月静好，不过是有人替你负重前行。向英雄致敬！真的感谢文化共享工程，如果不开这次会，我就无法与老刘相逢，若不相逢，就听不到这令人感慨的故事。

2011 年 10 月 14 日，第二届"文化共享杯"竞赛现场，从左到右为宋建增、刘聚斌、齐月、吴秀红

中午，蔡荣生副馆长找到我，想请我帮忙办件事。他需要到火车站改签车票，而我正好有车。我立刻答应了。我发动我的白朗 707，一路奔向

火车站。我们相识于萧山"文化共享杯"的竞赛现场。我与老蔡相识，其实是因为潘小芳。潘小芳的祖籍是邢台市沙河市，他在江西省图书馆工作，是我的邢台老乡。注意，老潘可是个男的。看到家乡人格外亲，所以经常有交流。老潘带队参加"文化共享杯"竞赛，蔡副馆长督阵，蔡副馆长为人实在、讲实话，再加上他跟老潘关系不错，所以好人就要帮！办完事往回返，蔡副馆长说："老宋，你咋对我这么好？"我说："你要感谢老潘。"其实，还是应该感谢文化共享工程。没有文化共享工程，就不可能认识全国各地的文化共享工程建设者，就不可能有这样心贴心的交流和无私的帮助。

河北省文化共享工程的建设与服务，之所以能够做好，一是因为有上级领导的支持，二也是倾注了领导班子的全部心血。领导对我们工作的支持、帮助，使我们团结一心，努力工作，也使我这个门外汉变成了一个深刻了解文化共享工程的人。

第三件有意义的事是我与蔚县

我与蔚县有缘，前文说到，第一次不用调试、一次安装成功就是在蔚县鼓楼，后来单位设置的帮扶村，我的帮扶户也在蔚县。2015 年至今，我来张家口最多的县就是蔚县。蔚县历史文化厚重，名人辈出；盛产杏扁、小米、杂粮等农作物，矿产也非常丰富；境内的飞狐峪是古代通向北京的咽喉要道，可谓一夫当关，万夫莫开。我真诚地欢迎大家到蔚县来避暑、观光。

2019 年 6 月下旬，由王海军局长安排，在刘少军馆长和王孝馆员的陪同下，我和孙革玲主任抽查了蔚县实施贫困地区公共数字文化服务提档升级项目的 12 个基层点。两年后，由组织安排，我又到蔚县回回墓村加入美丽乡村建设驻村工作队。如今，再次跟王海军局长、王孝馆员见面，分外亲切。我和纪锋亚第一次带队出门在张家口，十几年后又是在张家口参加美丽乡村建设，而且跟他住一个屋。

2019 年 6 月 25 日，宋建增在蔚县吉家庄镇二村察看文化共享工程的
公共数字文化一体机使用情况

2021 年 10 月中旬，早起走步，月亮仍在空中，太阳已初升，我看着
辛勤劳作的乡亲们，不觉心有所想，随记如下：

一轮明月挂南山，日升五台出霞光。

七彩画笔耀蔚州，层林尽染俱浓妆。

打谷场上隆隆响，八旬老汉来扬场。

家家粮食堆满仓，户户脱贫奔小康。

谋划心中小目标，数字文化来帮忙。

惠民工程结硕果，乡村振兴亦自强。

我是驻村一队员，牢记使命亦担当。

建设美丽新农村，我们走在大路上。

有意义的事情比较多，比如，参加发展中心举办的各种会议、培训班，
提升自我，结识同行；参加省内组织的培训班、活动，每年都有，也都有
故事。我想，当一个人的工作和祖国的建设联系在一起的时候，所做的事
情都应该是有意义的！由于水平有限，我就讲这些吧。再次感谢跟我一路

同行的人！感谢为我保驾护航的人！感谢像灯一样给我指引道路的人！

作者简介

宋建增（1964 年 5 月——　），男，现就职于河北省图书馆，副研究馆员。曾在河北省文化信息资源共享中心（该中心 2002 年 7 月成立，2018年 10 月并入河北省图书馆）从事公共数字文化工作。

山西省文化共享工程琐记

张利民

近日，我和刘刚处长取得联系，得知全国文化信息资源共享工程（以下简称"文化共享工程"）已完成了历史使命，有关人员正在编辑回顾文化共享工程的文集，并有幸欣赏到几篇老朋友的文章，热火朝天的文化共享工程浮现在眼前，仿佛就在昨天，于是欣然提笔小记。

2002 年 4 月，文化共享工程启动；2002 年 7 月初，文化部在山西省太原市召开了文化共享工程试点工作会议，山西省是发起省份之一。2003 年 7 月，我到山西省图书馆参加工作，在信息部做读者咨询工作。2003 年 12 月，我被抽调到自动化网络部，主要从事文化共享工程站点建设工作，从此与文化共享工程结缘。

站点建设

清楚记得，2003 年 12 月，我第一次参与文化共享工程基层站点建设的情形。当时，贾酉全老师带队，许杰虎同志负责技术，我打下手，郭全华同志开车，我们带了 4 套卫星小站设备（当时的卫星接收设备还是 75 厘米的小"锅"），给武乡县图书馆、长子县图书馆、襄垣县图书馆、沁源县图书馆建设了卫星小站。这次建站的经历让我对基层图书馆的实际情况有了基本的了解。除了襄垣县图书馆有暖气外，其他三个单位没有暖气，图书文献更是多年没有更新。建好站点后，看着电脑接收到通过卫星信号传来的数字资源，县馆的同志很受鼓舞，我顿时觉得这项工作非常有意义。

紧接着，第二次建站是在阳城县图书馆。一样没有暖气，县馆的同志怕我们冷，特地生了一个蜂窝煤的炉子。由于安装设备时在屋顶吹着冷风，回到屋内又被煤烟熏到，在当天赶到不知是曲沃还是侯马的时候，我开始发烧了。这次生病，让我对这段经历印象深刻。

2004年7月，我们这支建站小分队又出发为长治市的漳源、夏店、段柳、新店四个乡镇文化站建站，这次有专业公司的工程师携带了专门的示波器随行。结果我们太相信工程师的示波器了，在乡镇文化站的屋顶上，防水油毡都被晒化了，也搜不到卫星信号，无奈返回太原取了寻星仪。我们再次顶着暑热，完成了建站任务。令我印象深刻的是乡镇文化站院子里种的黄瓜，调试完成后，我一边啃着黄瓜，一边讲解，觉得那黄瓜真是香甜。

2007年3月的卫星小站迁移也是不能忘记的。小站迁移是由于更换了资源传输的卫星，原有的卫星小站需要重新搜寻卫星信号，更换卫星接收卡，安装卫星接收系统等，小站迁移得到文化部全国文化信息资源建设管理中心（以下简称"管理中心"）全力支持，山西省有关工作人员被分成若干小组，突击迁移全省的卫星小站。我们这组于3月13日中午到达长治市。经过清点发现，共有18台机器，6种配置。我们开始重新安装系统。15日，晋城组管理中心的蒋卫东处长一行带机器来到长治市，和我们合兵一处。两组人员在长治市图书馆通宵安装系统，然后奔赴长治市各个点，上屋顶搜寻卫星信号，调试系统，还在长治市图书馆举办了小站迁移的培训班。蒋卫东处长和我们一起上房顶，一起调星，一起通宵工作，他也给我们留下了深刻的印象，我们也同蒋卫东处长结下了深深的情谊。

2008 年 11 月 21 日，山西省图书馆馆长李小强（右二）在垣曲县图书馆
督导站点建设（右一为作者）

　　随后，2008 年、2009 年的文化共享工程规范化县支中心建设直接推动基层文化的发展，县图书馆通过文化共享工程实现了信息化服务，为后续的全省业务总分馆建设做好了技术和人才保障。

　　建站中记忆深刻的事情还有为大寨村建站时，贾西全老师带头攀登近20 米高没有防护的外梯；为榆次区图书馆建站时，穿过十几米高的玻璃穹顶，穿行过程中只能踩龙骨不能踩玻璃；为忻府区图书馆建站时，车辆在冰雪路上打滑，旋转了 180 度；在晋城建站时，一位工作人员在搬运石头底座时手指被压骨折。建站行程中的美食——运城三路里的牛肉汤饺、曲沃的羊汤等，像浪花一样，突然就翻腾起来。特别说一下参加建站的同志们吧，他们是贾西全、许杰虎、胡润滋、李斌、孟志宇、吕涛、韩旭、程子峰、刘鹏飞、郭全华、边新铭。

　　2007 年，我有幸参与了文化部文化共享工程督察工作，在时任管理中心副主任，兼任组长的张晓星带领下，时任湖北省图书馆副馆长贺定安、时任辽宁省馆自动化部主任朱学武和我，实地考察学习了浙江、上海、福建的文化共享工程建设。我们一行人白天去站点实地考察、座谈，晚上开会、汇总研究，形成文字材料。我学到了很多东西，也同他们结下了深厚的情谊。2019 年，去湖北省图书馆学习的时候，与贺定安再相逢，好不亲切。

2007 年 12 月 21 日，张利民在浙江省嘉兴市参与文化共享工程督察工作，
从左至右为：张利民、贺定安、张晓星、朱学武

文化共享杯
——全国文化信息资源共享工程知识与技能竞赛

2009 年和 2011 年，管理中心先后举办了两届"文化共享杯——全国文化信息资源共享工程知识与技能竞赛"，我有幸两次都参加了。这里想转发一篇有关山西省代表队的通讯稿，一起感受下当时火热的气氛：

2011 年 10 月 11 日—10 月 14 日，第二届"文化共享杯——全国文化信息资源共享工程知识与技能竞赛"在浙江杭州萧山区支中心成功举行。作为参赛队伍之一的山西省代表队，经过层层选拔，杀入八强，最终获得了三等奖的优异成绩。成绩的背后，是我们全体参赛选手与工作人员半个多月的刻苦训练与汗水付出。

在接到关于举办第二届"文化共享杯"的比赛通知后，山西省分中心积极备战，从各个支中心与基层点选拔出了六名优秀选手，与分中心的参赛选手一起投入到了紧张的训练之中。他们分别是省分中心的马跃和徐洁、阳泉市支中心的张亮、太原市支中心的孙珺、清徐县支中心的李靖宇、阳泉矿区基层点的王丽、灵石县基层点的陈小红以及曲沃县基层点的刘小牛。

9月25日，集训的选手如期在省分中心报到。26日至30日五天的集训日程排得满满当当，每天上午从8点到12点、下午从3点到6点由省分中心的老师给选手们讲课，晚上的7点到9点选手们在一起自习，复习当天所学的内容。王开学副馆长为大家讲解了党史、辛亥革命以及"双百"人物的有关知识，张利民老师为大家讲解了关于文化共享工程的基本知识以及发展情况，李静老师和李琥老师为大家讲解了关于计算机理论与操作的知识，这些都为参赛选手的知识储备打下了良好的基础。30日，集训的最后一天，我们为参赛选手组织了一次摸底考试，让大家更能客观详细地了解自己的水平，并从中发现不足，从而继续努力。

10月8日，经过国庆长假的休整后，集训队员们又精神百倍地投入到了新一轮的培训学习中，各自根据自己的情况进行针对性地复习。10月10日上午，由王开学副馆长和张利民副主任带队，与作为场内选手的马跃、张亮和王丽一行五人奔赴浙江萧山，其余的集训队员们作为场外选手继续留在省馆集训。10月12日上午，我们的场内选手在初赛的赛场上不惧对手、沉着冷静、出色发挥，最终以303分的全场最高分挺进复赛，同时这也是33支参赛队伍中初赛成绩最高的分数。当日下午，我省的四支场外参赛队伍分别出发，奔赴所属的各支中心和基层点，其中太原市支中心的孙珺由李静老师和王丽莎老师带队，清徐县支中心的李靖宇由胡润滋老师和韩旭老师带队，灵石县基层点的陈小红由岳慧艳老师和朱伟老师带队，曲沃基层点的刘小牛由李琥老师和吕涛老师带队，所有场外参赛队员和工作人员积极准备，为场内队员们提供有力的支持。13日上午的复赛，我省代表队与浙江队、湖南队、桂林队狭路相逢，与初赛不同的是，复赛中加入了场外题环节。在这个环节中，我省曲沃基层点的刘小牛被抽中答题，虽然他因太紧张而答错失分，但我们的场内选手在后面的环节中奋勇直追、力挽狂澜，最终经过紧张激烈的竞赛，我省代表队同浙江队携手挺进半决赛。下午进行半决赛，我队同浙江队、内蒙古队、辽宁队竞争入围决赛的两个名额。比赛过程精彩激烈、高潮迭起。本轮场外题环节中我省灵石县基层点的陈小红被抽中答题，为我省代表队赢得了宝贵的十分。但由于各代表队的分数始终相互紧咬、难分上下，我省代表队最终以十分的微弱劣势惜别赛场、无缘决赛，但我省选手的风采赢得了大家的认可，特别是来自阳泉矿区基层点的王丽获得了组委会颁发的"优秀选手"称号。14日上午进行的决赛中，从半决赛中胜出的四支代表队角逐冠军。最终辽宁代表队胜出并获得了一等奖，山东代表队、天津代表队、内蒙古代表队分别获得二等奖。

基层服务

想说说文化共享的基层服务，山西省基层文化有种特质，有一批热爱文化的"倔人"、"硬人"、文化人在苦干实干，却少为人知，他们通过文化共享工程将文化资源送到老乡身边，文化共享工程的价值通过他们的工作得到了体现，如忻府区东楼村张林玉老汉、襄垣县虒亭镇温家庄村尚永芳，以及祁县权勇文化大院和永济三路里杜德建书屋的工作人员等。现在此摘编2009年1月20日《山西日报》刊发的记者李晓芳撰写的《山路上，奔跑着一辆小三轮——尚永芳送文化二三事》：

山路上，奔跑着一辆小三轮——尚永芳送文化二三事

襄垣县虒亭镇温家庄村农民尚永芳，2007 年 6 月开始担任本村文化共享工程基层服务点管理员。一年半后，他把服务点办成了乡亲们科学种植、养殖的培训点和文化生活的主阵地。

2008 年 8 月 17 日，尚永芳（右一）开展文化共享工程下乡服务

开着自家的小三轮，他和妻子翻山越岭，把最新的共享文化信息资源送到了邻村。他的劳碌和辛苦，换来了乡亲们健康的精神食粮，换来本村和邻村经济的快速发展。面对记者，年近 50 岁的尚永芳憨憨一笑说，送文化送出他从未有过的成就感。

老尚＝"财神"

尚永芳热衷于文化事业，在村里最早自办农民书屋，是虒亭镇有名的文化人。2007 年 6 月 18 日，温家庄村建文化共享工程基层服务点，村里就推荐他当基层点的管理员。温家庄村坐落在山圪梁上，全村 140 余户，486 口人，村民收入基本来自大田。老尚根据本村实际，每周二、周五为村民播放影视资料，资料全部来源于全国文化信息资源共享工程网络。

很快，他注意到，除了需要健康的精神娱乐资源外，乡亲们急需

致富的信息和门路。老尚就反复放映《科学养殖新技术》《果树的病虫害防治》《蔬菜大棚的科学种植》等科技影片。在老尚的支持下，村民阎培章圈养了100只优质绵羊，崔奋江建起了4个蔬菜大棚，张华军、尚宪清种植了核桃树、果树。去年，镇上实施生态家园富民工程，温家庄村一下建起了近百座沼气池。如何利用沼气的发展来带动其他产业的发展，老尚直接"请教"文化共享工程有关沼气发展信息。他总结的用沼气产生的沼渣、沼液，发展林果和蔬菜的办法，在本村实践成功后推及邻村。如今，沼气—养殖—林果—蔬菜生态经济发展模式已在虒亭镇推广开来。一年多，老尚累计服务村民22300余人次。老尚，还真成了引领乡亲们致富的"财神"。

2008年8月17日，尚永芳在襄垣县虒亭镇温家庄村播放文化共享工程视频资源

"再来啊！"＝动力

文化共享工程基层服务点建起来后，老尚注意到许多邻村村民常来温家庄村查找资料，寻找致富信息。如何利用有限的文化共享设备服务更多的人？老尚萌发了到邻村去放映农业影视资料片的想法。他把想法告诉妻子后，妻子听了为难地说："放映机可以用咱家的农用

小三轮驮，空场子放映电影，没有音响怎么行，那可是一笔不小的开支。"老尚找到镇政府，镇上给他开出了送文化下乡的介绍信。老尚自己投资一千多元买了大功率音响，制作了门旗，上面写着："送文化进村，送财富上门"几个醒目的大字，挂在自家小三轮前，老尚和妻子出发了。

他们到的第一站是史家岭，发现这里村民对使用沼气有很多疑虑。为了帮助大家了解沼气这种新型清洁能源的好处，老尚当即放映了《新型能源——沼气》。影片开映后，很多史家岭村的人还到温家庄参观，很快这个村也用上了沼气。

"听农业局的同志说，在你们村召开沼气建设现场会的时候，你给群众播放了《沼气的科学使用》的片子，能不能来俺村给放一下，乡亲们非常需要这方面的信息。你有空吗？要能来晚上就来吧。"打这个电话的人是赤壁村党支部书记连国宏。眼下，正是冬闲时节，这样的电话老尚几乎每天都要接好几个，但他从来没有推掉过一个。

"每晚放映回家，黑漆漆的山路上，有小三轮"突突"伴奏，有老伴儿陪着，我多幸福呀。'再来啊！'乡亲们送别的这句话就是我的动力。"避开辛苦不谈，老尚还自己幽默了一回。

"坚持下去！"＝新年宣言

说起送文化下乡的苦乐年华，老尚十分乐观。一次放完电影从赤壁村回家，中途刮起大风，电闪雷鸣。妻子打着手电，老尚将随身携带的雨布连车带设备一起蒙盖上，用绳子捆好。回到家，被淋成落汤鸡的夫妻俩，看表才知道已经是凌晨两点多钟了。让老尚头疼的还有他的"老伙计"——自家那辆小三轮，不时地闹点"小脾气"，说罢工就罢工。但这些不用老尚求助，附近村民都会主动伸出援手。

2009年新年，管理中心主任张彦博、省分中心主任李小强到温家庄村调研，问老尚有什么困难，能否坚持下去。老尚表示，在新的一年里，不仅要坚持下去，他还要提高服务质量，开创更丰富的服务方式。老尚的新年宣言，虽然质朴，却预示着文化信息资源共享工程2009年将惠及更多的农民兄弟。

截至2019年，文化共享工程已经完成历史使命；但文化共享工程的工作经历影响、塑造了每一个"文化共享人"。祝愿"文化共享人"平安、快乐、幸福。

作者简介

张利民（1979年6月—　），男，副研究馆员，现任山西省图书馆历史文献部主任。曾从事文化共享工程网络建设、培训服务工作11年。

梦想照进现实，铭记成长记忆

——记全国文化信息资源共享工程内蒙古分中心践行之旅 [①]

张树杰　张耀天　李春阳

　　岁月不居，时节如流。文化共享工程已经陪伴我们度过了近 20 载，在各级文化行政部门的大力支持下，内蒙古自治区文化共享工程建设取得了丰硕成果：覆盖全区的服务网络基本成型，资源库群初具规模，服务模式不断创新，保障水平明显提高，初步实现了优秀文化信息资源的共建共享。与此同时，在经历过迷茫、疑惑、瓶颈之后，我们也从青涩的图书馆新人，坚定地转变为公共文化事业践行者，并将之作为付出毕生心血的事业。文化共享工程成了我们人生中浓墨重彩的一笔，它是我们为之付出、为之奔波的动力，也是实现追求与梦想的契机。关于文化共享工程的记忆如繁星璀璨，但总有几颗难忘于心，成为我们的美好回忆。

文化共享工程赞歌
——歌唱属于我们的"共享"记忆

　　2011 年，为迎接中国共产党成立 90 周年，充分发挥文化共享工程在

[①] 本文以张树杰副馆长为第一人称撰写。

丰富群众文化活动方面的作用，进一步充实广大基层业余文化生活，全国文化信息资源共享工程内蒙古分中心（以下简称"内蒙古分中心"）按照文化部全国文化信息资源建设管理中心（以下简称"管理中心"）《关于开展"颂歌献给党——全国文化信息资源共享工程迎接建党90周年群众歌咏活动"的通知》要求，专门为此次活动创作了两首歌颂文化共享工程的歌曲——《超越希望的明天》《文化共享工程赞歌》。在全馆职工极大的热情和支持下，经过精心筹划、明确分工、积极组织和认真排练，全馆职工于6月3日顶着炎炎烈日，身着民族服饰，在内蒙古自治区图书馆门前广场成功录制了由我馆自编、自导、自拍、自演、自制的两首原创歌曲，并按照大赛组委会的要求制作成光盘上报管理中心参加全国比赛。最终，《共享工程赞歌》获得了一等奖以及优秀原创作品奖，《超越希望的明天》获得了最佳原创作品奖，内蒙古分中心获得了最佳组织奖。

《共享工程赞歌》与《超越希望的明天》是内蒙古自治区图书馆的原创作品，充分表达了内蒙古分中心全体职工干实事的热情，同时也表达了在互联网时代通过文化信息资源整合充分实现资源共建共享的美好愿景。

拍摄内容由两个部分构成：内蒙古自治区图书馆全馆职工在图书馆广场整齐列队，当音乐响起，全体职工随着伴奏轻轻律动，以饱满的热情唱出了图书馆人团结奋斗、健康向上的精神面貌。在呼和浩特市蒙古风情园，文化共享工程主要工作人员共同完成了另一部分歌曲的拍摄任务，体现出新一代图书馆人朝气蓬勃、积极进取的精神风貌。大家都表现出最好的状态，在自然的沟通互动中时而眼神交流、时而变换队形，无形中凝聚了团队意识，让我们彼此的配合更加默契。同时，我们也按照导演的要求认真地做着动作。虽然天气炎热，反复走位、试拍，大家都已经汗流浃背；虽然地上的杂草很硬，坐在地上的时候有杂草刺进衣服感觉非常痛，但是大家都在坚持着、努力着，都希望把最饱满的微笑和敬业的精神留在画面当中。

大家在欢声笑语中完成了拍摄，一部凝聚图书馆人智慧的歌曲MV（音乐短片）应运而生，通过自编、自导、自演的体验，向大家展现出图书馆人对图书馆这份事业的热爱，同时这也是一份记录我们工作的珍贵记忆。多少年过去，当我们再次回放这个作品时，我们会想起曾经一起奋斗的美好时光和大家一起并肩为文化共享工程奋斗的日子。

"边疆万里数字文化长廊"建设
——打通公共文化服务"最后一公里"

2012年，走过了10年风雨历程的文化共享工程已经取得了不小的成就，但就全国层面而言，互联网无法抵达的边疆地区始终是公共文化服务的"最后一公里"。内蒙古自治区地处中国北部边疆，是以蒙古族为主体民族的多民族自治。内蒙古自治区地理环境特殊，是我国跨经度最大的自治区级行政区，由东北向西南斜伸，呈狭长形，东西长约2400公里，南北最大跨度1700多公里。地广人稀且分布不集中，还有大量的牧民依然保持着少数民族特有的放牧生活习惯，很多区域网络覆盖面小，存在服务盲区，农牧民几乎没有获取网络信息和网络知识的途径，享受不到数字文化资源成果。为了解决这一突出的现实问题，文化部全国公共文化发展中心（原管理中心更名，以下简称"发展中心"）从2012年开始组织实施"边疆万里数字文化长廊"建设，开启了消除盲点，打通公共文化服务"最后一公里"的步伐。

如何将大量的信息与无固定居住习惯的牧民对接？又如何为基层广大农牧民提供不受时空制约的全天候24小时公共数字文化服务？没有经验可循，没有他山之石可以借鉴，一切都只能摸着石头过河。规划、资金、人员设计、施工、日常的维护……这些对内蒙古分中心的同志们来说仿佛天方夜谭，但是为了可以真正打通"最后一公里"，内蒙古自治区图书馆的同志敢为人先，一步一个脚印去攻克难关。在时任内蒙古自治区图书馆馆长李晓秋同志的带领下，我们考察了基层的文化设施情况，大多是铁将军把门，边疆区域的牧民与政府提供的文化设施之间，在时间、空间上，都存在着巨大的鸿沟，传统的公共文化服务模式难以充分发挥作用，只能改变思路，另辟蹊径。

经过团队苦思冥想后，大家的脑海闪出一个灵光：把 Wi-Fi（无线通信技术）运用到农牧区，不是可以解决这个问题吗？经过团队的反复科学调研、精心规划，随着软件开发成功，一个名为"数字文化走进蒙古包"的试点工程即将拉开帷幕。工程在互联网可以达到的乡镇（苏木）文化站所在办公楼建立支中心，充分利用文化共享工程已搭建的硬件平台设立大型一级数字加油站，增设定向式 Wi-Fi 设备和一级数字加油站集成一体机。在此区域的牧民可以借助 Wi-Fi，用智能手机、平板电脑和笔记本电脑直接访问"数字文化走进蒙古包"工程主站的移动数字资源平台。

俗话说："千里之行，始于足下。"万里长城是由一块块砖砌成的，万里长征是红军一步步走过来的，而数字文化走进蒙古包是内蒙古自治区图书馆人一步一个脚印踏出来的。当前期准备就绪时，大伙反倒有些焦虑，虽然从技术层面来看，数字文化走进蒙古包已经成为可能，但最重要的是实践是否可行。立起的第一杆关乎整个工程的成败，决定着之后每一步是否能顺利推进。在牧民家建站点并非易事，因为牧民们很少有人愿意在自家院子里挖坑。因此，在进行施工前，负责工程的团队最先要解决的问题就是如何取得牧民的信任。有时沟通之后依然吃闭门羹，这时主动和牧民喝上几口，见到小孩子塞一些好吃的，经过几次接触，牧民都会真诚地敞开心扉，与我们沟通，接受我们。经过前期的调研准备与沟通，"数字文化走进蒙古包"具有划时代意义的第一杆选在了巴彦淖尔市乌拉特中旗海流图镇希热嘎查。基层服务站站点建在了党员中心户阿古达木家，通过架设10 米高的无线信号发射架、安装全向式 Wi-Fi 设备、配置移动数字加油站一体机，建成辐射范围一公里的移动数字加油站。当时我心想：这一杆立起来，即使失败了，也不能给牧民造成负担。这一想法也代表着工程团队所有人的心声，那就是不能给牧民添麻烦。因此，"数字文化走进蒙古包"是将吉祥带给牧民的使者，架接起牧民与外部世界沟通的桥梁，让他们享受到互联网时代的便利。

2013 年 6 月，内蒙古分中心技术人员在巴彦淖尔市乌拉特中旗辅导牧民下载浏览
文化共享工程数字资源

"数字文化走进蒙古包"工程背后的故事
——践行文化共享工程的初心与使命

"数字文化走进蒙古包"工程最大限度地使现代公共文化服务体系与人民群众的文化生活实际和文化需求意愿紧密联系在一起，做到接地气、送实惠、有活力、能持久、受欢迎。根据试点区域特点，内蒙古分中心分别提供大量农牧业养殖、种植技术方面和大家喜闻乐见的文化艺术方面的蒙汉文电子图书和视频资料，使农牧民逐步掌握新知识、新技术、新科学，让文化共享工程优秀的数字文化资源深入基层群众，受到广大基层农牧民广泛赞誉和一致好评，切实改变了当地农牧民的文化生活面貌和阅读习惯，

成为一项深得民心的文化惠民工程。与此同时，"数字文化走进蒙古包"工程背后有着许多酸甜苦辣的感人故事：

当"数字文化走进蒙古包"工程试点工作开始时，很多人并不理解，持着怀疑的态度。他们认为在市场经济大发展的时代，哪里有免费的工程，无非是赚钱的幌子。但是随着试点工作的展开，当群众可以获得真正的实惠时，群众才消除了一切的怀疑，敞开心胸迎接我们团队的人。2013年9月，我带领着团队成员乔军、玉海、包格根、男丁4名工作人员和软硬件公司的4名员工从呼和浩特出发，赶往赤峰市翁牛特旗海拉苏镇，开展"数字文化走进蒙古包"工程试点工作。这里北部是山地，南部是沙地，人口稀少，前方会遇到什么困难，又能收获些什么，谁都不知道。第二天，人们早早地来到海拉苏镇散达嘎嘎查二组。按计划9个人分为3组，开始去牧户家中安装设备。跑了好几户，都遭到了拒绝。社会上骗子比较多，人们有防备心理也是正常的，所以大家并没有因此而失去信心，相信只要真心真意为牧民做事，牧民们迟早会相信我们。就在这时，玉海那一组传来了好消息，此嘎查中的首富赛西雅拉同意将移动点建在他家房前。虽然塞西雅拉同意了，但我们可以从他的目光中看出一丝不信任和疑惑。

在得到牧民的同意后，我们几个人迅速开始动工。我与玉海挖着杆子坑，两位姓赵的工作人员挖网线坑，乔军与一位姓王的工作人员焊铁杆子，蔚工程师和水泥，包格根与男丁往杆子上喷油漆。我们一直干到傍晚。竖杆子时，有人喊"起——"，有人喊"用力——"。在电杆子发生倾斜时，有人大声喊道："快！右边上个人。"只见赛西雅拉赶紧上来帮忙，就这样，在牧民的帮助下杆子很快立起来了。蔚工程师系着安全绳爬杆安装设备，赵工程师调试机器，玉海老师手把手地教牧民使用平台。当看到赛西雅拉的手机因版本过低而不能安装此平台时，我决定送给他一款新型手机，还给那些因内存不足而无法安装的牧民送了8G的内存卡。牧民们高兴地听着下载的歌曲，看着下载的电影，研究着这个他们从未见过的软件。

2013年9月，张树杰副馆长（右四）带领团队在锡林郭勒盟西乌珠穆沁旗
进行基层站点建设

　　两个月过后，当我们再次来到赛西雅拉家更新资源时，从远处就发现杆子上多了几条哈达。一问才知，原来这些哈达是当地牧民自愿挂上去的。据村委会主任说，这是蒙古族的习俗，他们只会对自己所敬爱的人献哈达。看着随风飘扬的哈达，我不禁流出了激动的眼泪，因为付出的努力，付出的辛劳，终于得到了基层农牧民的认可，他们的态度转变，让我对我所坚持的工作有了更大的信心。"数字文化走进蒙古包"工程团队每到一处，都能感受到牧民们那期待的眼神。他们的期待和热情的问候对团队的每一个成员，既是莫大的鼓励，又是一种无形的压力。只有圆满地完成任务，才能不辜负牧民们的热切希望。在"数字文化走进蒙古包"工程的建设路上，这样有趣、感人、有温度的故事比比皆是，文章篇幅有限，在此不一一讲述。每个故事无不提醒着我们为民服务的初心，无不体现着文化共享工程的建设意义。

　　内蒙古巴林右旗、翁牛特旗、苏尼特右旗、达尔罕茂明安联合旗、托克托县……从北到南、从内陆到边境，在广袤的草原上，一直闪现着这样的身影：他们不是工程师，不是军人，却靠着一种信念，行走在草原上，挖坑、立杆、和水泥、搬土、计算、测量，集军人、工程师、工人等诸多身份于一身，凭着坚持不懈的毅力，将数字文化带进蒙古包。在他们的努力下，草原人民的生活不再那么单调，放羊的路上也可以听着音乐，唱着小曲；漫漫冬日，也不再无所事事，能在手机和电脑上读书、看报、听音乐、看视频，日子过得有滋有味。

2013 年 9 月 14 日，张树杰副馆长（左三）辅导赤峰市翁牛特旗农牧民使用"数字文化走进蒙古包"平台

"数字文化走进蒙古包"工程走出国门
——彰显中国文化自信，推动文化共享工程互促互融

2015 年和 2016 年，对内蒙古自治区图书馆来说，是成果丰硕的两年。获奖、评优、受邀……一直未间断。当我们接到来自莫斯科文化中心第四届"品读中国"读书周的邀请时，我才意识到"数字文化走进蒙古包"工程真的"火"了。"品读中国"读书周于每年 5 月举办，是莫斯科中国文化中心在结合俄罗斯汉学研究资源、充分考虑当地民情社情的基础上创立的。"品读中国"读书周是莫斯科中国文化中心一年一度的自主品牌文化活动，

旨在通过人类知识的载体和传播媒介为热爱阅读的俄罗斯朋友开启了解中国文化的窗口。

2016年5月，时任内蒙古自治区图书馆馆长李晓秋同志带领我与刘晓峰、达力巴日等同事搭上了从北京飞往莫斯科的航班。经过几个小时的颠簸，我们从飞机舷窗俯瞰，映入眼帘的城市美景令人心旷神怡，教堂的穹顶、掩映在葱绿树丛里的街区和曲折蜿蜒的莫斯科河，每一处风景都让人兴奋不已。但是最令我们激动的是，莫斯科之行是受俄罗斯中国文化中心的邀请，携"数字文化走进蒙古包"和"彩云服务"参加每年一度的"品读中国"读书周活动。26日，李晓秋在俄罗斯国立图书馆东方文献中心学术讲堂做了《互联网时代：创新服务模式促进公共文化服务均等化》的主题演讲，汇报"数字文化走进蒙古包"工程和"彩云服务"项目的实施情况。多位俄罗斯图书馆界的知名学者、专家出席，对演讲的内容表现出极大的兴趣，交流互动此起彼伏。讲座结束，东方文献中心主任玛丽娅·梅兰伊娜总结评价："内蒙古自治区图书馆实施的'数字文化走进蒙古包''彩云服务'创新服务项目，是世界上绝无仅有的两个非常好的创新项目。"这不仅是对我们文化共享工程工作的肯定和认可，更是代表中国彰显文化自信、展示中国精神的重要一步。

2016年6月，内蒙古自治区图书馆"数字文化走进蒙古包"工程作为一项展览内容，随内蒙古自治区党委宣传部赴蒙古国乌兰巴托市参加"感知中国·蒙古行——第四届乌兰巴托·中国内蒙古文化周"和"第七届中蒙新闻论坛"。"乌兰巴托·中国内蒙古文化周"已成为我国对蒙外宣的重要品牌活动和自治区向北开放的重要平台载体，加强了中蒙两国文化交流与合作，为蒙古国民众进一步了解内蒙古提供了平台。在此次"文化周"期间，内蒙古自治区图书馆与蒙古国国家图书馆在原有开展馆际互访和业务交流的基础上，进一步深化了两馆的业务合作，达成了互派业务馆员交流学习、数字资源共享合作的共识，并应时任蒙古国国家图书馆馆长南斯勒玛的委托，内蒙古自治区图书馆为蒙古国援建"数字文化走进蒙古包"工程的十个站点。

2016 年 6 月，内蒙古分中心携"数字文化走进蒙古包"工程走进
俄罗斯国立图书馆东方文献中心（左三为张树杰副馆长）

2018 年 7 月，由内蒙古自治区图书馆实施的"数字文化走进蒙古包"工程荣获美国图书馆协会主席国际创新项目大奖。该奖项不是第一次被颁给内蒙古自治区图书馆。2016 年，我们曾经因为"彩云服务"获奖。内蒙古自治区图书馆是唯一一家两次荣获该奖项的图书馆。通过脚踏实地的努力与创意频出的项目，内蒙古自治区图书馆与国际图书界的同行建立了联系，加深了同国际图书界的交流，扩大了中国图书馆界的影响力。

近年来，内蒙古自治区图书馆大力推进公共数字文化建设，统筹实施了文化共享工程、公共电子阅览室建设计划、"边疆万里数字文化长廊"、公共文化数字支撑平台项目等重点公共数字文化工程。下一步，公共数字文化工程建设将全面落实党的十九大精神、深入贯彻习近平新时代中国特色社会主义思想，按照公益性、基本性、均等性和便利性的要求，以现代信息技术为支撑，以文化惠民工程为抓手，以资源建设和服务推广为重点，进一步完善服务网络，丰富服务资源，提升服务效能，全面提高管理和服务的信息化、网络化水平，促进基本公共文化服务标准化、均等化发展，更好地满足广大人民群众快速增长的数字文化需求。

文末搁笔，思绪繁杂。曾读到过一句话："所有的经历都是学习。"廿载寒暑，无论是喜悦还是酸楚，所有经历于我都是礼物，所有相遇于我都是宝藏。近20年里的所有收获，或许做不到一生铭记，但绝对一生感恩。感谢文化共享工程的相伴，让一代人的梦想照进现实。那是青春的回忆，是成长的历程，是奋斗的印记，是理想的践行。人世间山水迢迢、路遥马急，借此，祝文化共享工程中所有的相遇：天高海阔，万事胜意。山水有来路，早晚复相逢。

作者简介

张树杰（1975年4月—　），男，研究馆员，长期从事文化共享工程、公共电子阅览室建设计划和数字图书馆推广工程等公共数字文化工程建设工作。现任内蒙古自治区图书馆副馆长。

张耀天（1987年6月—　），男，馆员，从事公共数字文化工程相关工作。现任内蒙古自治区图书馆数字信息技术部部长。

李春阳（1991年12月—　），女，馆员，从事公共数字文化工程相关工作。现任内蒙古自治区图书馆数字信息技术部副部长。

文传天下　服务万家

——辽宁省文化共享工程建设记忆

梁海燕　何　丹　朱学武　张　洋

从 2002 年至今，在辽宁的公共文化服务阵地上，行走着这样一支队伍，他们将豪迈的青春挥洒在辽宁地方特色文化资源建设上，他们将初心融入血脉，将使命扛在肩上，用责任和毅力诠释了文传天下，服务万家的精神。他们就是特别能吃苦、特别能战斗、特别能奉献的辽宁"文化共享人"。

2002 年 4 月，文化部和财政部联合下发文件启动文化共享工程。之后，辽宁"文化共享人"开始到农村一家一家地架设卫星天线，并于 2009 年在全国首创"辽宁模式"。2019 年 4 月，文化和旅游部下发文件，将文化共享工程、数字图书馆推广工程、电子阅览室建设计划统称为公共数字文化工程，辽宁启动了"辽宁文化云"。由此，也就意味着文化共享工程告一段落，我国开启了公共数字文化工程建设新阶段。经历了无数次变革，历经了网络技术从 2G、3G、4G 直到现在 5G 的更新换代，辽宁"文化共享人"顺应技术大潮的发展，不断调整工作思路，为公共文化服务体系的建设夯实了基础。

文化共享工程是公共文化服务体系的基础性工程，是政府提供公共文化服务的重要手段，是保障广大人民群众基本文化权益的重要途径，连续被纳入国家"十一五""十二五""十三五"国民经济发展规划纲要。抓好这项工程，对于改变落后地区信息闭塞的状况，缩小"数字鸿沟"，提高广大人民群众的科学文化素质，推进社会主义新农村建设，推动社会主义文化大发展大繁荣，加速实现辽宁老工业基地全面振兴，具有重大意义。当时，辽宁省同其他省一样，由省图书馆负责该项工程的具体实施。建设初期，辽宁省图书馆的工作人员到农村架设卫星天线，通过卫星信号传输文化资源。

2008年初，辽宁省委、省政府把文化共享工程列入为人民群众办实事的民生工程，全力加以推进。我省根据实际情况，在中央和国家有关部门的指导下提出，以"广电模式"推进文化共享工程建设，实现覆盖全省农村、进村入户，即以坚持惠及全民、坚持统筹整合、坚持永续利用为原则，以坚持公益事业走公益渠道为出发点和落脚点，以省广播电视网络为依托，采用"进村和入户相结合、广播和点播相结合"的方式分层次推进。2009年1月19日，辽宁省文化共享工程有线电视频道（以下简称"辽宁文化共享频道"）开通，进入226万户家庭。同时，为6万户农民家庭下发了点播机顶盒。2009年6月，文化共享工程进村入户现场会在沈阳召开，会议指出，辽宁的"广电模式"充分利用了"广播电视村村通"取得的成果，把文化共享工程成果送进了农村的千家万户，让广大农民能够在家里点播文化共享工程提供的各项内容，走出了一条农村公共文化服务体系建设的新

辽宁文化共享频道 Logo

路子。这种模式具有覆盖面广、乡村通达率高、带宽容量大、维护成本低等突出优势，是农村公共文化服务体系建设的创新工程。

文化共享工程进村入户工作实施后，辽宁省委、省政府结合工作实际，认真研究工程发展中遇到的问题，将建立文化共享工程的推进机制作为推进工程持续发展的重要保障。2010年2月，经辽宁省机构编制委员会办公室批准，独立建制的辽宁省文化资源建设服务中心成立，隶属于辽宁省文化厅。该中心为县处级单位，设3个内设机构，核定编制26人，主要职责是负责辽宁省文化信息资源和公共信息资源的征集、整合、编辑和管理工作。2011年，3位辽宁"文化共享人"代表辽宁省参加了文化部全国文化信息资源建设管理中心举办的第二届"文化共享杯——全国文化信息资源共享工程知识与技能竞赛"。我们从辽宁文化共享工程省、市、县中心中认真遴选出3名选手，进行为期1个月的封闭学习和训练。最终，这3名选手一举取得全国第一名的好成绩。

辽宁文化共享工程通过有线电视实现直播与点播相结合的方式，获得了飞速发展。我们在机顶盒内开设了"金农热线""供求信息""教育园地""科普之窗""聚焦三农""文化艺术""阳光政务"等一级栏目13个，二级栏目51个。有线电视辽宁文化共享频道在全省10个市开通。2013年，辽宁省开通了辽宁数字文化网，将辽宁文化共享频道播出的节目同步到网站点播，以方便观众随时可以观看到我省优秀的文化资源。随着网络技术的不断发展，新媒体传播方式开始逐步流行。2016年，辽宁省推出辽宁文化共享App。同年，辽宁文化共享频道在辽宁省所有14个市全部开通，有线入户数增加到330万。2017年，我们与省委组织部合作，利用党员远程教育的IPTV平台（用户260万），进一步推广文化共享工程资源。

数字文化平台搭建完成后，资源内容就成了建设重点，我们树立起资源为王的理念。从2011年开始，全国文化信息资源共享工程辽宁分中心承担了进村入户资源建设和辽宁地方特色资源建设任务。这对我们来说是一项新的挑战。专题片拍摄对我们来说是一个全新的领域，我们没有相关的专业人才，也没有指导老师，我们自己写大纲，写脚本，进行实地拍摄，回来相互探讨再修改。在专题片拍摄时，我们也经历了很多困难。拍摄冬捕时，我们凌晨三点起来到冬捕现场，虽然穿的衣服挺多，但是拍摄对于手和眼睛的要求较高，无法戴手套和口罩，等拍摄完毕，手和脸全部冻伤；拍摄海参养殖时，在一条小小的渔船上，我们为了保证设备的安全及拍摄的效果，几次差点跌落水中；拍摄锡伯族的寻根溯源时，我们在新疆与西北狼狭路相逢，差点变成它们的美餐……一路走来惊心动魄，但也迎来了丰硕的成果。

从 2011 年到 2020 年，我们全面梳理了辽宁地方特色文化资源，建立并不断完善了辽宁地方特色文化资源建设整体框架图，建立了辽宁文化影像记忆库，将辽宁地方特色文化资源分为历史文化、传统文化、红色文化、民族文化、旅游文化、艺术资源和其他 7 个方面。我们逐年通过项目申报、专家评审、现场答辩等环节，取得文化和旅游部立项项目 52 个，其中地方特色资源文化专题片项目 27 个，总计制作视频 600 余集。我们建设的数字资源达到 130TB，立项数量和建设质量在全国名列前茅。其中《一宫三陵》《辽宁春节》《传承》等专题片荣获省内广播电视一等奖、二等奖。《手艺辽宁》更是在 2019 年被评为辽宁省"五个一工程"奖，2021 年被文化和旅游部评为科研院所优秀实践案例。书籍《手艺辽宁》《辽河文明》也在 2021 年出版发行。

为了丰富频道和文化云平台播出的内容，我们承担了省直专业文艺演出的拍摄工作，一切从头学起，从视频拍摄的定机位、白平衡调整、定色温，到视频制作等；从刚开始画面不稳、镜头推拉速度不一致，到后来的切换自如，达到播出级的拍摄制作水平，这里面挥洒了太多辽宁"文化共享人"的汗水。2013 年，全运会在辽宁沈阳举办，辽宁省文化厅组织了"我的家园我的梦"专场演出，让包括专业电视台在内的四家拍摄机构进行演出的拍摄，以筛选出拍摄质量最好的一家。我们团队从中脱颖而出，并同时被委托拍摄当年的辽宁省新年音乐会。自此，省内重大文艺演出都由我们进行拍摄和录制，我们团队承担了省艺术节、地方戏曲调演、省群众文化节、新年音乐会等演出拍摄工作。

2018 年 9 月 10 日，摄制组在丹东青山沟拍摄《味道辽宁》专题片

　　在文化共享工程资源推广上，我们也是下足了功夫。从刚开始通过培训、知识技能竞赛、征文比赛进行推广，到后来我们通过辽宁文化共享频道，每年策划 1—2 个大型线上线下电视宣传活动进行推广，例如，扫码答题赢红包活动、猜灯谜赢奖活动、"点滴善举，成就大爱"募捐活动等。2017 年，辽宁文化共享频道作为辽宁省政府应急管理办公室的应急教育基地，策划了当年 3 月的《开学第一课》节目。由于创新了节目推广方式，节目取得了良好效果。据省教育部门统计，全省有 5548 所学校的 341.4 万名中小学学生通过辽宁文化共享频道收看了《开学第一课》，而通过腾讯视频同步播出的《开学第一课》，访问量达到 22 万，活动获得圆满成功。

　　从一台一台卫星天线的铺设到现在的几百万用户，从多媒体资源库一个字一个字地录入到现在的文化影像记忆的留存，我们忘不了获得"文化共享杯"竞赛一等奖时激动的心情，忘不了辽宁文化共享频道在全省全部开通时的喜悦心情，忘不了参加文化和旅游部专家答辩时的紧张心情，忘不了因帮助农民解决节目播放问题而收到感谢时的满足的心情，忘不了第一次拍摄演出得到认可时的自豪的心情，忘不了同行在各类会议上经常相聚、交流的珍贵感情。这近20年有太多太多的忘不了，有太多太多的感慨，这里面凝结着辽宁"文化共享人"的辛苦付出。20年前风华正茂的辽宁"文化共享人"，如今已两鬓斑白，但是他们挥洒在辽宁这块热土上的汗水永不会干涸，辽宁的故事不会结束。虽然文化共享工程已经在2019年并入了公共数字文化工程，但是辽宁"文化共享人"一定不忘初心、牢记使命，将文化共享精神不断发扬下去，在公共数字文化服务领域贡献自己的一份力量！

作者简介

梁海燕（1973年8月—　），女，辽宁省文化艺术研究院（辽宁省文化资源建设服务中心）党委书记、院长（主任），研究馆员。长期从事公共文化服务数字化建设工作。

何　丹（1984年4月—　），女，辽宁省文化艺术研究院（辽宁省文化资源建设服务中心）编辑播出部主任，副研究馆员。从事公共文化服务工作十余年。

朱学武（1966年1月—　），男，辽宁省文化艺术研究院（辽宁省文化资源建设服务中心）网络技术部主任，研究馆员。长期从事公共数字文化和网络技术工作。

张　洋（1974年9月—　），男，辽宁省文化艺术研究院（辽宁省文化资源建设服务中心）资源建设部主任。

我的"文化共享"情结

王　蔚

时间回到 2019 年 5 月 21 日，北京友谊宾馆怡宾楼，文化和旅游部全国公共文化发展中心、中国国家图书馆在这里联合举办了公共数字文化工程融合创新发展专题培训班。我有幸参加了此次培训，见证了公共数字文化工程的诞生。这也预示着文化共享工程的建设将告一段落。至此，文化共享工程陪我走过了整整 13 年。回忆往事，历历在目。

我大概是专门为参加文化共享工程建设而来到吉林省图书馆工作的吧，为什么这么说呢？我学的是计算机应用软件专业，2005 年 6 月份我来到吉林省图书馆工作，被分配到信息网络部，当时吉林省的文化共享工程工作主要由信息网络部负责。不过我当时的工作方向是电子阅览室。第一次与文化共享工程接触大概是在 2006 年 11 月，时任吉林省图书馆信息网络部主任孙秀萍和副主任赫青找到我，让我负责试用文化共享工程系统。从此，我便成了一名"文化共享人"。

2007 年 2 月 6 日，全国文化信息资源共享工程吉林省分中心（以下简称"吉林省分中心"）正式挂牌成立，部门成立初期共有 10 人，我主要负责技术方面的工作。

披星戴月的转星工作

我加入文化共享工程队伍后的第一个挑战就是安装卫星接收器并使用

卫星服务器。跟卫星打交道，我之前不曾想过。对于刚刚接手工作的我来说，好奇、兴奋、懵，最主要的是懵，用东北话讲就是"两眼一抹黑"。如果我没记错的话，当时是为转星工作作准备，文化部全国文化信息资源建设管理中心（以下简称"管理中心"）的孟祥也和徐小芳两位同志到吉林省调研，他们成了我的第一任"启蒙"老师。从系统配置到参数设置，还有常见问题的解决方法，两位老师都毫无保留地传授于我。在去基层中心调研时，他们还指导我处理卫星服务器出现的各种问题。理论联系实际，让我很快掌握了卫星服务器的系统恢复、卫星参数设置等许多实用的技术。我这简直是从菜鸟变成"专家"了。

2007 年 8 月，全国开始集中开展卫星广播电视转星工作。记得当时我们没有调星设备，手里只有管理中心下发的《卫星接收设施调整参数表（吉林）》和《卫星监控系统参数》。我们开始了吉林省分中心的调星工作，一拨人在楼顶细微调整卫星接收天线的朝南偏角及仰角，一拨人在机房里看显示器上的界面有没有信号。两拨人之间的通信基本靠吼，费了九牛二虎之力，吼得声嘶力竭，就在我们要放弃的时候，只听机房里突然传来了一声兴奋的"有信号了"。就这样，我们锁定了"亚太 6 号"卫星的位置，而且信噪比居然达到了 90% 以上。现在想起来觉得挺有意思的，从事文化共享工程的人好像都是这么可爱。

后来，吉林省分中心举办了文化共享工程卫星广播通信系统转星工作培训班。吉林省九个地区的各支中心分别选派一名业务素质好的专业技术人员参加培训。培训内容主要是寻星仪的使用、调星过程的基本操作及基层应用系统的安装及调试，并且给每个支中心配备了一套寻星仪、一张 Windows Server 2003 安装光盘、一张系统补丁盘（SP1）、一套基层应用系统等，以便日后开展各地区的转星工作。

各支中心技术人员参加培训返程后，认真开展转星工作，并积极与本地区各卫星小站所在单位联系，完成了所有转星工作。吉林省分中心全力支持了技术力量相对比较薄弱的站点的转星工作。记得当时我和部门的同事张波，背着一套培训时配备的寻星仪，十多个高频头，各种安装光盘和恢复光盘，开启了下基层调星之旅。我们两个人坐着绿皮火车和客车，去了伊通县、柳河县、通化县等地的十余个基层站点，体验了一回日夜兼程、披星戴月的转星工作。当时又正值初冬，我们在气温为0摄氏度左右的户外爬房顶，现在想想还是比较佩服当时的那股子劲头。在各基层站点的积极配合下，我们也圆满地完成了这次转星任务。

文化共享工程卫星系统服务页面

2007年8月，吉林省图书馆（老馆舍）调星培训现场

特色鲜明的数字资源

地方资源项目建设是文化共享工程建设的重要内容。要保证文化共享工程长久、持续地发展，必须建设具有文化特色优势的能够满足广大基层群众文化生活需要的地方文化特色资源。吉林省分中心于 2007 年开始申报地方资源项目。让我记忆犹新的是我们制作的第一部专题片——《吉林二人转》。

专题片《吉林二人转》是我们申报的 2007 年地方资源建设项目"吉林二人转"专题数据库中的一部分。要说做数据库，这个难不倒图书馆人，而要说制作专题片，这得算我们吃的第一只螃蟹了。项目立项后，我们聘请了二人转方面的专家，几经易稿，最终确定了 12 集、每集 45 分钟的专题片脚本；聘请了吉林省艺术研究院贾慧敏导演，还有吉林电视台的专家团队为整部专题片的素材采集、视频编辑、后期包装进行指导和把关。我们还购置了两台广播级摄像机，一套大洋非线性编辑系统。我作为技术人员，参加了摄像和后期编辑工作，而作为"吃螃蟹的人"，我也只能"现学现卖"了。万事俱备，开始干活！

采集素材是专题片的前期工作，前期工作直接影响到后期的视频编辑，所以一名好的摄像是必不可少的。对于初学者的我来说，时刻铭记这一条，对于做后面的工作实在是省了不少事儿。当时我跟着专业的摄像团队一起扛着摄像机和三脚架下乡，奔走在田间地头和各个演出剧院，采访了很多二人转艺人，拍摄了许多"小帽儿""单出头""双玩艺""拉场戏"。记得有一天，我们去伊通满族自治县，拍一段二人转歌舞。当时已经是冬天了，气温零下十几摄氏度，拍摄地点在一座室内体育场内，没有暖气，虽然是室内，但温度跟外面差不多，那叫一个冷啊！演员遭罪，摄像更遭罪。演员好歹在上面跳舞，她们活动啊，摄像不行啊，得一直在那站着。就这样一遍又一遍地录着，身上都冻透了，我们只能趁着休息的间歇，蹦一蹦，跳一跳，搓搓手，热热身。连喝口水都成了奢望，因为带去的矿泉水都冻出冰碴儿了。所以，作为一名摄像人员要时刻作好顶严寒冒酷暑的准备，有时候想拍好一个几秒钟的镜头甚至要等上好几个小时。通过这次采集素材，我体会到了摄像人员的不容易，也学到了不少摄像技能。

如果说采集素材是身体上的累，那么后期制作就是精神上的累，甚至可以说是"折磨"。为什么这么说呢？为了赶工期，我们基本上是24小时不间断地往非线性编辑系统里导入素材并进行剪辑。工作时间长倒也能克服，问题是耳边萦绕的都是二人转的"九腔十八调，七十二嗨嗨"，而且都是正戏，这对于一名80后来说可以称得上"折磨"了吧。但是有个成语叫"耳濡目染"，熏陶的力量是不可抗拒的，不知从何时起，我居然能跟着曲调哼哼两句了，慢慢的我已经能够接受这种有着300多年历史、独具特色的民间艺术形式。直到现在我还能唱上两句呢，如《小拜年》《回杯记》《月牙五更》……大概我是有这方面的天赋吧。就是在这样的熏陶下，我们剪辑完了整部《吉林二人转》专题片，从定脚本到成片，历时大概有一年半的时间。在这一年半的时间里，累并快乐着，看着我们制作的第一部专题片，我很有成就感。所有的付出都没有被辜负，我们的项目在2009年通过了管理中心的验收。

2008年5月，梨树摄像小分队
（从左至右：王蔚、鲍成学、电视台工作人员、严春子、吴爱云、张波）

紧张激烈的"文化共享杯"

队伍建设是保证文化共享工程持续发展的关键因素，因此，培训工作尤为重要。吉林省分中心遵循分级负责、层层培训的原则，每年有计划、有层次、有针对性地开展基层从业人员的培训工作，形成了比较完善的培训体系，各级中心通过集中培训、现场培训、跟踪培训、以会代训、以赛代训等方式，培养了一大批从事资源建设、技术维护、业务活动的专业人员，从根本上保证了文化共享工程的正常运行。

说到以赛代训，那就不得不说说管理中心举办的"文化共享杯——全国文化信息资源共享工程知识与技能竞赛"了。作为选手，我参加了两届"文化共享杯"的比赛。

2009 年 7 月，管理中心下发了《关于开展"文化共享杯——全国文化信息资源共享工程知识与技能竞赛"活动的通知》。接到通知后，吉林省分中心拟定了吉林省"文化共享杯"知识竞赛方案，吉林省分中心于 2009 年 9 月 9 日举办了竞赛，经过笔试和现场答题，最终吉林市代表队脱颖而出，获得了吉林省竞赛第一名。吉林市图书馆的阮英和全国文化信息资源共享工程桦甸市二道甸子镇基层服务点的仲凤英荣获优秀选手奖，并代表吉林省参加全国竞赛。这里再说说我，我在这次吉林省竞赛中，生平第一次担当主持人。虽然在台上有些紧张，不过我还是有点小兴奋，因为出题考别人的感觉还是不错的。不过接下来我就得和阮英、仲凤英一起为参加全国竞赛作准备了。为了备战，馆里给我们配备了一名教练，他就是之前和我一起去基层中心调星的张波。他天天拿着一大堆考题"折磨"我们，我们也给他起了个绰号——"魔鬼教练"。厅领导和馆领导都非常重视这次竞赛，在出发前特意给我们做了一套西服套装作为"战袍"。时任吉林省图书馆副馆长吴爱云担任领队，并带领我们由三个人组成的吉林省代表队奔赴浙江萧山，参加全国竞赛。

第一次代表省里参加全国性的竞赛，我的压力还是很大的。记得我们一行四人是坐火车去的，由于当时没有直接到达萧山的火车，我们只能先到上海。在到上海的这20多个小时里，我们之间基本上没有什么交流，都在自己的卧铺上看题。

2009年10月23日，全国比赛正式开始，初赛我们被分在上半区第3组，我们3个人通力合作，再加上场外后援团的出色发挥，一路披荆斩棘，最终进入决赛，同山东、贵州、四川代表队争夺冠军。决赛时竞争相当激烈，4支代表队比分胶着，直到最后一轮的风险题才分出胜负。记得我们当时是4号桌，最后一个答题，我们当时选的是40分的题，如果答对就能获得冠军。不过非常遗憾，看似是一道技术性问题，结果答案就在问题里，题中的"源IP"被我们忽略了（原题是："如果一个IP地址为10.1.2.20，子网掩码为255.255.255.0的主机需要发送一个有线广播数据报，该有线广播数据报的源IP地址为？"）。最终，我们获得了第三名。

参加第一届"文化共享杯"人员，从左至右：吴爱云、仲凤英、阮英、王蔚

我们的队友仲凤英被评为最佳选手，在颁奖典礼上她发表了获奖感言。她说："通过来到这个赛场，我真正地从内心体会到，文化共享工程是从中

央到地方的一项惠民工程。作为一个农村基层点的服务人员，我要把我这次来参加竞赛学到的知识带回去，让文化共享工程真正地在我们农村开花结果，让我们农民早日掌握科技知识，打开富裕之门。"

取得了好成绩，自然心情不错，返程的途中我们一扫来时的压抑与紧张，一路欢声笑语，收获满满！

2011年10月，第二届"文化共享杯——全国文化信息资源共享工程知识与技能竞赛"在杭州萧山再次拉开帷幕。这次和我组成吉林省代表队的人员是在省竞赛中获得第一名的长春市图书馆的耿岱文和全国文化信息资源共享工程德惠市边岗乡庆丰村小学基层中心的刘大伟，还有一名替补队员是我的同事田野，领队是吉林省分中心办公室主任严春子，我们一行五人又踏上了征程。虽然有了参加第一届"文化共享杯"的经验，但我还是有很大压力的，毕竟第一届"文化共享杯"我们闯进了决赛。

第二届"文化共享杯"增加了笔试，我们如愿拿到了笔试的20分。这次比赛竞争得非常激烈，初赛和复赛我们都是答对了全场最后一题才惊险进入下一轮的，最后止步于半决赛。虽然没有进入决赛，我们还是获得了三等奖。我获得了优秀选手奖。

参加第二届"文化共享杯"人员，从左至右：田野、王蔚、严春子、耿岱文、刘大伟

这两次竞赛给我留下了美好的回忆……

13年里,文化共享工程陪着我一步一步成长,从基层网点建设到地方特色资源建设,我的无数个第一次都是在这里起步的。忘不了当初的青春年少,忘不了熟识多年的"文化共享人",忘不了一起干过的有关于文化共享工程的事儿。

作者简介

王　蔚(1982年4月—　　),男,吉林省图书馆(吉林省少年儿童图书馆)信息技术部副主任,馆员。长期从事文化共享工程和地方特色资源建设工作。

建设 6000 里边疆数字文化长廊　促进边疆社会和谐稳定发展

张大尧　王　珊

2007 年初秋，当黑龙江省图书馆将一大批图书送到祖国"北极"边防部队，并为他们建成文化共享工程卫星地面接收站，当屏幕里播放出视频影片时，官兵的阵阵掌声谱出一个文化兴边、军民共建的崭新音符。2014 年仲夏，黑龙江省东宁市东宁镇和东宁市大肚川镇顺利通过文化部全国公共文化发展中心的验收，被命名为"全国边疆万里边疆数字文化长廊示范点"。祖国东北边陲小镇居民在家门口感受到了公共数字文化服务的和谐共鸣。时至今日，多年风雨兼程，一路踏歌而行，公共数字文化服务遍及城乡、村镇、边防哨卡、海关口岸、农垦林区，一个又一个文化共享工程服务点、流动图书馆分馆、数字图书馆分馆相继建立，黑龙江省图书馆的"文化共享人"奔波在 6000 里边境线上，建设边疆文化长廊的脚步从未停止！

黑龙江省地处高寒边疆，辽远的寒带地域环境造成了全省文化共享工程网络设施建设、基层群体服务及技术保障工作的特殊困难性。从中国最北端的"北极"村（漠河），到中国最东部的东方第一哨（抚远），6000多里漫长的边境线处在高纬度地区，人烟稀少，经济与文化发展普遍落后。因为经济与军事等诸多原因，很多驻守在边境线上的边防团（队）、边防武警部队及边防派出所，不能接通互联网。常年驻守边境一线的现代青年官兵们，在信息闭塞、读书看报难、文化娱乐少的环境中，更是渴望共享公共文化、数字文化的阳光雨露。为改变这种状况，黑龙江省图书馆结合文化共享工程，开展了边疆万里数字文化长廊建设。

统筹建设资源均等的边疆万里数字文化长廊服务体系

一是起步早。2007 年起，黑龙江省图书馆牢固树立全省共享、全民共享、驻军共享的理念，制定了《全省边防驻军文化共享服务体系建设实施方案》，开始为全省边防部队建设技术标准、资源均等的文化共享工程服务点、流动图书馆分馆、数字图书馆分馆，配置数量均等的纸本图书和数字资源，在全国率先开始建设边防部队公共文化服务体系。2012 年 8 月，时任文化部全国公共文化发展中心主任李宏同志到黑龙江进行工程调研，他看到黑龙江在文化共享工程建设方面的良好基础，以及在服务军营、边防哨所、边境口岸及其他边疆地区民众方面的突出效能，萌生了建设边疆文化长廊的念头。于是以黑龙江为试点，服务边疆地区广大军民的边疆万里数字文化长廊建设开始了。边疆万里数字文化长廊建设对促进文化共享

2012 年 8 月，时任文化部全国公共文化发展中心主任李宏（带耳机者）与时任黑龙江省文化厅副厅长韩慧峰（右一）、时任黑龙江省图书馆馆长高文华（右二）、时任黑龙江省文化厅社文处处长李辽昌（右三），到黑龙江省边防某部调研文化共享工程服务情况

工程深入发展、提升数字文化服务水平、实现基本公共文化服务有效覆盖、维护边疆地区文化安全具有不可估量的重要意义。

二是范围广、战线长。从祖国"北极"大兴安岭漠河，到中国东极抚远黑瞎子岛，黑龙江省图书馆陆续在6000里边境线上建成15个边防团（队）的文化共享工程服务点和流动图书馆分馆、数字图书馆分馆；2014年起，又在全省13个地市、128个县区建成数字服务点156个，数字文化驿站1400个，连点成线、连线成网，实现了全省边疆公共数字文化服务的全覆盖。

三是全方位大投入。以文化共享工程、数字图书馆推广工程、边疆万里数字文化长廊资源为基础，整合购买和自建海量数字资源，每年为各边防团更新10万种电子书，5000部优秀电影、电视剧、舞台剧及文化讲座视频。共下发公共文化一体机1592台（套），累计投放数字资源3000多TB，投入纸质图书53837册，电子书24万余种、文化讲座、专题片、电影电视、微学习短片等视频资料达10000部（集），投入服务器、电脑、硬盘、中国文化网络电视互动播出终端等设备1600套，不断满足边防部队广大官兵日益增长的精神文化需求。

2015年9月11日，黑龙江省图书馆与黑龙江省公安边防总队在黑龙江省公安边防训练基地联合举行公共文化一体机配发暨边疆万里数字文化长廊基层服务点揭牌仪式

标准化、立体化的边疆万里数字文化长廊服务平台

为充分保障边疆万里数字文化长廊的建设与服务效能，黑龙江省图书馆立足自身技术优势，进行了一系列技术领域的开发和探索，走出了多举措并举、标准化、立体化的公共数字文化服务平台建设道路。

黑龙江省数字图书馆大兴安岭军分区分馆首页

一是创新全覆盖远程服务网络，应用 SSL VPN 技术（基于安全套接字层协议建立远程安全访问通道的 VPN 技术），建设连通全省边疆乡镇、村和社区基层服务点、边防"警营网吧"的 VPN 专用网络，率先实现全省边疆服务网络全覆盖。二是创新数字图书馆服务平台，在每个边防团安装数字图书馆服务平台，文化共享工程和省图书馆购买的大量数字资源服务于每个边防团的全体官兵；为偏远连队投入移动播放器（易播宝），不断更

新视频资源；搭建以团级政工网为传播主干网，以卫星直播和下载文化共享工程资源为主体，以移动播放器（易播宝）镜像更新资源为补充的全方位、立体化的数字资源服务平台。三是创新建设省军区、省武警边防总队边文化共享云平台，累计投入200万元，为黑龙江省军区打造100TB存储、具有云盾高级安全性防护墙、保障部队共享的安全信息网络系统，实现驻军文化信息资源的一站式检索和大数据应用。

建设独具特色的边疆万里数字文化长廊服务资源

一是整合中俄特色资源。为适应黑龙江边境地区的文化交流特色，省图书馆迅速整合、加工一批俄罗斯电影、歌曲及俄文图书；为边境海关口岸共享的中文资源加注俄文名称；整合添加公共数字文化一体机的俄罗斯双语资源；结合海关、边境口岸工作需求，将中、俄双语的出入境管理条例、规章制度、旅游文化视频等资源统一整合安装到数字文化一体机中，满足了出入境客商便捷下载、移动阅读的个性化需求。

2014年6月，俄罗斯游客在东宁市口岸使用文化共享工程设备公共数字文化一体机查看资源（右一为黑龙江省图书馆副馆长张大尧）

二是提供部队官兵喜闻乐见的个性化资源。建设边防连队"文化驿站"时，精心加工官兵们喜闻乐见的军事、时事、文化讲座、歌曲、影视剧、考试课程等大量数字文化资源。注重为部队服务器定期更新一线指战员关心的新型武器、战争史、军事理论探索等视频资源和相关图书。

三是增加边疆生产、生活特色资源。争取推动省财政厅设立数字文化工程资源建设费，购买全省共享的农村实用公共数字文化资源，为乡镇、村及社区服务点配置大量农、牧、畜、林业技术专题片和农村群众生产生活亟需学习的微视频、娱乐资源；省财政厅 3 年累计投入 550 万元专项资金，丰富完善了全省共享公共数字文化资源体系。

健全服务常态化、维护日常化、培训个性化的发展机制

服务常态化。黑龙江省边疆万里数字文化长廊建设按照长期布局、年度规划的建设原则，每年制定年度发展、服务计划，保证月月有活动，季季在更新，充分实现资源的高效利用。2016 年，省图书馆谋划推出"数字文化惠农服务年""结对子 种文化""边疆万里长廊建设与服务督导检查"等系列活动，组织多支志愿者服务小分队，在馆长亲自带领下深入全省边境地区的军警部队、少数民族乡村、海关口岸、农场、林场、社区等服务点与数字文化驿站，进行设备维护、资源更新、技术培训等全方位的志愿服务。

维护日常化。省图书馆组织精干技术力量和专业人才，组建了资源共享服务部，常年为全省边疆地区基层服务点提供专业化服务。日常的小毛病通过网络视频会议系统、电话沟通解决，出现设备使用技术难题，工作人员就不辞辛苦，第一时间奔赴一线解决问题。黑龙江地域辽阔，很多基层服务点交通不便，边疆万里数字文化长廊建设工程实施以来，省馆技术人员累计维护行程 20000 多公里，完成设备维护和资源更新 1000 多次，许

多技术人员无论走到哪个乡镇、村屯，都能被老乡叫出名字来。

培训个性化。除定期组织种植技术、生产经验、农业经济等内容的网络培训外，面对不同受众群体，黑龙江省图书馆组织了多种有针对性的个性化课程培训。一是对广大官兵指战员，开展"龙江讲坛"进军营活动，邀请著名专家学者到部队向官兵授课，先后有著名历史学家阎崇年、从事东北流域史研究的王禹浪、研究边疆史的魏国忠等多位专家深入部队，为官兵解读时事热点，讲授历史精华，深受部队领导和广大官兵好评。同时引领广大指战员积极参与省图书馆服务品牌——"阅读助力人生"诵读演讲比赛、真人图书、龙图公开课、艺术展览等活动，让更多的边防官兵共享文化成果，共建公共文化。二是对边疆农民群众开展文化精准扶贫。组织全省基层图书馆有针对性地开办水稻、玉米、大豆等各类种植培训班和养殖技术培训上千场次，为全省农村经济发展作出了积极贡献。

主要成效

黑龙江省边疆万里数字文化长廊建设，为全省广大边境线上的官兵和农民群众提供了普遍均等的公共文化服务。省图书馆依托不断建设完善的覆盖广泛、系统稳定、高速畅通的数字文化服务网络，形成了"省域云平台·专网共享"公共数字文化服务体系。不断深化技术培训，积极整合本地区特色资源，开展大规模的个性化资源定制服务：抚远市浓桥镇综合文化站将"两学一做"学习教育内容、中国传统文化、本地新闻、活动图片与视频整合到公共数字文化一体机中，供村民浏览、下载；同江市八岔赫哲族乡制作了赫哲族的历史与文化专题视频，供中外游客观赏与下载，既弘扬了少数民族文化，又促进了本地区旅游宣传；同江市街津口赫哲乡通过在一体机中设置"精准扶贫"个性模块，介绍扶贫单位与人员名单，强化了基层政府信息公开的职能和作用；边防派出所、边检站在公共数字文化一体机中添加了"为民服务""办事流程"等个性化服务模块，为驻地民众提供了直接观看和手机下载的便利。

黑龙江省边疆万里数字文化长廊建设对不断满足、丰富边疆军民的精神文化生活，提升边防部队综合管理水平和凝聚力、战斗力，促进边疆地区政治、经济、文化、军事和谐发展，维护边疆地区稳定和长治久安，发挥着重要的现实作用，产生了深远的历史影响，受到边疆地区广大官兵和群众的高度赞誉。

2016 年 8 月 13 日，时任文化部外联局副局长陈发奋（前排左一）和时任黑龙江省文化厅副厅长綦军（前排右一）为黑龙江省首创的第一个"文化睦邻之家"揭牌

时任黑龙江省军区副政委王炳跃参加边疆长廊活动时激动地说："我们边防部队是雄鹰，文化建设和军事素养建设就是两翼，文化资源共享进部队丰满了我们军事素养和文化建设的两个羽翼，希望战士们充分利用，展翅高飞。"2008 年，黑龙江省图书馆文化共享工程建设项目荣获全国第十四届群星（服务）奖。2016 年 8 月，中共黑龙江省委、黑龙江省人民政府、黑龙江省军区授予黑龙江省图书馆"双拥"模范单位荣誉称号。2017年，黑龙江省精神文明建设指导委员会授予黑龙江省图书馆军警民共建共育先进集体的荣誉称号。黑龙江省图书馆多年来为促进经济文化协调发展、稳定和谐的边疆社会作出了不可替代的贡献。

作者简介

张大尧（1968 年 11 月—　），男，研究馆员，长期从事文化共享工程、公共电子阅览室建设计划和数字图书馆推广工程等公共数字文化工程建设工作。现任黑龙江省图书馆副馆长。

王　珊（1980 年 7 月—　），女，副研究馆员，从事公共数字文化工程相关工作。现任黑龙江省图书馆资源共享部主任。

难忘的回忆

——记全国文化信息资源共享工程上海市分中心 "文化共享世博行"活动

夏　风　陆依君

岁月匆匆，时光流逝，文化共享工程一步一个脚印，走过了十多年发展历程。作为初创阶段的参与者和经历者，往事历历在目，回忆清晰如昨。"文化共享世博行"就是最难忘的宣传活动之一。

2010年，世博会在上海举办。具有150多年历史的世界博览会第一次来到中国，这也是继我国成功举办北京奥运会后全国人民的又一大期盼。为迎接世博会的到来，文化部全国文化信息资源建设管理中心（以下简称"管理中心"）发布《关于开展"文化共享世博行"服务活动的通知》。全国文化信息资源共享工程上海市分中心（以下简称"上海市分中心"）参照活动方案，利用文化共享工程的设备和资源，结合世博会主题，与管理中心共同主办"文化共享世博行"服务宣传活动。

开启序幕："文化共享世博行"启动仪式

在迎世博倒计时100天，即2010年1月21日，由管理中心和上海市分中心共同主办的"文化共享世博行"活动在上海图书馆举行了隆重的启动仪式。上海图书馆、文化部社文司、管理中心及上海市文广局的领导，四川、广东、辽宁、湖北等兄弟省市图书馆、上海世博局、东方航空公司上海市分中心、全国文化信息资源共享工程上海区县支中心及基层服务点的代表等近300人共同见证了"文化共享世博行"活动的开启。

2010年1月21日，时任文化部社会文化司副巡视员孙凌平（右）、时任上海图书馆党委书记穆端正（左）共同启动"文化共享世博行"活动

启动仪式由时任管理中心副主任崔建飞主持，时任文化部社文司副巡视员孙凌平、时任上海图书馆馆长吴建中、时任上海市文化广播影视管理局副局长王小明、时任四川省图书馆副馆长彭本诚等分别讲话。时任中国东方航空股份有限公司客舱服务部党委书记王培峰和时任文化共享工程上海领导小组副组长王世伟进行了"文化共享东方万里行"活动签约；上海图书馆世博园区志愿者服务队代表上台宣读志愿者服务誓词；孙凌平和时任上海图书馆党委书记穆端正共同开启上海数字文化网"文化共享世博行"专题网站，并启动了"文化共享世博行"活动。

活动在全国各省市图书馆全面展开。2010年1月至5月，在全国东、西、南、北、中区域的上海图书馆、四川省图书馆、广东省图书馆、辽宁省图书馆、湖北省图书馆分别举行了"文化共享世博行"宣传月活动，并

2010 年 1 月 21 日，时任中国东方航空股份有限公司客舱服务部党委书记
王培峰（左）、时任文化共享工程上海领导小组副组长王世伟（右）
签约"文化共享东方万里行"活动

在全国文化信息资源共享工程各省级分中心围绕举办展览、网上世博和摄影展示的"我看世博"，举办讲座、开通广播的"我听世博"，举办征文、书法演示的"我写世博"，举办演讲朗诵、交流体会的"我讲世博"，举行志愿服务、礼仪培训的"我为世博"等内容展开，让全国各省市市民在"文化共享世博行"活动中了解世博、参与世博、服务世博、共享世博，让科技文化的共享资源走进全国千家万户，集全国之力为共同举办一届成功、难忘、精彩的世博会添砖加瓦。

"我看世博"：举办"精彩在眼前
——走进上海世博会"展览

在迎世博倒计时 100 天当日，"文化共享世博行"系列活动"精彩在眼前——走进上海世博会"展览揭幕。展览内容在"文化共享世博行"专题网站上供各地图书馆下载。与此同时，"2010 相聚上海"国际读书征文活动中，来自 14 个国家和地区参赛读者的 45 篇征文，用不同的语言和文字，以不同的文化、视角与体验，共同书写了看世博会、看上海、看中国的精彩华章。

2010 年 1 月 21 日，时任上海图书馆馆长吴建中（左三）与时任辽宁省图书馆副馆长王筱雯（左一）、时任四川省图书馆党委副书记司建华（左二）、时任广东省图书馆副馆长莫少强（左四）、时任湖北省图书馆副馆长贺定安（左五）为"精彩在眼前——走进上海世博会"展览剪彩

本次展览是"文化共享世博行"上海市分中心开展的宣传月活动内容之一，展示了上海世博会的部分精彩看点，拉近了人们与世博的距离，让每一位公民能够参与世博、共享世博，使 2010 年成为一段深刻美好的记忆。该展览于 2010 年春节前夕在全国文化信息资源共享工程奉贤区支中心等地巡回展出。

"我听世博"：徐波《世博会与跨文化的交流》讲座开讲

上海世博会中国政府总代表助理徐波博士的《世博会与跨文化的交流》讲座，从"跨文化对话是一种生活现实""世博会是跨文化对话的理想平台""做好中西文化交流的摆渡人"等方面阐述以城市为主题的上海世博会，解读人类不同文化背景下的城市发展观。上海世博会是人类分享城市化经验、建设低碳和宜居城市的机会，也是中华民族参与世界跨文化沟通的历史机遇，事关国家利益和国际形象。徐波鼓励大家积极行动起来，通过世博会树立中国良好形象，从而真正履行申博时的庄严承诺："给中国一个机会，还世界一个惊喜。"徐波的《世博会与跨文化的交流》讲座已全文刊载于《解放日报》2010年2月14日第8版春节特刊。

演绎世博主题，传承城市精神。全国文化信息资源共享工程长宁区支中心（以下简称"长宁区中心"）虹桥书缘沙龙特邀沪上知名女作家、演讲家、资深媒体工作者林华老师做客虹桥国际图书馆，为读者沙龙成员以及长宁社区广大爱书、读书人带来了一场主题为《世博会与海派文化》的精彩演讲。林华老师从"世博会的主题""上海海派文化的形成""文化与礼仪"等方面将"开放与多元、智慧与创新"的海派文化特征与世博会的内涵进行深度融合与延展。她睿智敏捷的思维、生动幽默的语言赢得现场听众的阵阵热烈掌声。在讲座互动环节，林华女士细致回答了海派文化的内涵与创新、如何抓住举办世博会的机遇弘扬海派文化等问题。短短两个小时的演讲引起了与会者的强烈共鸣，大家意犹未尽，收获匪浅。置身于虹桥国际图书馆幽雅舒适的环境，聆听高质量的专家讲座，广大书友在参与中亲身感受到阅读的魅力与生活的美好，了解海派文化开放融合的意趣和智慧，切实感受到上海城市精神"海纳百川、追求卓越、开明睿智、大气谦和"的独特魅力，从而更加积极地为上海世博会演绎"城市，让生活更美好"的主题，展现"传承"和"创新"、"融合"与"开拓"的特质贡献自己的智慧和力量。

"我为世博"：迎世博文化共享活动首登东航"凌燕"航班

"文化共享东方万里行"是为推进文化共享工程建设，由上海市分中心与中国东方航空公司共同推出的面向国内外乘客展示中华文化的创新活动，在中国东方航空"凌燕"特色服务航线率先开展。上海开展文化共享工程以上海世博会举办为契机，通过活动创新服务方式，将文化共享工程优质文化资源服务与世博宣传相结合，首次把文化共享工程服务带上蓝天，让社会公众享受到日渐完善、立体多极、独具特色的文化共享工程服务，携手共同为宣传世博、传播先进文化贡献力量。

2010 年 2 月，在"文化共享东方万里行"活动期间，中国东方航空公司"凌燕"特色服务航空乘务员在飞机上向旅客发放文化共享工程宣传材料

"文化共享东方万里行"活动内容包括：①"凌燕"特色航班"文化共享世博行"系列服务。在东航本部的沪京线、沪台线、沪深线、沪港线的"凌燕"特色航班上，通过向乘客赠发讲座视频 DVD（数字多功能光盘）、世博宣传片、《百年世博梦》等"文化共享东方万里行"讲座资源介绍刊物及在地面相关位置摆放宣传品等方式宣传世博。仅 2 月 24 日和 2 月 26 日两天，中国东方航空公司客舱服务部机供品部报刊发行站就完成了平均每天 200 架次航班共 1800 份期刊配发任务，将"文化共享东方万里行"的期刊及时送到旅客手中。②"凌燕"沙龙"文化共享世博行"活动。推出"文化共享东方万里行"讲座资源介绍刊物，发放文化共享工程优质讲座资源、播放世博宣传片、品读《百年世博梦》等。③凌燕博客"文化共享世博行"专题。在凌燕博客，上传"文化共享世博行"活动、世博讲座、世博宣传片、纪录片等相关文字、视频及图片等。

"我讲世博"：上海市分中心组队参加世博会倒计时 100 天誓师动员大会

"地球捧在我们的手中，让她变蓝，让她变蓝；城市就躺在她的怀中，让她更美更绚烂……"2010 年 1 月 21 日下午，中国 2010 年上海世博会倒计时 100 天誓师动员大会暨群众文艺展示活动在上海大舞台隆重举行。由 50 位上海图书馆职工组成的合唱团代表上海市市级机关工会与其他行业的 30 支队伍共同组成上海"2010 合唱团"，与现场的 6000 名观众齐聚上海大舞台，在世博会形象大使姚明、成龙，世博会志愿者形象大使谭晶以及廖昌永、解小东、容祖儿等众多明星带领下，共同唱响《呼唤》《世界博览》《世界》《城市》等多首世博会歌曲，用歌声和行动向世界传达中国对世博会的美好期盼，表达了人人参与世博、服务世博、奉献世博的坚定信心和决心。中央电视台和东方电视台直播了此次活动。

"我写世博"：上海市分中心、支中心、基层服务点举办各类读书征文活动

"2010 相聚上海"读书征文活动，通过上海图书馆的"上海之窗"和长宁区支中心国际友谊图书馆的"中国之窗"，征集国内外读者阅读相关书籍后，撰写的读后感、评论和体会等。

为积极引导中小学生关注世博，了解世博，进一步激发其参与世博活动的积极性，全国文化信息资源共享工程徐汇区枫林基层服务点从 2010 年 2 月 2 日起组织开展为期一周的"读好书、讲礼仪、迎世博"读书征文交流活动，共计 30 多名学生积极撰写了征文。

全国文化信息资源共享工程宝山区友谊路街道基层服务点举办了剪纸原创作品展，融入创意的《喜迎世博》《世博美》等惟妙惟肖的剪纸作品，使人屡屡驻足，流连忘返。现场的剪纸表演活动牢牢吸引了大家的目光：仅通过一把剪刀和一张纸，转眼间，栩栩如生的海宝就展现在大家面前，让人赞叹不已。传统民间文化走进基层服务点，让艺术与社区群众亲密接触，以一种独特、崭新的面貌迎接世博会的召开。

"虎年迎世博，生活更美好。"2010 年 2 月 25 日，上海市分中心、《海派文化》编辑部、蓬莱书画院联合举办了以虎为主题的读者迎新春活动。活动自复旦大学葛乃福教授说"虎"开头，随即蓬莱画院的书法家、华东师范大学王延林教授和书法家朱磊夫等先生书"虎"联，剪纸艺术家黄德林先生、剪影艺术家郑少坚先生剪"虎"，著名画家阿馨画"虎"……中国节、中国画、中国的民俗五彩缤纷地展现在居民面前，让大家眼花缭乱，惊叹不已。迎春活动是中华民族的传统习俗，浓郁的文化气氛不仅弘扬了传统文化精神，也传承了中华民族的优秀文化，不断加深上海这座国际大都市的文化底蕴。虎是瑞兽，是威猛、吉祥、健康、智慧的化身，艺术家们送出的 20 余张饱含美好祝愿的墨宝，让居民们真正感受到文化惠民的贴心温度。在欢快的迎春读书活动中，艺术家与读者一起共同深刻地感受到"城市，让生活更美好"。

与此同时，由长宁区支中心和上海市老年书画会长宁分部联合主办的"世博春联大写意"展示活动如火如荼地举办。2010 年 2 月 1 日上午，来自上海市老年书画会长宁分部、天山中学的近 80 位老少书法爱好者纷纷挥毫泼墨，用写春联这种最具民俗和传统特色的艺术形式表达了对 2010 年上海世博会的美好祝愿和对农历虎年的祈福之情。笔走龙蛇之中，一副副世博创意春联和虎年贺春春联应运而生，如"爆竹声声迎世博，梅花朵朵闹新春""和谐长宁激扬时代弘四宇，世博五音奏响春潮腾五云"……喜庆的人们情不自禁地朗诵起自己的创意春联，共同分享着春联创作和书法练习的心得，将祝福新年、期盼世博的款款深情悉数寄予红彤彤的喜庆春联之中。"世博春联大写意"活动用话世博、对春联、送祝福等多种形式生动展现了"文化长宁，国际城区"的传统与特色，大力传扬"城市，让生活更美好""读书，让生活更精彩"的主题，积极为迎接世博盛会营造浓郁的文化氛围，也为老年朋友的文化生活奉献了快乐与关爱。

"文化共享世博行"成了继北京奥运会后文化共享工程全国性活动时间周期最长、参与人数最多、影响与涉及面最广的综合性大型文化推广宣传活动。除了上述活动之外，我们还精心策划了以下一系列丰富多彩的活动：①在世博会倒计时 100 天开始时与管理中心共同推出"文化共享世博行"专题网站；②与管理中心共同主办，将宣传学习"双百"人物、学习型党组织建设、上海世博会、世界读书日这 4 个主题有机结合起来的"学双百迎世博读好书"主题活动；③"魅力金汇展风采，文化共享世博行——庆世博开幕 100 天伞面绘画展示及互动活动"，伞面画同期在世博会公众参与馆展示一个月，活动结束之后全部赠予上海世博会公众参与馆；④"悦读精彩，共享世博——城市图书馆寄语征集"活动，联合世博会公众参与馆，通过文化共享工程平台，在全国各省市分中心大力开展世博宣传和组织视频短片征集活动；⑤"世博科技周"，中学生与科学家共话世博活动，搭建了中学生与科学家共话世博科技知识的学习与交流平台，2000 余名中学生代表直接参与；⑥"文化共享世博行"走进监狱活动，配合上海监狱系统"牵手世博"活动，举行"世博市民素质""上海世博会世界的盛会"等专题报告会及专题展览等。

在社会各界的大力支持和广大市民的热情参与下，"文化共享世博行"荣获了多项荣誉：上海市精神文明建设委员会颁发的"迎世博宣传教育贡献奖"、中共上海市委宣传部颁发的宣传系统窗口服务单位"服务世博作贡献"立功竞赛活动优秀组织奖、上海市群众文化奖励基金理事会颁发的上海市群众文化优秀活动项目奖、上海市文化广播影视管理局颁发的上海市文广影视行业迎世博工作先进集体荣誉称号等。

回顾发展历程，文化共享工程作为我国数字图书馆服务的早期实现形式，在保障基层群众的基本文化权益、构建社会主义和谐社会等方面，发挥了重要作用。多年来，上海市分中心不断探索，不断实践，取得了较为可喜的成绩，尤其在服务宣传方面积累了一定的成功经验。

作者简介

夏　风（1952 年 5 月——　），男，上海图书馆副研究馆员，曾长期从事全国文化信息资源共享工程上海市分中心工作和上海市文献资源共建共享协作网工作。

陆依君（1984 年 3 月——　），女，上海图书馆副研究馆员，目前从事全国公共数字文化工程上海市分中心工作。

春华秋实

——江苏文化共享工程记忆

吴　政

　　诞生于 21 世纪的文化共享工程，陪伴着我们图书馆人，走过了近 20 个春夏秋冬。如今，她带着我们图书馆一代"文化共享人"的美好记忆和无限眷念静静落幕；但她曾犹如一条彩虹，划过天空，为公共图书馆事业的前行和发展，写下了辉煌的一笔。作为新时代图书馆发展历程上的里程碑，文化共享工程仍将为过往者和后来人引领前程。

　　我有幸成为文化共享工程的参与者和见证人，为之艰辛过，为之烦恼过，为之欣慰过，更为之骄傲过。犹记得 2002 年，文化共享工程刚刚启动时，参与文化共享工程建设的以年轻人居多，年轻人有朝气、有活力、有梦想、有干劲。每年文化共享工程国家中心——文化部全国文化信息资源建设管理中心（现为文化和旅游部全国公共文化发展中心，以下简称"发展中心"）召集的会议和培训，便成了风华正茂的我们挥斥方遒的聚会，也成了我们图书馆人的文化共享工程记忆。弹指间，昔日青涩稚嫩的我们现已成为图书馆信息化、数字化、智慧化建设的主力军，正在图书馆事业发展中担任着主要角色。

　　依托省级公共图书馆设立的文化共享工程省级分中心是连接全国和全省图书馆的纽带和桥梁，承担着发展和培养基层文化工作者的重要使命。文化共享工程的很多工作要辐射到基层，为摸清基层图书馆实际情况，当时还算年轻的我精力充沛，经常利用周末时间背上行囊，来一场说走就走的"旅行"，不多久，足迹就遍布全省各级公共图书馆，充实的日子也在一串串脚印中缓缓而过。

回顾这些年和同人共同奋斗的岁月，那一项项从无到有的成果，就像是陈列在酒窖中的佳酿，我现在有幸打开尘封的美味，让芬芳香醇萦绕于敲击键盘的指尖。在公共数字文化服务网络体系建设方面，江苏省建成了文化共享工程1个省级分中心、108个市县（区）支中心、1300多个乡镇（街道）和近2万个村级基层点，形成省、市、县（区）、乡镇（街道）和村5级服务网络体系。在公共数字文化基础设施建设方面，江苏省实现了全省109个省、市、县（区）文化共享工程支中心及1300多个基层服务点中国文化网络电视互动播出终端配置全覆盖；实现了全省109个省、市、县（区）文化共享工程支中心流媒体资源服务系统使用全覆盖；建立了16个文化共享工程"边疆万里数字文化长廊"基层服务点。在服务平台搭建方面，建成了江苏省公共电子阅览室云管理平台，为全省109家公共图书馆、1300个乡镇基层服务点的公共电子阅览室提供统一化和规范化的云服务；建立了"江苏公共数字文化网"，汇集三大工程信息和资源，链接集成了全省图书馆、文化馆、博物馆等多个公共文化服务机构网站。在数字资源建设方面，完成了文化共享工程每年度的地方特色资源建设和进村入户资源征集任务，13个市级图书馆和10多个县（区）级图书馆开展了地方特色资源数据库建设，建成了一批高质量的地方特色资源数据库。在服务推广方面，围绕文化共享工程积极开展各种形式、各类主题的现场培训、网络培训和服务推广活动，受训人员覆盖省、市、县（区）、乡镇各级公共文化服务工作者。

凡是参与过文化共享工程的文化建设者，都能品味出这瓶美酒的浓郁口感和丰富层次，忍不住想与人分享其中一二，以不枉我心之所归。

现江苏水韵　展吴歌汉风——江苏特色资源建设有感

地方特色文化专题片可以说是文化共享工程最直观通俗的成果了。通过拍摄记录下江苏地区的风俗人文、遗址景观、艺术技艺、名贤大儒和百姓生活，从共建共享的视角挖掘本地的各种文化元素，利用声电光影的技术和生动隽永的叙述方式，为广大读者制作喜闻乐见且内涵丰富的专题片，让各类受众都可以在视听享受中感受到地方文化的魅力。

从 2007 年至今，全国文化信息资源共享工程江苏省级分中心（以下简称"江苏省中心"）一共制作了拥有自主版权的文化专题片 10 个系列，共计 691 集，时长近 10000 分钟，其中绝大多数视频都是南京图书馆（以下简称"南图"）在职员工倾力打造的，所以十几年的文化共享工程工作也为南图锻炼出了一支会采写、会拍摄、会剪辑、会包装的视频制作队伍。在队伍创建之初，没有从事过专业视频制作的员工自学拍摄和剪辑，并经过电视台老师教授后，团队的专业性得到提高，制作的专题片水平也年年上一个台阶。江苏省中心制作完成的专题片有 10 大系列，分别是《江苏非物质文化遗产》《江苏红色之旅》《江苏名人》《江苏特色博物馆揽胜》《江苏表演艺术》《江苏民间技艺》《新四军在江苏》《江苏画室微视频》《江苏不可移动文物》《藏在闹市的 100 处革命遗址》。

我在指导南图视频组工作时，深感专题片制作的不易。任何一个作品都像是经过撰稿、采访、拍摄、剪辑、包装洗礼后跃然于枝头的果实，赏心悦目、清馥甘润。以《江苏特色博物馆揽胜》系列专题片为例，它是江苏文化共享工程专题片中里程碑式的存在，从此南图的视频步入高清时代，并加入航拍技术，制作水平与日俱增。据多年拍摄地方文化的同事回忆，2013 年制作团队刚接到这个专题时，顿感新鲜，没想到江苏大地上竟有这样五花八门的博物馆，大到漕运、港口这种恢宏概念，小到醋和茶如此家常小物，都能成为博物馆的主题，猎奇心和创作欲望油然而生。兴致盎然，艰辛也随行。说到不易，就不得不提定位上的尴尬，这 23 座博物馆，无论哪一类都是被主流媒体拍过的题材，网上大同小异的片源参差不齐。江苏文化共享工程的专题片如何才能一枝独秀呢？图书馆作为主创，在文字上的考证要比同类题材更加翔实可靠，在浩瀚的史料典籍中寻找各个博物馆的蛛丝马迹，万卷藏书给创作者得天独厚的优势。文化共享工程出品的专题片立足江苏地方特色文化，不求大而博，但要精而深。

怀揣着这样的拍摄理念，南图团队在 2014 年立春开机。本以为江苏人拍摄家乡文化会游刃有余，难料困难依然不可小觑。当年团队中年龄最小的一名成员在回忆那段经历时仍是五味杂陈，她说印象最深的是拍摄苏州的桃花坞木刻年画博物馆，差点吃了闭门羹。记得团队到苏州时正值芒种季节，一行人浩浩荡荡地拖着器材设备来到桃花坞木刻年画博物馆门口，只见一位素衣布裙的姑娘迎接而来，她低眉细语道："我是联络人杜洋，是桃花坞年画传习人，现在我们馆的现实情况就是这样，新馆还没建成，老馆常年关闭，你们估计白跑一趟了。"寥寥几句却犹如滚滚闷雷，让人不知所措。"我们不是事先联系好的吗，讲好可以拍摄的吗？"工作不久的小编导有些抱怨。杜洋解释说："现在依然欢迎拍摄，只是真的没什么值得拍的东西了。"一番参观后，摄制组深感杜洋所言不虚，博物馆门栏沧桑破旧，久不见天日的展厅在雨天里更显阴晦，代表展品"一团和气"灰灰蒙蒙，楼下传习人工作室有一半空间被年画套版占据，创作区显得狭小拥挤。杜洋介绍说，手工年画成本高，早就过时了，她们只能靠政府不宽裕的资助来坚守这门手艺，本来馆里有五六个传习人，由于收入问题，很多同事都放弃了几十年的手艺，另谋高就，现在只剩她和乔兰蓉两人，她们是真心热爱年画的人。得知情况后，我的使命感油然而生，既然还有手艺人坚守，那文化共享工程更应该爱惜这些可爱的人。于是，团队选取了聆听的方式，大篇幅地展现老中青三代传承人和传习人的技艺风采，请他们说出自己的故事。专题片毕竟是视觉主导的艺术，为了充实画面美感，摄制组甚至驱车数日，寻遍苏州各处古村落，只为拍到沾着烟火饭香的好年画。记得返程那日，摄制组恰好路过太湖，总编导忙喊停车、开机，万万不可辜负了这不期而遇的好景致，只见监视器中远方的小帆若隐若现，丛丛芦苇荡拍打着水岸，潮湿的风从面颊拂过，带走了些许途中的劳累。

任何创作过程都是让人痛并快乐着的，但快乐一定是主色调。2017 年立项的《江苏民间技艺》系列专题片是这些年来时长最长、体量最大的专题片项目，一共制作了 52 集，每集时长 30 分钟。在项目的制作中，南图团队进行了大量的采风创作，从文稿到拍摄再到剪辑，整整付出了近 3 年的时间。技艺是时间的艺术，所以拍摄技艺也是对时间的尊重。当然，造物的过程本身也充满了未知与神秘，激发着团队的求知欲与探索欲。平日里，大家只能接触到工艺成品，鲜有机会了解它们究竟是如何诞生的，这次文化共享工程提供的机会，可以让大家深刻地了解每门技艺的前世今生、艺术特色及整个制作流程。值得一提的是，南图的拍摄团队还用镜头捕捉并记录下了一些非常难得的画面。在前期调研中，撰稿人员了解到，溱潼砖瓦制作技艺已日渐衰微，原本以为这集只能取景于溱潼砖瓦博物馆了，

2017 年 5 月，摄制组拍摄《扬州木偶戏》

没承想，几经辗转，竟得知在当地还有一家老窑厂仍坚持用最原始的方式生产青砖。听到这一消息，我和团队里所有的人都开心极了，摄像人员赶紧抓拍撑着小船正在河道里采泥的窑工，并随着窑工一道来到昏暗又闷热的窑内，拍摄到了点火、烧窑等许多珍贵的画面。看着熊熊燃烧的火焰，这支拍摄团队仿佛也与那些砖瓦一起得到了淬炼。

我多年来统筹专题片的各项工作，深深感悟到一部好片子好在情感上，而情感往往体现在采访者与被访者的沟通上，所以在采访中，团队收获的感动最为珍贵。记得 2017 年，团队在为拍摄南通色织土布技艺踩点时曾有幸见到过老传承人毛素娟老师，当时老人家已经 90 多岁，仍艺不离手，可惜的是，当我们着手准备拍摄时，老人家却突发旧疾，人去艺逝。的确，随着社会的发展，有些文化遗产在新时代焕发出了新的生机与活力，有些则处境堪忧，甚至个别文化遗产正面临着即将消亡的局面。这是非常令人痛心的。也正因如此，江苏文化共享工程努力地与时间赛跑，尽可能多地记录当下文化生态，为后来人多留存些许记忆。十几年来，江苏文化共享工程采访了上百位受访者，他们的专长和故事各不相同，但其中蕴含的真情与坚守却是殊途同归，温暖慰藉着每个记录者的心田，也启迪着我们这些文化工作者去开启智慧，拥有洒脱心态。

春风化雨润边疆，文化惠军暖人心
——江苏边疆万里数字文化长廊建设纪实

在发展中心的支持下，江苏省中心在江苏沿海地区建立 16 个数字文化示范点，成功打造了一条边疆数字文化长廊。只需一根网线，居民便可徜徉在海量的数字文化资源之中，一"触"即得的精神食粮极大丰富了当地海疆群众以及驻岛官兵的文化生活。

江苏拥有 954 千米长的海岸线，北起苏鲁交界的绣针河口，南至长江北支河口，经连云港、盐城、南通三市，沿海乡镇、边防部队驻地地理位置偏远，沿海乡镇居民和边防部队官兵很难享受到公共文化服务。为此，江苏省中心与边防部队、当地图书馆密切合作，确定以边防海岛、渔村为建设重点，力求打通海疆公共文化"最后一公里"。

文化戍边凸显江苏特色。江苏省中心与省边防总队就建设示范点事宜进行了充分沟通，遴选出 6 个基层边防单位作为边疆万里数字文化长廊服务点。其中有获"连云老街好三连"美称的连云港边防检查站监护三中队，也有被江苏省委、省政府授予"爱民固边模范派出所"荣誉称号的吕四港边防派出所。江苏省中心结合其他地方乡镇示范点布局，根据实际需求将 16 个示范点分为乡镇、部队、派出所 3 种类型，并根据建设要求和实际情况制定了可选择的菜单式标准，由各个示范点协同本地区图书馆根据自身需求进行设备选配。同时为了配送图书的专业化管理，省中心制定了相关管理办法，对配送、加工、流通 3 个环节提出要求，精益求精，力求起到良好的示范作用。此次建设体现出现代数字文化服务和传统图书馆服务相配合的特色，是文化共享工程资源和地方特色资源相配套的成功尝试。

任何项目的孵化和运作都是一次机遇和考验。为确保建设落地生根，我和姚波老师在短短的 5 天时间内，对 16 个服务点进行实地调研，现场指导。考虑到基层服务点人才力量薄弱，我们每到一地便牵头联络区县图书馆负责人，会同示范点工作人员开现场办公会，利用图书馆人才优势结对帮扶，确保配送设备正常使用、示范点可持续性发展。

边疆万里数字文化长廊建设中，最难忘的经历莫过于送文化共享工程资源上岛的经历。前三岛是位于连云港市东北方黄海上的平山岛、达山岛、车牛山岛的总称，总面积仅 0.4 平方千米，最远的平山岛距陆地 64 千米，是江苏省最远的岛屿。为了改变这个文化荒地，我们一行人在江苏省省边防总队主任的陪同下，一早乘船出发，奔赴前三岛。在海上颠簸了约一个半小时，浑浊的海水渐清渐蓝，前三岛依稀可见，由于海蚀严重，周围多危岩峭壁，车牛山岛更显荒凉。守岛战士早已列队等候，纹丝不动，犹如雕塑般与岩壁融为一体，直至船行到近处才被发现，我不禁为之感动。当接收了如此丰富的文化共享资源后，他们如获至宝，激动地表示，一定要好好利用这批资源，努力提升自身文化素质，为祖国守好边防。

功夫不负有心人，在江苏省中心同人的努力下，这次文化戍边反响热烈，效果显著。比如，盐城边检站监护中队示范点在当地图书馆积极配合下，充分利用文化网络电视机顶盒联网，组织官兵利用文化网络电视平台观看了《幸福哲学》等专题讲座，丰富了官兵的课余文化生活。同时，搭建警地平台，开展"铭记历史 爱国强警"红色观影活动，组织大丰港外来务工人员、辖区群众收看中国红色文化之旅频道里的节目，进一步激发了官兵和驻地群众的爱国斗志。此外，为营造浓厚的宣传氛围，增强边疆万里数字文化长廊的品牌影响力，该站及时与大丰港区报纸、电视、网络等媒体联系，加强沟通交流，充分利用报纸、电视、网络等媒体，从不同侧面、不同视角、不同层次进行了全方位、多角度的深入报道，在港区产生强烈反响，吸引了一大批码头工人和办证人员来队借阅书籍、观看网络电视，切实拓宽了辖区群众的视野，丰富了群众的文化生活，为构建"强富美高"新江苏贡献了一份力量。

共建一家亲　共享育才俊
——记江苏文化共享工程基层培训班

"我有嘉宾，鼓瑟吹笙。"这句诗是江苏省中心培训班的写照，也反映了基层人才培育的初心。记得 2016 年 6 月至 8 月，江苏省中心举办的全省基层公共数字文化建设培训班在全省 13 个地区开班。全省各地区的市、县（区）文广局分管负责人，市、县（区）图书馆馆长，县（区）文化馆馆长及 1300 多个乡镇（街道）综合文化服务中心主任近 2000 人参加了此次系列培训活动。这次培训实现了全省乡镇（街道）基层综合文化服务中心管理人员培训全覆盖。

我们都知道，公共文化事业发展的难点在基层，所以 2016 年的那次培训以切实加强基层文化干部业务能力，提升业务水平为出发点，为推进基层文化事业发展注入新的活力。经过多方研究策划，江苏省中心从以下三个方面做出积极尝试，开创了基层文化队伍培训新模式。一是在培训对象上，此系列培训的学员均为全省各地各级公共文化从业者，以基层公共文化服务工作人员为主，真正实现全面覆盖"省—市—县—乡"四级公共文化从业人员。在培训期间，江苏省中心现场发放中国文化网络电视播出终端，确保每一个乡镇（街道）都能收看到中国文化网络电视的精彩内容。二是在培训内容上，江苏省中心安排了理论性指导课程《公共文化四化解读》，以业务培训和具体实践操作课程为主。在"互联网 +"时代，江苏省大力建设了一批公共数字文化项目，其中江苏省少儿数字图书馆、中国文化网络数字电视等项目作为覆盖全省、服务全省的重大公共数字文化项目在公共文化服务体系的构建中发挥着巨大的作用。基层工作人员使用好江苏省少儿数字图书馆的资源，利用好中国文化网络电视播出终端，就是在实践中完成省政府"为民办实事""打通最后一公里"的工作要求。三是培训期间搭建了"省—市—县—乡"四级快速交流通道，并且开创 O2O 线上线下培训相结合的新模式。江苏省中心在培训班期间为全省 13 个地区的学员建立 QQ 群，为基层文化工作者搭建"省—市—县—乡"四级的无障碍沟通交流平台。基层工作者遇到各类问题均可以通过 QQ 群寻求帮助，有些技术故障可以通过 QQ 的远程协助功能进行求助与解决。同时，此系列培训以面对面授课为主要途径，以线上慕课学习平台为补充手段，切实保障每一位从业者均能获得学习机会。

通过此次系列培训班的系统学习，基层一线的文化工作者在公共数字文化建设的基础理论和实际操作方面得到了很大的提升，尤其是通过学习中国文化网络数字电视互动终端和江苏省少儿数字图书馆对资源的建设与使用，对更好地利用数字信息技术拓展公共文化服务的传播范围起到促进作用，为基层数字文化建设注入新的活力。

华章当续写　迈步从头越
——继续助力公共文化大数据建设

2015 年，发展中心就编制文化共享工程"十三五"发展规划涉及的重点方向面向全国公开发布研究课题，在充分认识到大数据是公共数字文化发展和重点研究方向的基础上，南图申报获得了"公共文化服务大数据的采集与分析研究"的研究任务，2016 年完成课题研究理论。2017 年，发展中心与北京大学共建公共文化服务大数据应用文化部重点实验室，南图成为文化部重点实验室的实践基地。2018 年，我们启动江苏省公共图书馆大数据建设工程。在继承文化共享工程成果的基础上，为迎接智慧图书馆到来，我们全面拉开江苏省公共图书馆大数据工程建设的序幕。

2021 年 4 月，图书馆大数据应用江苏省文化和旅游重点实验室揭牌仪式

江苏省公共图书馆大数据建设工程是江苏省文化和旅游厅设立的公共

数字文化重大工程,是国内首个省级规模的图书馆大数据建设工程,是新技术应用于图书馆行业的示范工程,是全省五级公共图书馆服务机构共建共享的系统化工程,是长期运行服务于全省图书馆事业高质量发展的创新工程,也是文化共享工程在新时代的涅槃新生。

工程建设通过协调组织全省 100 多家县级以上的公共图书馆、1300 多家乡镇街道图书馆、14000 多个村级社区基层图书室共同参与,采集 15000 多个单位图书馆机构的各类数据,建立全省公共图书馆大数据中心;工程建设通过搭建图书馆大数据应用服务平台体系为全省各级文化主管部门、各级图书馆机构提供各类精准化数据服务;工程全面开展大数据应用基础研究,积极培养图书馆业务专业人才,为图书馆事业的发展提供人才支撑。

2021 年 10 月,公共文化服务大数据应用文化和旅游部重点实验室换届会议

2020 年底,图书馆大数据应用江苏省文化和旅游重点实验室获得江苏省文化和旅游厅首批重点实验室认定。这开启了江苏省图书馆大数据全面建设的新阶段。重点实验室承担着图书馆大数据建设的研究、开发、管理和服务等各项工作,它的成立为图书馆大数据建设提供了更有利的发展条件和更好的发展前景,特别是在智慧图书馆体系建设中更好地发挥大数据驱动作用。2021 年 4 月,我有幸成为发展中心公共数字文化服务研究院研究委员会委员,11 月被聘为公共文化服务大数据应用文化和旅游部重点实

验室学术委员会委员，继续为公共文化发展中心服务贡献绵薄之力。

回顾奋进路，砥砺新征程。衷心祝愿全体文化共享工程人，不忘共享初心、秉承共享精神，在智慧新时代继续展翅飞翔。

作者简介

吴　政（1963年9月—　），男，研究馆员。1983年、1988年于北京大学图书馆学系完成本科和硕士研究生的学业。1988年初进入南京图书馆工作，先后担任技术部主任、办公室主任、业务管理部主任、副馆长职务，兼任图书馆大数据应用江苏省文化和旅游重点实验室主任、江苏省图书馆学会图书馆未成年人服务专委会主任、南京大学校外硕士生导师等。长期负责江苏省公共数字文化建设工作，专注图书馆信息化、公共数字文化建设等领域的研究和实践。

忆文化共享工程的四件事

詹利华

文化共享工程走过了 17 年的时光，作为一项在公共文化领域曾经发挥重要影响和重大作用，并已经完成阶段性使命的工程，今天回过头看一看，理一理，品一品，既有工作的艰辛，也有着许多非常值得记忆的精彩瞬间。

我相信所有从事这项工作的各级中心和基层点的同人们，都曾经共同奋力推进这项工作。大家互相交流经验，共同参加培训，相互督导，一定结下了深厚的友情，已经成为我们大家共享的一段难忘的记忆。以下是 4 个共享故事的节略，与大家交流分享。

文化共享　浙江起航

我逐年翻阅之前的电子工作文档，往事一幕一幕浮现。我从 2005 年 8 月开始从事文化共享工程工作，到 2014 年 8 月离开，整整 9 年。我记得在文化共享工程实施 10 周年的时候，全国文化信息资源共享工程浙江省分中心（以下简称"浙江省分中心"）策划编辑了一本书，书名是《共建共享文化惠民——浙江省文化共享工程建设实践与研究》，我为主编。书中有一篇由我们撰写的文章《浙江省文化信息资源共享工程十周年纪事》。其中记录着：

2002 年 4 月，杭州萧山红山农场文化活动中心的电子阅览室里，

20 台电脑，一台网络集线器、一台服务器、一台投影仪、一套卫星接收系统、一组音响、2M 互联网接入，还有 2 位热衷文化的管理人员，成立了全国文化信息资源共享工程第一个基层中心——红山农场基层中心。

同年 9 月，浙江省文化厅、财政厅联合下发《关于实施浙江文化信息资源共享工程的通知》（浙文社〔2002〕58 号）并制定了《浙江省文化信息资源共享工程实施方案》。从此，文化共享工程建设在浙江乃至全国拉开序幕。

2006 年 6 月 22 日，文化共享工程经验交流会在贵阳召开，在此次会议上，浙江省被确定为全国 2 个文化共享工程试点省份之一。2007 年 8 月，省文化厅批复同意浙江图书馆增挂"全国文化信息资源共享工程浙江省分中心"牌子，增设文化共享工程浙江省分中心办公室为浙江图书馆的中层机构。我成为办公室主任，办公室还有 3 位同事，他们是程美明、贾锋、沈丽丹，他们与我一起工作，直到我 2014 年离开这个岗位。从此，我省的文化共享工程工作推进更加有力。2007 年 11 月 25 日，文化共享工程南方（浙江）镜像站在浙江图书馆正式开通，有效缓解了南方电信用户访问文化共享工程网站的网络延时问题。2009 年 4 月 11 日，首家"文化共享工程培训基地"在我省杭州市萧山区支中心建立。2009 年 10 月，萧山培训基地承办了首届"文化共享杯——全国文化信息资源共享工程知识与技能竞赛"。2 年后，2011 年 10 月 12 日至 14 日，培训基地又承办了第二届"文化共享杯"。

2011 年 10 月 14 日，浙江代表队在第二届"文化共享杯"竞赛中晋级八强，荣获三等奖。从左到右依次为詹利华，徐佳炜，程美明，参赛队员沈丽丹、屠奇敏、黄海彬

据文化共享工程国家中心——文化部全国文化信息资源建设管理中心（以下简称"管理中心"）统计，竞赛活动参赛人数之多、覆盖范围之广，是文化共享工程实施培训工作以来所未有的。通过竞赛，文化共享工程系统内部加强了学习交流、提升了业务技能、凝聚了团队精神，业务素质得到了进一步提升，有力推动了文化共享工程的可持续发展。浙江为此尽了微薄之力，也感到欣慰。

浙江网络图书馆

随着文化共享工程的全面推进，我省各级支中心的基础设施不断完善，农村行政村宽带建设也迅猛推进，截至 2008 年 8 月底，浙江 32895 个行政村中有 31605 个村用上了中国电信宽带，宽带村通率达到 96.08%。此时，数字资源的短板凸显，面临经费有限、资源缺乏，数字资源检索操作复杂，传统纸质文献和数字资源不能有效整合，查找资料不方便等挑战。2008 年，全省 95 家支中心中，购买数据库的只有 26 家，资源分布存在较大的不平衡现象。时任浙江图书馆副馆长刘晓清审时度势，结合国内外技术发展现状及趋势，深入分析现有基础条件，提出了建设浙江网络图书馆一站式资源和服务平台设想。2009年初，我们编制了建设方案，明确了建设思路、建设目标和功能需求，交由第三方技术公司实施。2009年5月26日，浙江网络图书馆正式开通运行。它以浙江文化共享工程和全省公共图书馆的传统文献和数字资源为基础，为广大读者打造了一个统一的、"一站式"资源和服务平台。它是以全省公共图书馆为成员馆的网络化数字化图书馆。它通过用户信息和资源的统一认证系统，为全省公共图书馆读者和文化共享工程基层服务点用户提供公益性的数字资源服务。

浙江网络图书馆开通运行后，得到了业界的肯定，也得到了社会各界的高度关注。2010年1月20日，浙江网络图书馆被省委宣传部评为"2009年浙江省文化传播创新十佳网站"。

2017年3月，浙江图书馆又在全国率先推出"U书快借"——网络借书快递到家服务，媒体给予的评价是"淘宝一样的体验"！

《浙江藏书楼》专题片

资源建设一直是文化共享工程的重要内容。工程建设起步阶段，工作重心放在各级中心的硬件和网络建设上，随着工程向更高水平发展，工作重心逐步转向资源建设。浙江从2007年就开始部署地方特色资源的建设工作。得到管理中心经费支持的第一个项目是在2009年拍摄的《浙江藏书楼》专题片项目。

《浙江藏书楼》专题片项目的拍摄工作，在管理中心主任张彦博的关心指导下，由浙江省分中心组织实施。从选题策划，文稿撰写，到采访对象的选择和联络，办公室的同志都深度参与，随时跟进。通过招标选定的第三方负责具体拍摄和后期制作。摄制组拍摄了浙江目前仍然保存完好或有遗址的有代表性的11座藏书楼，足迹遍及杭州、宁波、湖州、嘉兴、绍兴、海宁、海盐、瑞安、余姚等9个地市县，历时两年多精心制作完成。
《浙江藏书楼》专题片共13集，我们在拍摄过程中查阅了大量的日记、谱牒、档案卷宗、老照片等资料，走访了众多研究专家，寻觅藏书楼主后人，进行了抢救性收集整理。例如，嘉业堂主人刘承干的儿子、92岁高龄的刘欣万先生，在上海老宅里接受了采访，讲述了当年刘承干和他的朋友王国维、罗振玉等的名人轶事，以及周恩来总理对嘉业堂等保护措施的指示，留下了非常珍贵的影像资料。《浙江藏书楼》通过了管理中心审查验收之后，我们又通过浙江电子音像出版社出版发行。2012年，《浙江藏书楼》（DVD）荣获我国出版行业三大奖之一的第四届中华优秀出版物奖。获得如此大奖，是件无心插柳的事情，但是至少说明我们做这件事情是认真的，选题是好的，资料是翔实的。此后，我们连续完成《浙江书院》《浙江学堂》《远去的背影——浙江名人》等专题片并全部出版发行。这些已经成为文化共享工程项目积淀起来的宝贵资料。

浙江省数字文化讲师团

文章《浙江省文化信息资源共享工程十周年纪事》写道：

2012年7月16日—18日，浙江省文化共享工程"数字文化讲师团"培训班在温岭方山举行。国家图书馆原副馆长孙承鉴老师应邀授课，浙江图书馆副馆长刘晓清主持开班式，由各级中心推荐的27名文化共享工程骨干参加了培训。本次培训设置了分组试讲和终极PK赛环节，分组试讲让每位学员都得到了锻炼的机会，同时也从其他组员评论中了解了自身的优缺点，由每支团队推选的优秀代表参加终极PK赛，有合作有竞争，收效良好。

7月19日，浙江省文化共享工程"数字文化讲师团"成立暨数字文化下基层启动仪式在温岭市大溪镇举行，这是全国文化共享工程第一个"数字文化讲师团"。文化部全国公共文化发展中心（原管理中心）主任李宏、省文化厅副厅长陈瑶出席仪式并致辞。李宏主任为浙江省文化共享工程数字文化讲师团授旗，省文化厅社文处处长戴言介绍了"数字文化讲师团"的有关情况，仪式由浙江图书馆副馆长刘晓清主持。"数字文化讲师团"全体成员及大溪镇、村干部群众100多人参加了仪式。

2012年7月19日，浙江省温岭市大溪镇浙江省文化共享工程"数字文化讲师团"
整装待发

我现在还清楚地记得是我从李宏主任手上接过那面鲜红的"浙江省文化共享工程数字资源讲师团"旗帜，这标志着讲师团正式成立，也意味着接过了文化部全国公共文化发展中心对浙江开展文化共享工程资源利用、作用发挥进行先行探索的期许。在成立仪式前3天，讲师团的首批27名成员在温岭的方山进行了培训。之所以选择温岭方山，离不开时任温岭市图书馆馆长林君荣的热情支持。当时温岭市图书馆对数字资源的推广利用高度重视，推广实践活动走在前列，林馆长热情邀请省分中心把培训地点选在温岭。7月16日，我们到达温岭市集结后一起到方山脚下，林馆长领着大家步行登上方山顶，大概爬了2个多小时。我记得当天晚上我们安排了课程，因为第二天有一位老师还要赶回温岭市里。不巧的是那天晚上下大暴雨，讲课老师是一位男同志，坚持要晚上下山。作为主办者，除了感谢、感动，只有再三叮嘱注意安全。正是在每一位参与者的共同努力下，讲师团一步一个脚印，逐步壮大，一直活跃在基层，进到社区、学校、企业、机关，以各种形式开展数字资源推广活动，有力推动了文化共享工程数字资源的利用。

时间过得飞快，当年从事这项工作的同志们，年轻的一代成长了，有些已经退休，有些换了其他的岗位。这次回忆往事，仿佛是再一次的相聚，内心颇感温暖。

作者简介

詹利华（1964 年 6 月—　　），2005 年 8 月开始从事文化共享工程，2007 年 8 月至 2014 年 8 月担任浙江省文化共享工程分中心办公室主任。现任浙江图书馆工会主席。

风雨艰辛路　十载"共享"情

——记文化共享工程安徽特色数字资源建设

聂梦迪

　　文化共享工程是新时期文化惠民的一项重要工程，依托安徽省图书馆设立的全国公共文化发展中心安徽省级分中心（以下简称"安徽省级分中心"），按照《文化共享工程规划纲要》和《文化共享工程地方资源建设指南》的要求，以资源建设为核心，立足原创，打造精品，积极探索数字资源建设发展新模式，经过多年的探索和实践，制作了一批低成本、高质量的视频资源。

安徽省级分中心部分资源展示

安徽的文化特色在于徽风皖韵，在选题上安徽省级分中心坚持以文化遗存、非遗文化和红色文化为主线。既注重传统文化的宣传和保存，又注重内涵的挖掘和再现。文化共享工程是国家级项目，必须树立精品意识，项目成果必须体现安徽特色文化的历史价值、人文价值和传承价值。因此，安徽省级分中心始终遵循负责文化共享工程建设的文化部全国文化信息资源建设管理中心（以下简称"管理中心"）关于资源建设所制定的统一技术标准和规范，采取多项措施，严格实行质量控制，使地方特色资源建设工作实现了一次建设、多次使用，一家建设、全国共享的目的。

安徽省级分中心通过不断培养人才、打造高质量人才队伍，创造了资源建设领域新的发展模式。通过采取走出去、请进来、公开招聘等多种方式，加快人才队伍的训练和培养，形成了一支视频制作专业的高质量人才队伍，实现了视频资源建设项目跨越式发展。

2007 年以来，安徽省级分中心在困难多、任务重、人员少、技术和设备匮乏的情况下，先后完成了《徽州建筑》等 32 部文化专题片的拍摄制作任务，成片共计 330 集，9800 余分钟。

初试牛刀却遇罕见暴雪

2007 年底，《徽州建筑》项目正式立项。2008 年 1 月 21 日，安徽省图书馆从各个部门抽调骨干力量，组建了 8 人的拍摄团队到皖南去进行前期的拍摄踩点。当时设备并不齐全，只有一辆面包车、一辆皮卡车、一台摄像机、一个三脚架、一台监视器。出发的时候天气还算晴朗，第一站到休宁县，拍摄了七八天的时间，中间转战了几个拍摄点。1 月 28 日，突然变天了，天空开始下小雨。在合肥的同事们发来短信说合肥已经下雪了，而且有越下越大的趋势。当时皖南还没有下雪，但是那时离农历春节只有一周的时间，如果继续拍摄，可能会遇到雨雪天气，导致摄制组的同志们无法回家过春节。制片主任在进行全盘考虑之后，决定当天返回合肥。结果当天下午，天空就已经开始飘雪。摄制组买好防滑链和一些干粮，从拍摄地黄山呈坎镇赶到休宁的高速入口，准备通过高速回程，却被告知高速已经封路了。这时已经是下午四点，雪越下越大，摄制组只好调头从国道回程。但是皖南的山路较多，车子行驶在积雪的山路上非常危险，所以大家给车子绑上了防滑链。当时的积雪还不是很深，轮胎和路面不断摩擦，在路上行驶了三四个小时之后，防滑链突然断裂了。没有防滑链的车子在山路上容易打滑，并且由于设备很重，车子更难行驶。当时山路沿途完全没有人，也没有商店，摄制组成员只好把备用的用于绑皮卡车帆布的麻绳拿出来，剪断一小截，然后用绳子连接防滑链，绑在轮胎上继续行驶。但是这样的捆绑方法使得绳子非常容易断开，车子每行驶 1 个小时左右，摄制组成员就要下车绑防滑链，断一次绑一次。就这样艰难地行驶了几个小时，走到黄山区甘棠时，已经是凌晨两三点了。突然，我们被一棵被积雪压倒的大树挡住了去路，所有的车辆都无法通行，后面渐渐地聚集了很多车辆。这样等下去也不是办法，制片主任当即决定下车找人把树锯断。制片主任带着摄制组的三四个人，打着手电筒，踩着积雪，分别到路边的农户家去

2008 年 3 月 30 日 黄山市黟县关麓村《徽州建筑》摄制组借农户板车拉运影视设备

找人，挨家挨户去敲门询问，经过一番交谈，终于找来了一户人家的父子俩，父子俩锯了半个多小时，终于把树锯断了，道路才恢复了畅通。摄制组就这样到了铜陵，过铜陵长江大桥的时候已经过了上午九点，170多公里的路程耗费了17个小时。在这17个小时里，摄制组成员没有吃一顿饭，车上也没有热水，我们饿了就干吃仅有的几包方便面。当时大雪封路，周边都没有加油站，为了省油，一路上不敢开暖气，大家就这样忍饥挨冻到了铜陵。到铜陵之后，摄制组终于吃了一顿午饭，又买了新的防滑链，加快了车速，在晚上十点到达了合肥。在这场暴雪中，大家团结协作，众志成城，经历了一场艰难的考验和洗礼。经过这一次的小试牛刀，大家为之后的工作积累了许多的经验，也更加凝聚成一个团结的集体。

2008年3月，《徽州建筑》摄制组整装再出发，在皖南拍摄了一个半月，基本上把皖南的徽派建筑全部都记录了下来，最后总计14集，包括古祠堂、古桥、古民居等系列。该专题片的质量受到了管理中心的肯定和表扬，被文化部推荐为文化共享工程示范片。

十载艰辛苦乐，不忘初心

有了第一次的拍摄经验之后，安徽省级分中心又策划了《安徽历史文化名城》等系列专题片。当时剧组的人员配置是一名制片主任、一名导演、一名导演助理（场记）、一名摄像、一名摄像助理，灯光师、轨道操作员、道具师各一名。由于经费有限，不能外聘司机，所以制片主任和灯光师又兼任两辆车的司机。在经费有限的情况下，为了保证成片质量，安徽省级分中心先后聘请了安徽省电影制片厂和安庆黄梅戏剧院的两位导演担任专题片的导演。在平时的拍摄过程中，摄制组也是尽量节省日常开销，将大部分费用用于设备采购和拍摄制作。在拍摄《徽州建筑》和《安徽历史文化名城》时，由于大部分拍摄地点都在景区里，为了避免给当地景区带来麻烦，摄制组基本是进入一个景区把所要拍摄的内容全部拍摄完毕之后，再出景区。这样一来中午必须在景区内吃饭，因为经费有限，剧务只好给剧组安排方便面或者盒饭，偶尔安排一次桌餐，但是点的也基本是素菜。在一天十几个小时高强度、高密度的工作中，大家吃饭都是"光盘"和"秒杀"。两位导演都已60多岁了，和剧组工作人员同吃同住，在结束白天的拍摄后，晚上还要审镜头，做分镜头的脚本，比其他人工作强度还要大。在两位导演的带领下，所有人都憋足了干劲，不甘落后。拍摄《安徽历史文化名城》和《安徽花鼓灯》的时候，正好都是夏天最热的时间，因为要记录城市的景象，需要拍摄很多的外景，所以导演基本上要求每天早上早起拍日出，晚上拍日落，早出晚归，中午不休息，有时候拍摄一些大场面的镜头还需要架设大摇臂。那时候买的大摇臂6米长，带200公斤的配重，相较现在的小型设备来说很笨重，每个配重铁饼都有20公斤重，有时候遇到车辆进不去的地方，大家还要将设备和配重搬到拍摄地点，光是组装摇臂就需要两三个人用半个小时的时间，使用之后还需要拆装归位。有一次在寿县拍摄古城墙，中午十一点，需要拍摄大摇臂镜头，剧组人员顶着烈日在古城墙下面架设大摇臂。当时气温30多度，地面温度达到60

2008年10月10日，宣城市绩溪县龙川村，《安徽历史文化名城》摄制组在架设大摇臂

多度，摇臂是铁质的，本身就非常吸热烫手，在这种情况下，等大家把摇臂架好，衣服早已被汗湿透了好多次。晚上回到住处，衣服上面都是一层白色汗渍。但就算是在这样艰苦的环境中，大家还是苦中作乐，从不叫苦叫累，在拍摄间隙偶尔说一些小笑话，互相起个外号，作为辛苦工作的调剂：负责摇臂的叫"摇摇"，负责道具叫"道长"，负责灯光的叫"灯头"……大家在拍摄中团结、紧张、严肃、活泼，累并快乐着。同时，剧组成员也深刻感受到这份工作的重要性。一方面文化共享工程的资源建设记录了丰富的地方文化资源，另一方面群众可以共享这些优秀的资源大餐，资源建设的成就感给剧组成员非常大的动力。

安徽省级分中心的第二部专题片《安徽历史文化名城》挖掘了安徽各历史文化名城的文化底蕴、城市记忆，画面精致、制作精良。制作完成之后，获得了各中心以及行业专家的高度评价。安徽省委宣传部的一位老同志看过样片之后，特意找到安徽省级分中心，要求购买一套光碟，寄给远在海外的子女，让他们学习了解家乡的历史、感受传统文化的魅力。

文化遗产保护共享"双赢"

花鼓灯是流传于淮河两岸的一种民间舞蹈，是国家级非物质文化遗产之一，流传于安徽省蚌埠、凤台、颍上、怀远等地，辐射淮河中游河南、安徽、山东、江苏4省20多个县、市。为了给这一项重要的民间艺术进行系统性的介绍和宣传推广。2010年，安徽省级分中心立项了专题片《安徽花鼓灯》，用8集240分钟的篇幅全面系统地对花鼓灯艺术进行了介绍和记录。

2010 年 6 月 17 日，阜阳市颍上县淮河岸边，《安徽花鼓灯》摄制组拍摄"抵灯大会"情景再现

　　2010 年 5—6 月，摄制组一行奔赴蚌埠、凤台、颍上、怀远等地，全景式拍摄记录花鼓灯这一被誉为"东方芭蕾"的民间艺术。花鼓灯包含 400 多个语汇、50 多种基本步伐，舞蹈动作超常，时间差大，瞬间舞姿复杂多变，这些构成了花鼓灯丰富的舞蹈语言体系，使花鼓灯成为用肢体语言表达复杂情节的优秀民间舞蹈形式之一。当年采访到的老艺人有：冯国佩（艺名"小金莲"，1914—2012）、陈敬芝（艺名"一条线"，1919—2012）、郑九如（艺名"小白鞋"，1920—　）、王传先（艺名"一条绳"，1922—　）、杨再先（艺名"小红鞋"，1922—　）、常谦德（艺名"常瘪子"，1938—2021）、石春彩（艺名"小蓝鞋"，1951—2015）、梅其柱（1940—　）等。当时摄制组去拍摄杨再先老人，杨老已经将近 90 岁高龄，退出舞台有些年头了，但是看到摄制组如此专业和敬业，杨老不顾旁边人的劝说，现场唱了一首《王婆骂鸡》。虽然词很多、很复杂，但杨老记得一清二楚，足可见花鼓灯在他人生中的重要性。考虑到杨老先生的身体，摄制组本来没想拍摄杨老的花鼓灯舞蹈，但老人坚持要跳一段，在跳的过程中所有人都为他捏了一把汗，真的非常担心老人家的身体吃不消，没想到杨老居然稳稳地跳了三四分钟。跳完以后，导演激动地上前把杨老搀扶住，所有人都非常感动。还有一些老艺人自己已经不能跳了，摄制组拍摄了他们给徒弟进行指导的画面，老艺人对动作一丝不苟，一丝一毫绝不含糊，他们一辈子都对花鼓灯艺术有着深深的热爱和执着，这种精神也深深感动了摄制组的成员们。艺术造诣不仅是艺术的专业精深，更是艺人的艺德人品，造就了他们的艺术人生。在《安徽花鼓灯》拍摄过程中，不同于之前的专题片，拍摄团队有了非常多的人物刻画和大型演出的拍摄经验，这也为后来的《安徽名人》《安徽非遗》打下了良好的基础。

2012 年开始制作的《安徽非遗》记录了安徽省的 72 项国家级非物质文化遗产和 47 项省级非物质文化遗产，包括宣纸、宣笔、巢湖民歌、岳西高腔、无为鱼灯、霍邱柳编等。《安徽非遗》同时记录了大量民间艺人的手工艺，在摄制过程中我们采访了众多相关的艺人、专家、学者等，抢救性记录了很多老艺人的资料。在芜湖拍摄张一贴内科疗法的时候，传承人张舜华、李济仁都已经 80 多岁高龄；在灵璧拍摄菠林喇叭的时候，周家班上到八九十岁的老艺人，下到十几岁的孩子全部到场，还有一些成员从河南、山东、北京等地赶回来参加拍摄，让摄制组完整记录了一门艺术在一个家族的传承和延续。

这一批批优质的文化资源通过文化共享工程、安徽省级分中心的网络平台以及中国文化网络电视，进入了千家万户。

往事平凡，但收获的情谊无价

安徽省级分中心在建设资源的过程中获得了各地文化系统的大力支持，收获了很多珍贵的情谊。早在 2008 年拍摄《徽州建筑》的时候，黟县图书馆的蔡馆长全程陪同摄制组拍摄，作为向导给予指导。因为黟县图书馆不大，工作人员只有馆长和主任两人，在那一周的时间里，黟县图书馆基本上处于半闭馆的状态，在拍摄快结束的时候，蔡馆长开玩笑地说："你们再不走，我们县图书馆就要关门了。"

2010 年 5 月 11 日，蚌埠市怀远县，《安徽花鼓灯》拍摄现场，花鼓灯专家高倩老师（左）在进行指导

高倩老师是安徽省舞蹈家协会名誉主席，在花鼓灯艺术的传承和发展、舞蹈艺术和舞蹈教学等方面有着突出成就，对花鼓灯艺术十分痴迷和喜爱。拍摄《安徽花鼓灯》时，70 多岁的高老师一直陪同摄制组，指导哪些是重点拍摄内容，哪些是艺术的特色，在拍摄和脚本制作上给了摄制组非常大的帮助。

2012 年，在拍摄《安徽非遗》之《岳西高腔》的时候，一生热爱岳西高腔的岳西县图书馆前馆长汪同元老师，不顾 70 多岁的高龄，全程陪同我们上高山、下谷地。汪老一辈子在文化系统工作，先后在岳西县剧团、岳西县文化馆和岳西县图书馆任职，退休后被岳西高腔传承中心聘为顾问，他踏遍岳西山水，积累了丰厚的文化资料，为保护岳西县的非遗不遗余力。他知道文化共享工程要记录保存岳西的非遗项目，非常激动，热情地给予我们艺术方面的指导，带领我们去拍摄老艺人，给我们介绍岳西高腔的艺术特色等。

2017年，在拍摄《安徽古建筑》之《黄山登山古道及古建筑》的时候，摄制组的工作人员一天登山步数达到2万多步。别小看这2万步，比起在平地上行走，登山的强度可能在其10倍以上。爬了两天的山之后，黄山风景区管委会的老师看到摄制组其中一位小伙子的膝盖说："你要赶快休息，再走下去你的膝盖就要废了。"就在这样高强度的工作下，管委会的老师依旧陪同摄制组徒步攀登一条条登山古道，令人非常感动。

《安徽红色记忆》是安徽省级分中心首次立项的红色题材资源建设项目，为保存红色文化资源开拓出新的路径。《安徽红色记忆》主要讲述了安徽境内发生的革命事件、历史人物、烈士遗迹以及安徽的红色景点。金寨是中国革命的重要策源地、人民军队的重要发源地，是红四方面军主要发源地、鄂豫皖革命根据地核心区。在革命年代，金寨发生了无数曲折艰辛的感人故事。所以，摄制组在金寨拍摄的时间比较长。金寨红军历史研究会会长阎荣安老师，带着摄制组跑遍了金寨所有的乡镇，还结合拍摄情况帮助修改脚本，使之更加完善。

不仅在安徽省内，摄制组在省外、在全国各地都收获了很多同行的支持。2011年，安徽省级分中心立项《金寨将军县》（后改名为《将军的摇篮》）、《安徽双百人物》，片中涉及的人物都是安徽籍，但是他们的生活、工作和革命轨迹都在全国各地，所以拍摄的地点也涉及全国多个省、市。在外省拍摄，联络方面不像在省内那样熟悉，遇到了一些困难。在广东拍摄《安徽双百人物》之《丁晓兵》时，当地武警部队非常支持摄制组的工作，为我们提供场地和人员的帮助。去新疆拍摄《安徽双百人物》之《孟二冬》时，因为新疆地广人稀，每到一处拍摄地点都要走很久的路程，摄制组又不认识路，全国文化信息资源共享工程新疆生产建设兵团分中心的工作人员专门派了一辆车载着摄制组全程陪同拍摄。去四川拍摄《安徽双百人物》之《邓稼先》时，四川省图书馆的老师们帮摄制组联系采访原第二机械工业部第九研究院的老专家，联系拍摄两弹城等场地，全程陪同拍摄，让摄制组成员感受到了家人般的温暖。拍摄《安徽名人》之《嵇康》《梅尧臣》时，我们前往河南等地，许昌、开封等地的文化部门非常热情，专门召开座谈会互相交流学习，派专人带领摄制组去名人遗址、遗迹等地进行拍摄。

十年间，给予我们帮助的专家、老师、同行不计其数，我们把感谢深深地埋在心底，唯有制作出优质精良的资源才能予以回馈。这种友谊的传承可以跨越行业、年纪，如同文化的传承可以跨越时间、空间，珍贵而隽永。

作者简介

聂梦迪（1985 年 2 月—　），女，安徽省图书馆馆员。2012 年 9 月进入安徽省图书馆数字资源部工作，2012 年 10 月参加《安徽非遗》，担任场记工作，之后陆续参与《安徽双百人物》《安徽古建筑》等项目。

共享一片蓝天

——安徽省太湖县文化共享工程纪实

曾玉琴

安徽省太湖县于 2002 年建起文化共享工程卫星三级站。2006 年被确定为文化共享工程试点县之一。2007 年成立全国文化信息资源共享工程太湖县支中心（以下简称"太湖县支中心"）。2008 年太湖县被确定为全省的文化共享工程三个示范县之一。同年，太湖县文化共享工程与太湖县委组织部实施的农村党员干部现代远程教育结合，建成乡镇基层点 174 个、街道（社区）基层服务点 10 个，实现了文化共享工程在太湖县的全覆盖。2011年，太湖县支中心建成全省首家县级残障人士综合阅览室，配置了相关设备，为残障人士服务。同年，在农村地区精心挑选了 10 个基层点，建起了村级公共电子阅览室。2012 年陆续建成 28 个乡镇、村级公共电子阅览室。自文化共享工程、公共电子阅览室计划在太湖县实施以来，太湖县支中心始终坚持利用其中的优秀资源服务三农，与时俱进，创新思路，充分发挥数字惠民工程的作用，在改变城乡面貌、传播农业技术、提高农民业余文化生活等方面做了一些实事，把党和国家的温暖送到了千家万户。

敢为人先，创建卫星三级站

2002 年底，太湖县图书馆各项工作已步入正轨，读者服务活动也按部就班地进行。但针对基层农村的馆藏资源服务，还是仅限于纸质科普资料的推送，农民朋友获取信息的需求往往得不到满足。这使得县级图书馆与时代发展的步伐脱节。如何开辟服务新路子就成为萦绕在图书馆人心中的一道思考题。带着这个思考题，时任太湖县图书馆馆长的我来到了省图书馆，我想省图书馆的信息量大，渠道比县馆多，应该会有适合县级图书馆信息服务的好途径。

果不其然，省馆领导向我透露了一条关于在县级图书馆设立文化共享工程卫星三级站的信息。这意味着县级公共图书馆要突破纸质文献服务的瓶颈，利用文化共享工程的新手段、新技术提供信息服务。

说起来容易做起来难，由于国家及省市财力有限，要启动卫星三级站必须自筹5万元购置设备，这给当时经济极度困难的太湖县图书馆带来了难题。但是面对服务基层、服务农民的新技术和新路子，太湖县图书馆没有丝毫犹豫，克服困难通过各种途径终于凑齐了所需资金，购回服务器、电脑、天线接收器等设备，率先在省内建起了第一个文化共享工程卫星三级站。卫星三级站建成后，开展服务是实施文化共享工程的重心。于是，太湖县图书馆专门组织抽调人员成立了一支流动服务小分队，带上投影仪、幕布、主机以及负责文化共享工程建设的文化部全国文化信息资源建设管理中心（以下简称"管理中心"）下发的资源，深入农村，深入基层，走近百姓开展服务。每到一处，服务小分队先征求大部分人的意见，了解他们的需求，选择其中的实用资源——科教片、戏曲、电影、小品播放：实用的科教片为农村科技户送去了最新的科技信息，促进农民的种植、养殖技术的提升；婉转动听、耳熟能详的黄梅戏吸引了来自四面八方的群众；引人捧腹的喜剧电影和小品给乡亲们送去了阵阵欢声笑语。可以说，文化共享工程在太湖县的实施引起了不小的轰动，所产生的效益不言而喻，仅当年小分队就前往30多个村，服务农民30000多人次。

创新工作思路，探索服务新途径

文化共享工程在太湖县的实施，使县图书馆现代化管理步入轨道。由于服务形式新颖、活动内容丰富、工作成效显著，2006年4月，太湖县被文化部、安徽省文化厅确定为文化共享工程试点县，太湖县图书馆也成为文化共享工程县级支中心。

2007年7月，太湖县图书馆为文化共享工程基层站点配送设备

为更好地开展这项工作，县委、县政府专门成立了太湖县文化共享工程建设试点工作领导小组，由分管副县长任组长，文化局、乡镇负责同志任组员，办公室设在县支中心，由我担任办公室主任，负责文化共享工程服务的组织、策划、实施。在实施过程中，县政府主要领导专题听取县文化部门的汇报，县分管领导先后两次主持召开协调会，筹集项目建设资金。村级点设备购置经费由帮扶单位资助，乡镇站的设备购置经费由县乡两级共同承担，县政府还拿出90万元资金用于以奖代补。通过多方筹集，确保了基层站点的设备购置经费。强有力的组织领导、及时到位的经费投入使得太湖县文化共享工程试点工作轰轰烈烈地开展起来，因地制宜的服务模

式把党的惠民政策切实落到了实处。

应该说，试点工作中村级点的经费筹措方式还是很有创意的。太湖县是国家级贫困县，每年县里要抽调一批干部到各村帮扶。我想到文化共享工程基层点的经费可由这些干部的单位出资，这样一方面解决了基层点经费的困难，另一方面也体现了这些帮扶干部为村里办了实事。年轻的帮扶干部对文化共享工程的服务活动十分支持，也愿意帮忙做好相关工作，他们的背后有帮助单位的资金扶持，自己也愿意为基层农村作出一定的贡献。

在设备购置上，技术人员想办法、出点子，寻找最适合农村的设备，最终提出购置移动播放器的建议。在认真商讨后，大家一致认为移动播放器价格低、体积小、容量大、携带方便，既可下载文化资源，也可以连接投影仪播放，非常适合移动播放，可以随时根据需要更新资源。

这样，在多方的努力下，首批村级点建成并投入使用，不仅带动了村级经济发展，也让农民的文化生活与时俱进：每当夜晚降临，山村里一改过去除却几声狗吠之外寂静无声的模式，稻场中间拉起大幕，插上音响，连上移动播放器，想看什么点什么，戏曲、小品、喜剧、电影，一个接一个地上映，好戏连台，引得人声鼎沸，欢声笑语一片。

2007 年，又有 34 个乡（镇）村基层点相继建成。2008 年上半年，全省实施文化共享工程与中组部开展的农村党员干部现代远程教育整合共建，与县委组织部紧密合作，在全县 184 个基层点配置了电脑、投影仪、机顶盒等设备，一个以县级支中心为龙头、以乡镇村基层点为服务终端的文化共享工程服务网络全面建成，实现了文化共享工程网络全覆盖。2011 年，太湖县建成县级支中心 1 个，乡镇基层服务点 174 个，街道（社区）基层服务点 10 个。

文化共享工程服务网络全面铺设，提供服务是工程实施的核心。2013—2019 年，太湖县支中心先后为县直单位提供会议服务；为老年大学、老年公寓、武警中队、消防中队、各中小学等提供上门放映服务；节假日为未成年人免费播放文化共享工程优秀影片及名家讲座；设立"太湖讲坛"，聘请省内知名学者登坛演讲。诸如此类的服务参与人数达700余万人次，带动了地方特色文化的发展。

太湖县支中心电子阅览室免费为读者开放，利用多媒体资源，在节假日组织开展积极有益的文化活动，经常举办读书征文比赛、健康文明网络读书活动等。太湖县支中心着力于未成年人文化建设，利用文化共享工程优秀文化资源，为未成年人营造绿色、健康的上网空间，引导中小学生正确利用网络资源，免费指导他们上网操作。2013—2015年，总计接待青少年读者1万人次。同时，太湖县支中心作为太湖县计算机培训基地，承接全县公务员、专业技术人员、会计电算化人员和各乡镇基层站点管理员的培训任务，年培训人数达2000余人次。

2012年7月，太湖县图书馆组织读者参加全国"全国公共电子阅览室建设计划百题知识竞赛活动"

太湖县支中心工作的重点对象是残障读者、农民工、留守儿童。太湖县支中心利用各级公共电子阅览室，每年定期安排时间，有针对性地开展面向残障读者、农民工的计算机培训工作，2012—2016年，每年培训人数达 500 余人次；利用文化共享工程资源为留守儿童播放他们喜爱的影片，让他们上网与在外的父母视频通话，受到了留守儿童和他们在外打工的父母的欢迎。

2011 年 5 月，小池镇中心村村民与远在江苏的亲人视频联系

这些集多功能于一体的服务模式，既充分利用了文化共享工程的设备，又实现了人力、物力、信息资源的共建共享，以较少的投入争取到最大的服务成效和整体效益。

太湖县支中心广泛征集地方各类古籍、家谱等文献资料，整合"太湖讲坛"专家学者的讲座视频，加工制作地方特色数字文化资源；利用国家数字图书馆提供的平台建设数字图书馆，内容涵盖 300 多种中文期刊、5000 多册各类图书。到 2016 年，所拥有的 6TB 数字资源较好地满足了广大读者基层群众的阅读需求，成为太湖县经济增长、文化发展的资源宝库。

挖掘服务亮点，树立服务典型

文化共享工程在太湖县试点以来，工作开展得有声有色，这与太湖县支中心的不断努力分不开，同时也得益于各基层点管理员的辛勤付出。

太湖县支中心在村级点管理员的选择上,一般要求年龄在35岁左右、素质好、责任心强,有一定的文化程度,能够在培训后迅速进入角色,从而熟练地使用设备开展服务。江塘乡五星村周端瑞就是其中的一名佼佼者。他承接管理员的任务后,用板车带上投影仪、幕布、音响、移动播放器等设备走村串户,利用农户孩子升学、老人寿宴、子女结婚等时机,开展上门服务。不仅如此,他还是党的惠民政策的传播者,通过播放纪录片、讲座宣讲党的理论知识,弘扬正能量。他也是科普知识的传播者,针对科技户种植作物及养殖家禽、家畜的技术需求,他从存储器中查找相关科教片,拷贝给科技户,为充实农民兄弟的钱袋子而尽力奉献。

雷宁就是周端瑞服务的受益者之一。雷宁是五星村种养大户,虽然搞种养工作多年,但由于缺乏技术,效益一直不好。2007年夏天,他听说村里搞文化共享工程,就抱着看热闹的心思瞅了一眼,这一瞅就使他的养殖事业发生了改变。他从周端瑞那拷贝了喂养鸭子的讲座资料,并从中学会了番鸭断喙及网垫养殖技术,使鸭的成活率及品质大大提高,当年养鸭就赚了4万元。同年,各地都发猪蓝耳病。周端瑞又专门从支中心下载了《当前生猪疫情防控讲座》,送给雷宁和养猪户们学习,他们根据专题片的提示,及时给猪注射了蓝耳病疫苗,并对猪场进行了消毒,确保了养殖场里的猪安然无恙,避免了10万元的经济损失。2007年9月,雷宁作为安徽省唯一农民代表,参加了文化部在北京召开的文化共享工程农村服务工作座谈会。

太湖县唯一将农家住宅设为文化共享工程基层点的是徐桥镇桥东村的喻小祥家。喻小祥热爱文化事业,他家建有400平方米的楼房,主动请求将文化共享工程的设备放到他家,并承诺会将设备利用好,服务好群众。在多方考证后,太湖县支中心同意了此项请求。喻小祥果然兑现了自己的承诺,用了家中一半的房子作为文化共享工程放映室、农家书屋阅览室以及后来建成的电子阅览室。他还自筹资金,开起了桌球室、照相馆、KTV

等，使他家成为名副其实的文化大院，成为百姓们的精神家园。他感谢组织的信任，更怀着对文化事业的热爱，努力克服资金不足和人手紧缺等困难，全身心投入为百姓开展文化服务的工作。喻小祥的工作受到了百姓们的好评，也得到了有关部门的肯定。2012 年，他被文化部授予"文化共享之星"光荣称号。

重视舆论宣传，扩大文化共享工程知名度

为进一步推广文化共享工程，提高广大基层群众的认知度和相关设施的利用率，太湖县支中心开展了多种宣传活动。

利用网站开展文化共享工程宣传工作。太湖县支中心的网站不仅是宣传图书馆业务知识的阵地，还定期将文化共享工程的相关工作及进展情况公布于众，让广大市民对我县文化共享工程工作有所了解，并专设了"共享工程"页面，使他们从图书馆网站上就可以直接享受文化共享工程提供的文化大餐。

创办了刊名为《共享》的工作简报，及时报道典型，交流经验，传递信息。刊物每期印发 600 份，对上开通了一个汇报沟通的渠道，对下起到了互相促进、取长补短的作用。做好文化共享工程资料档案整理收集工作，确保每次活动有文字、照片等记录。

利用电子屏幕、宣传单等形式，宣传文化共享工程的作用与意义，吸引群众积极参与其中。不同的宣传方式对于扩大文化共享工程的影响力，对传播文化数字资源具有重要意义。

强化队伍建设，提升服务能力

要推进文化共享工程建设，加强文化队伍的培养是关键。文化共享工

程事业的繁荣发展需要有一支结构合理、素质优良的文化队伍作保障。太湖县支中心配有大专以上文化程度的计算机专业技术人员 5 人，均通过了计算机等级考试，其中有 3 人参加过管理中心或省分中心的技术培训。184个基层点配有专人负责文化共享工程工作，村级文化共享工程工作实现常态化、规范化和制度化发展，使队伍建设和服务质量每年都上新台阶。

另外，太湖县支中心每年都到各乡镇基层点进行现场督查指导，发现问题及时由太湖县支中心技术人员解答、排除故障。不仅如此，县支中心还建立了县、乡、村三级管理机构，配齐了专职管理员。2012—2015 年，每年都举办一次基层点管理员培训班，指导他们正确使用、维护和保养文化共享工程的设备，累计培训人数千余人次。远程培训是提升队伍素质的便捷方式，太湖县支中心经常组织各基层点积极参加管理中心及省分中心的网上培训课程，并通过 QQ、电子邮件、电话等方式由太湖县支中心技术人员对基层点管理员进行远程指导，2013—2015 年累计指导培训人数 600余次。

建设公共电子阅览室，传播数字文化

2006 年，在文化共享工程实施的基础之上，太湖县支中心建成具有一定规模的公共电子阅览室，配置了 30 台计算机，每 3 年按公共电子阅览室的配置标准更换设备，全方面地为读者提供数字网络服务。2011 年，按照标准组建起未成年人电子阅览室，免费向未成年人开放。太湖县支中心公共电子阅览室承载着传播数字文化服务的作用，引导读者积极参加管理中心及省分中心举办的系列活动，如"公共电子阅览室建设计划"百题知识竞赛、"网络书香过大年"等。太湖县支中心电子阅览室还开展计算机培训，指导未成年人上网，为残障读者开展电脑培训服务；为武警中队、消防中队开展军民共建信息共享服务等。

2012 年 5 月，中国残联领导调研太湖县图书馆残障读者电子阅览室工作

特别是村级电子阅览室的建设，让村民找到了信息查询的路子，成为打工者与留守孩子联系的纽带，成为山村里孩子上网搜索资料、高考志愿填报的场所。规范化的管理为公共电子阅览室的运行提供了安全保障，缩小了城市与农村的数字化鸿沟。

2010 年"八一"建军节期间，太湖县图书馆开展庆"八一"文化共享工程进军营活动

文化共享工程见效益、结硕果

2004 年，太湖县图书馆被文化共享工程领导小组评为文化共享工程先进单位。2007 年，我作为文化共享工程示范典型代表参加了在文化部召开的文化共享工程为农村服务经验座谈会，在会上进行交流发言，并与时任文化部副部长周和平一道接受中国政府网的访谈。2008 年，太湖县被国家文化部评为文化共享工程工作示范县。2009 年，在全省首届文化共享工程知识竞赛中荣获组织奖，参赛人员分获一、二、三等奖。2011 年，太湖县支中心在全省第二届文化共享工程知识竞赛中荣获优秀组织奖，参赛人员分获一、三等奖。在管理中心举办的"阳光少年热爱党""全国青少年纪念建党 90 周年党史知识大赛""公共电子阅览室建设计划"百题知识竞赛等多项竞赛活动中，太湖县支中心都取得了不俗成绩。2012 年 12 月，太湖县支中心被文化部授予"全国文化信息资源共享工程·公共电子阅览室示范点"荣誉称号。

文化共享工程、公共电子阅览室建设、数字图书馆建设三大数字工程建设使广大农村百姓享受到了公共文化发展的成果，大大缩小了城市与农村之间的数字文化鸿沟。依托太湖县支中心实施的三大数字工程使优秀文化信息资源在太湖县得到了更便捷、更广泛的传播，较好地满足了基层农村文化发展的需要，促进农民增产增收，使乡村的文化氛围更加浓郁，助力太湖政治、文化、经济的发展。

作者简介

曾玉琴（1949 年 2 月—　），女，1993 年 7 月至 2015 年 9 月任安徽省太湖县图书馆馆长，组织实施太湖县的文化共享工程建设与服务。

存数字文化　展八闽神韵

——记"福建文化记忆"资源建设之路

陈　顺　王其标　魏鸣瑜

2021 年，《福建地方方言吟诵抢救性记录》项目正式启动，首批拍摄对象为福州、泉州、厦门、漳州、莆田五地的二十几位吟诵老专家。这个项目能顺利启动实施，得益于福建省图书馆原馆长郑一仙、漳州市图书馆原馆长张大伟、泉州市图书馆原馆长许兆恺等一批退休老馆长的潜心调研和热心推动。我馆地方特色文化资源建设能取得今天的成果，正是在郑一仙、郑智明等老馆长及资源建设团队坚守"以资源建设为核心"的初心和使命感召下，一任接着一任持续努力的结果。十几年来，我馆文化共享工程的自建资源从无到有，不断发展，逐步形成特色。

初始：整合资源

"1999 年，我们到基层调研，真的可以感受到'数字鸿沟'，什么都没有，他们很需要将我们的资源输送到基层。当时即便城里很多人都不会电脑，很多人觉得我们要在农村搭建数字网络是件不现实的事情，但我和当时的省文化厅厅长黄启章的判断是：互联网是一个大的趋势，是时代发展的需要。"福建文化信息网始创的亲历者郑一仙老馆长回忆。

2000 年前后，互联网技术尚未普及，数字图书馆尚属新生概念。福建省文化厅将数字图书馆的建设与繁荣农村文化事业有机联系起来，搭建了福建文化信息网络，为缩小农村与城市的"数字鸿沟"，解决农民看书难、看戏难的问题开辟了一条新路。

在省厅的支持下，福建文化信息网开通后设立了福建文化信息网编辑部，主要负责整合文化系统内的资源，包括图书馆电子文献资源和群众喜闻乐见的戏剧等。

任何一个基层文化单位，只要能接入省文化信息网络，就等于拥有了省文化信息网站所拥有的海量数字文化资源。仅需数万元的投入，即可获取原需花费几十万元甚至数百万元才能得到的精神产品。从这个意义上说，文化信息网络对经济发达地区基层文化单位而言，如锦上添花；对老少边穷地区基层文化单位，则如雪中送炭，可以有效解决这些地区群众看书难、看戏难、看电影难的问题。有一些试点单位还利用网络资源试办社区纳凉晚会，反响很好。这个项目所显现出来的初步成效，得到了当时文化部领导和福建省领导的赞赏与肯定。

"当时我们在泉州市惠安县推出'福建文化信息网络'示范县工程，一个镇一个镇地调研，接通网络，输送资源，全县16个乡镇文化站和2个县属文化单位都建立了基层服务点，实现全县覆盖。"同样经历了福建文化信息网始创的郑智明老馆长回忆当时的情景。

2001年8月27—28日，全国部分省（市）文化厅（局）长座谈会在福州召开，时任国家文化部部长孙家正、时任国家文化部副部长周和平、时任福建省副省长潘心城及部分省（市）文化厅领导出席会议。会上，时任福建省图书馆馆长郑一仙向与会领导和代表演示了福建文化信息网络的建设思路。28日，孙家正在潘心城的陪同下，来到福州市鼓楼区鼓西街道文化站实地考察福建文化信息网络基层点建设情况，充分肯定了福建文化信息网络建设的模式。

2002年4月24日，中央电视台《焦点访谈》栏目播出了题为"基层文化，魅力无限"的访谈节目，对我省建设文化信息网，丰富和发展基层文化的探索进行了专题报道，在全国范围内引起强烈反响。2002 年 4 月，文化共享工程正式启动。

探索：自建资源

从 2003 年至 2007 年这五年期间，全国各地的文化共享工程建设进入了快速发展时期。福建省文化共享工程在不断完善基础文化信息内容建设的同时，也在不断思索，适时调整定位。

当时国内互联网已经进入门户时代，新浪、网易、搜狐等门户巨头并驾齐驱，包括博客、论坛等网络自由空间也开始崛起。在许多基层地方，互联网已不再是稀罕物，各种文化信息触手可及。另外，福建虽处东部地区，但受资金投入的制约，我省的文化共享工程建设进展相对比较缓慢，特别是在基层网点建设方面，已远远落后周边的兄弟省份。面对这一现实，我馆领导转换工作思路，有意识地在特色文化资源建设上寻求突破。图书馆是以文献收藏为主，随着信息技术的发展，要立足传统业务，将电子形态的地方文献作为传统纸质载体的扩充，充分利用现代广播电视技术，将其与数字图书馆技术相结合。因此，我馆将有限的资金重点向数字媒介采集加工设备上倾斜，加强数字媒体平台设备的搭建。自 2005 年以来，我馆先后投入 200 余万元，购置了 3 台广播级数字摄像机、3 台小型数字摄像机、5 台编辑录像机、1 台数字切换台、5 套非线性编辑系统等，搭建了多讯道数字 SDI 移动演播室系统和数媒网络直播系统，为利用现代数媒技术建设多媒体资源库奠定了良好的硬件技术基础。2005 年，我馆开始了馆内讲座资源的采拍和制作工作。

2007 年，我馆作为第一批试点单位参与文化部全国文化信息资源建设管理中心（以下简称"管理中心"）自建资源项目建设，申报了 18 集电视专题片《闽南文化》。

2007 年 11 月 15 日，我馆在泉州召开《闽南文化》专题资源库建设专家论证会

"时隔 14 年，我们依然会提起《闽南文化》的拍摄，因为它是我们专题片建设的开始。当时如果只依靠我馆一己之力是艰难的，《闽南文化》的拍摄得到了各级文化主管部门的支持。"陈顺副馆长作为当时《闽南文化》电视专题片导演，同时作为部门主任还要负责项目的运行，深知一个项目运作之初的不易。

2007 年 11 月，管理中心、福建省文化厅、福建省图书馆三方签署闽南文化专题资源数据库建设合同。在省文化厅的领导下，主管部门发函到各地市局，我们的工作得以顺利开展。项目得到了泉州、厦门、漳州三地文化局和图书馆的大力支持。我们也和泉州、厦门、漳州三地签署了合作共建协议。

"在不熟悉的城市，泉州馆、厦门馆、漳州馆的同事们就是我们的向导，根据项目的拍摄需求，带领我们深入各地采集资源。依稀记得为了拍摄泉州元宵节花灯的盛景，因为交通管制，我拿着摄像机坐在时任泉州市图书馆杨文东同志的摩托车后面，冷得瑟瑟发抖，但记录下了泉州花灯人山人海的场景，给观众沉浸式的体验。"文化共享工程福建省分中心办公室主任王其标，当时担任《闽南文化》专题片主摄像，讲起这段经历，仍然记忆犹新。

我馆在完成 18 集《闽南文化》专题片的拍摄外，还搭建了闽南文化专题资源数据库。摄制组在采拍的时候，不仅要拍摄专题片的内容，还要保证数据库的建设需要，注重对技艺的完整记录，用口述史的方式对老艺人进行采访，摄制组的工作量相当大。此外，还要广泛收集相关专题的多载体资源，包括文字、图片、视频，发挥图书馆自身行业特点和人才优势，整合利用收集到的原始素材，并运用数字图书馆资源组织技术与标准，将收集到的特色文化信息资源进行规范整理并展示。数据库的建设做到资源的可视化，页面要生动、精美，不枯燥，能抓人眼球；资源要能满足不同用户群体的多样性需求，兼顾知识性、史料性、学术性等方面。建成的闽南文化专题资源数据库有文字百万，图片近万张，视频片段 380 余条，视频素材 4.2TB，总容量 4.5TB。

"这是一个全新的尝试，我们一边做一边学，我们总结了资源建设的十大环节，包括人力组织环节、方案论证环节、标准规范环节、经费管理环节、软硬件建设与管理环节、资源采集与版权处理环节、质量控制环节、资源后期转化整合入库环节、成果验收环节和档案归总环节；制定了《闽南文化专题资源数据库建设经费管理办法》《闽南文化专题资源数据库工作流程》《闽南文化专题片拍摄规范流程》《TRS WCM 平台资源发布工作流程规范》等规范性文件，保证项目顺利完成，也为我馆的资源建设之路打下了扎实的基础。"郑智明老馆长说。1999 年，郑智明从担任馆长助理开始就协助郑一仙馆长抓福建文化信息网建设，担任馆长后，闯出了一条"资源为先"的特色之路。她常说："我们是硬件不足，软件（资源服务）补；馆舍不足，资源凑。"我馆的馆舍环境在同行中没有优势，但我们的地方特色资源建设是亮点。

2008 年 10 月，在武夷山召开的闽南文化专题资源数据库研讨会上，时任文化部社图司副司长刘小琴充分肯定了我馆建设闽南文化专题资源数据库的探索与实践，认为利用现代广播电视技术和数字图书馆技术建设专题数据库，在国内图书馆尚属首次，是一种创新。2009 年 9 月，闽南文化专题资源数据库专家论证会在北京召开，来自国家图书馆、中国文化报社、中国艺术研究院等单位的专家、学者一致认为该项目具有创新意义，推荐参评第二届文化部文化创新奖。同年 9 月，闽南文化专题资源数据库入围第二届文化部文化创新奖终评名单。

沉淀：资源宝库

《闽南文化》开启了我馆地方特色资源建设之路，并规划依靠自身力量制作拥有自主知识产权的多媒体"福建文化记忆"专题资源库群的顶层设计。

"从自建资源开始我们就注重顶层规划，'福建文化记忆'专题资源库的建设原则是以世界级、国家级、省级物质和非物质文化遗产为重点，优先抢救、记录、推广我省濒临消失的传统文化技艺与现象。经过十几年建设，资源内容覆盖我省民风民俗、工艺美术、传统建筑、地方戏曲、民间音乐、杂技与竞技等非遗类目。这些对图书馆保护地方文献、传承文化遗产、弘扬优秀传统文化、助推文化强省建设具有积极意义。"郑智明老馆长深知顶层设计的重要性，这十几年我馆的自建资源也一直遵循这个规划有序推进。

"福建文化记忆"专题资源库群以《闽南文化》破题，规划了福州寿山石文化与船政文化、莆田妈祖文化、闽西红土地文化与客家文化、闽东畲族文化、闽北朱子文化等 36 个子库，形成题材广泛、内容丰富、特色鲜明、充分体现福建文化内涵的资源数据库群。这种做法使公共图书馆的数字图书馆建设具有更加鲜明突出的文化本色、文化记忆功能，同时也有利于进一步解决长期困扰我们的数字图书馆建设中的知识产权问题。从以往只能收集社会现有资源建库，转为在需要时可以依靠自身力量，有计划、有目的地主动采集数据库建设所需重要资源，弥补所缺，为图书馆的数据库建设提供更丰富、更全面的资源保障。

同时，通过项目建设，我馆锻炼、打造了一支图书馆自己的集采编、拍摄、制作以及数据库建设为一体的精干队伍。

陈顺副馆长，从 2012 年担任馆长助理开始分管资源建设工作，繁忙的管理工作之中，他依旧担任项目总监制。他说："从福建文化信息网络开始，我就是编辑部成员，当时主要负责采拍省内文化新闻。从 2007 年开始，担任《闽南文化》《客家文化》项目的导演。即使现在不在一线采拍，这项工作依旧是我的工作重点。不仅是因为工作需要，更是一种感情，一种对地方文化资源采集的使命感。记得拍摄《闽南文化》的时候，我们要拍摄泉州提线木偶表演艺术家和木偶艺术改革家黄亦缺，但很遗憾，他在我们开机前几个月离开了人世，这个给《闽南文化》留下了一个遗憾。我们越来越觉得我们资源采拍工作具有重要性和紧迫性，随着城市化进程的加快，很多原生态的民俗、民间老手艺、乡音正与我们渐行渐远。这也是我们这么多年坚持地方资源建设的初衷。"

王其标主任说："因为地方特色资源建设，我从原来视听部的读者服务岗位转到地方特色资源采拍，到现在作为中心主任，一边工作一边学习，和同事们一起努力奋斗，地方特色资源采拍使我的人生丰富多彩。拍摄工作是很辛苦的，记得在拍摄《客家文化》时，为举办宁化黄氏家族的'发谱仪式'，村里挑了个吉时，在凌晨三点举办仪式活动，拍着拍着，天上突降倾盆大雨，我记得当时应该是零下二三度，可是全组人想都没想就把身上能遮雨挡水的东西都护在了摄像机上，大家就站在雨里把仪式拍完。像这样的状况在我们拍摄过程中是很常见的，我们团队真的是吃苦耐劳，大家希望尽可能用镜头记录下更多珍贵的文化遗产和现象。"

余锦秀，资源采拍组项目编导，执导《客家文化》《船政文化》等福建文化记忆项目十余个。她说："文化共享工程因为资源建设的需要，所以招聘了电视编导专业人员，我很幸运能够参与其中。干我们这行都是在户外作业，我们在晨钟声中开工，在震耳欲聋、火光冲天的烟花爆竹里收工。对于我们女生来说，最害怕的就是这些鞭炮和烟花。它们基本都是在我们脚边爆炸，有时候打在腿上非常痛。我们下乡拍摄基本是一周起，持续时间最长是一两个月，传统节日基本在外拍摄。前几年冬天我们在拍摄木拱廊桥营造技艺时，全组人在大年三十的下午才回到家。"

2010 年 3 月 21 日，福建省图书馆拍摄文化共享工程专题片《客家文化》，有关人员在连城县四堡雕版印刷基地

讲起拍摄中的故事，编导、摄像真的是滔滔不绝。难忘的事情很多很多，过程很辛苦，薪水也很低，但没有人有怨言。套用一个电视剧的名称，那是一段"激情燃烧的岁月"。

十多年来，我馆资源采集组深入我省 9 个地市的农村、偏远山区等第一线地区，拍摄记录下了许多原生态的民风民俗、民间技艺等。从《闽南文化》起，一共拍摄了 53 个专题、776 集专题片，包括木拱廊桥建造技艺全过程、百岁剪纸花姆林桃、泉州针刺无骨花灯制作技艺、闽西北春节传统习俗……特别是 2010 年在宁化进行《福建文化记忆·客家文化》资源采集时发现了木活字。在我们发现之前，这些木活字就堆在修谱师家中无人问津。我们发现之后，其引起了社会上专家学者的关注，现在它已经成为一项非物质文化遗产，宁化当地也建立了木活字及印刷术展示馆。

2010 年 4 月 16 日，我馆召开福建发现活存木活字印刷术新闻通气会

"如果说我们是通过文物、文字来了解我们的先辈，那我们的后人有了一个新的途径，那就是影像。这也是我们坚持做'福建文化记忆'项目的初衷，把珍贵的影像留给我们的子孙，即使这些技艺消失了，我们还能通过视频还原技艺，让他们了解我们生活的时代。"郑一仙老馆长动情地说。这是一位图书馆研究员用自己几十年图书馆业务管理经验指导我们的工作重点。

为加快资源建设的步伐，从 2010 年开始，我馆吸收社会力量参与资源建设，通过公开招投标寻找优质的传媒公司，通过和电视台联合申报的方式，借助电视台专业的团队和播出平台，提升地方特色资源建设的品质。

"因为我们从《闽南文化》开始制定了一套工作流程和拍摄标准，每个项目还是会由我们的一个专业人员带队拍摄，因此传媒公司和电视台可以按照我们的要求进行拍摄和提交成品。"在资源建设中，郑智明老馆长非常注重和社会力量合作的质量问题。

从 2010 年到 2019 年，我馆共有 31 个项目借助外力完成，并全部通过管理中心的验收，其中《福建春节》《我们的节令美食》《丝路百工》等获得管理中心专家的一致好评。

从 2007 年至 2020 年，我馆获得文旅部批准立项的地方特色文化资源建设项目 53 个，采集照片 23 万余张，资源容量超过 150TB。成果形式包括电视专题片、微视频、动漫片、数据库等。

提升：文化共享

近年来，我馆积极通过创新服务方式，以各种形式盘活馆藏资源，传播福建地方特色文化。线上通过建设网上展厅、H5（第五代超文本标记语言）微页、视频号，线下通过举办专题展览及参加大型展览的方式向读者展示和传播福建地方特色文化。

我馆以自建数字资源库"福建文化记忆"的文字、图片、视频为基础，出版音像制品《福建工艺美术》《福建古村落》《船政文化》《妈祖信俗》《寿山石文化》共 5 款产品。

2018 年以来，我馆与海峡卫视共同创作的《丝海探源》《丝路百工（1—4 季）》在海峡卫视播出，《福建茶文化》在东南卫视播出。

在 2019 年"文化和自然遗产日"活动中，我馆与"学习强国"福建学习平台、新华网福建频道、海峡卫视、东南卫视、福建省广播影视集团融媒体中心、东南网、福建广电网络集团共 7 家单位签订"福建文化记忆"资源授权协议，首批授权包括《丝海探源》《妈祖信俗》《船政文化》《寿山石文化》《福建古村落（第一季）》《福建工艺美术（第一季）》《丝路百工（第一季）》《两岸春节》《福建茶文化》《我们的节令美食》在内的 10 个项目，共计 100 集专题片资源成果供媒体平台使用。

围绕庆祝新中国成立 70 周年的主题，我馆与海峡卫视共同创作了人文纪录片《丝路百工》《福建茶文化》《丝海探源》《两岸春节》共 4 部 53 集，这些作品配上英文字幕或当地语言字幕，供"一带一路"国家和地区主流媒体展播。从 2019 年 4 月开始，菲律宾国家电视台 IBC13 台，于每周日 21:00 播出，每集 30 分钟；阿联酋中阿卫视每周二晚 22:00 播出，中阿卫视 Facebook（脸书）、Twitter（推特）、YouTube（优兔网）以及微博、微信等平台的官方公众号同步发布。

此外，在福州三坊七巷文创中心，以"福建文化记忆"资源为蓝本的"闽南文化"系列文创商品，包括福船、郑成功雕像等主题抱枕、明信片和纸胶带，深受游客欢迎。

"'福建文化记忆'是我馆利用数字技术建设的地方特色文化资源品牌，经过十几年的建设，积累庞大的自有版权资源，成果包括电视专题片、微视频、动漫片、数据库等。如今，我馆以地方特色文化资源为基石，以创意为手段，盘活文化资源，提升文化传播效果，正如文化共享工程的初衷，让我们的自建资源实现'文化共享'。"这是郑智明老馆长退休前的坚持，也是我馆从 1999 年建设福建文化信息网到现在努力的方向。它最初是我馆的一个梦想，在两任馆长带领下，经过努力和探索，真的实现了。文化共享工程虽然已成为我们共同的回忆，但是由它产生的文化价值将永远影响我们文化共享圈里的每一个人。

感谢福建省图书馆原馆长郑一仙、郑智明对本文提供的帮助。

作者简介

陈　顺（1973 年 12 月—　　），男，福建省图书馆副馆长，副研究馆员。长期从事公共数字文化建设工作。

　　王其标（1973 年 11 月——　），男，福建省图书馆现代技术中心负责人，馆员。曾担任文化共享工程福建省分中心办公室主任，长期从事公共数字文化建设工作。

　　魏鸣瑜（1982 年 11 月——　），女，福建省图书馆现代技术中心馆员。长期从事福建地方特色资源建设工作。

江西文化共享工程记忆

——文化与电商联姻 扶贫与扶智同行

吕 静 赖世春

岁月匆匆，时光荏苒，文化共享工程走过了 17 个年头。回忆似长河，悠久，长远。江西省于 2003 年成立江西省文化信息资源共享工程领导小组。同年 6 月，全国文化信息资源共享工程江西省分中心（以下简称"江西省分中心"）在江西省图书馆挂牌。多年来，通过省分中心、各级支中心和基层服务点的不断努力，全省公共数字文化服务能力与水平得到提升，公共数字文化服务体系功能逐渐完善。"一回忆著一拈看"，往事历历在目，在这些故事中，让我印象最深刻的工作之一是"文化共享工程（农家书屋）+电商"工作。

2015 年，江西省分中心深入学习贯彻习近平总书记系列重要讲话精神，积极探索文化精准扶贫新途径，在赣州市安远县创新开展了"文化共享工程（农家书屋）+电商"工作，进一步盘活基层文化资源，提升文化软实力，打造文化惠民工程升级版，实现了文化、电商的共享共建和交融发展。2016 年 5 月，赣州市委宣传部举办的全市"文化共享工程（农家书屋）+电商"工作现场经验交流会在安远县召开，安远县的经验、做法开始在全市推广。2017 年 8 月 22 至 23 日，江西省委宣传部举办全省"文化共享工程（农家书屋）+电商"工作现场经验交流会在安远县召开，"文化共享工程（农家书屋）+电商"工作的"安远经验"开始在全省推广。2018 年 5 月，

"文化共享工程（农家书屋）+电商"工作被中国图书馆学会评为"中国图书馆最美故事创新案例"之一，在河北省廊坊市召开的中国图书馆年会开幕式上进行展示。截至2021年11月，安远县已建成乡村"文化共享工程（农家书屋）+电商"服务站点111个，发展网店已超过1800家，3万多户农户直接参与电子商务，打造了九龙山贡茶、原味香菇、安远三鲜粉等60多个颇具地方特色的电商品牌，越来越多的群众在家门口就可以实现就业、创业，让广大农民群众"既富脑袋又富口袋"，安远县也成为全省"文化共享工程（农家书屋）+电商"运行模式的先行先试创新示范县。

推进农家书屋转型升级，共建文化平台

安远县将县图书馆、农家书屋、电商产业园等资源充分融合，在软硬件上做好"加法"文章，按照"八个一"标准（即建设一个面积不少于50平方米的办公场所，建设一个有采茶戏小舞台的公共文化活动场所，添置一批电脑设备并开通网上交易平台，设置一块电子显示屏，设立一处图片阅览室或图书角，购置一批供线上交易的货品展示柜，安排一名文化共享信息管理员，购置一台数字借阅机），扎实推进文化共享工程，打造高质量的集图书下载借阅、商品网上交易、电商知识培训、快递收发等功能于一体的基层服务点，使文化共享工程基层服务点、农村书屋升级成为群众的"读书屋""宣讲屋""致富屋""便民屋""幸福屋"，打通工业品下乡、农产品进城"最后一公里"。同时，安远县依托安远县图书馆，建立了全国文化信息资源共享工程安远县支中心和"城市书屋"，创建文化资源库，将文化共享工程平台与电商"安商通"公共平台融合，设立文化共享工程技术部，支持指导乡村站点建设，积极开展数字文化、商品信息服务和乡村文化管理员培训工作，支持创客团队项目开发，进行产品孵化，将文化共享工程资源配套服务覆盖到每个站点和电商企业。

建立科学的运营管理模式，不断丰富服务内涵

安远县认真找准工作定位，建立科学的运营管理模式，加快文化服务转型，全力打造升级版的基层服务点。为实现建管运行持续长效，安远县积极强化三项机制（推动机制、责任机制和考核机制），实行三个统一（统一规划、统一管理和统一推送），健全三大保障（政策保障、资金保障和人才保障）。

安远县成立由县委书记任组长，县长任副组长的领导小组，高位推动站点建设，解决发展中存在的问题。将"文化共享工程（农家书屋）＋电商"列入乡（镇）、部门脱贫攻坚重点工作月度考核和年终考核，建立健全的考核机制。安远县统一规划，积极引导城区电商企业统一进入产业园区，每个乡镇至少建 1 个一级站，由点及面，逐步推开。统一管理，由文广新局牵头、电商办配合，对"文化共享工程（农家书屋）＋电商"电子借阅和网上交易系统进行技术升级和维护管理。统一推送，由宣传部牵头，开展文化征集活动，建立文化资源信息库，由文化专员统一发布推送，为电商企业提供文化信息服务。安远县财政拿出专项资金，奖补站点建设，并将站点管理员纳入公益性岗位进行补贴。凡入驻服务站点的，享有"免费文化创意培训指导、免租金三年和贴息贷款"的"两免一贴"政策。免费对站点管理员进行培训，并积极引进人才，为"文化共享工程（农家书屋）＋电商"提供智力支撑。

从惠民到富民，促进共建共享交融发展

在"文化共享工程（农家书屋）＋电商"工程推进过程中，安远县积极发挥优质文化的引领作用，努力促进文化、电商的共享共建和交融发展。

一方面，积极培养"文化管家"站点管理员，组织村民开展农技微课堂、采茶戏教学等文化活动。依托文化共享工程资源中当地特色文化资源，挖掘本地脐橙文化、采茶戏文化、生态文化等文化资源，为电商产品附上文化元素、文化内涵，提升产品附加值。另一方面，紧密结合脱贫攻坚，在服务站点引入"村邮乐购"等网上交易平台，着力打造"一村一品"模式，采取"电商＋合作社＋贫困户"的模式，帮助农民群众将脐橙、百香果、紫山药、蜂蜜等农特产品卖到全国各地，加快脱贫致富奔小康的步伐。整合交通、乡村旅游等资源，采取"农家书屋＋交通服务站""农家书屋＋乡村旅游""农家书屋＋便民服务中心"等模式，每个站点引进邮政"村邮乐购"，加快"工业品下乡、农产品进城"步伐，打通农村物流"最后一公里"。

"贫困不拒绝文化，脱贫离不开文化，文化有助于脱贫。"安远县"文化共享工程（农家书屋）＋电商"服务站点为农民群众搭建了文化交流、产品交易的良好平台，成为农村人气最旺的场所，使原本躺在深山老林里、养在寻常百姓家的"土疙瘩"成为备受青睐的"香饽饽"。"文化共享工程（农家书屋）＋电商"带动了文化和电商产业的交融发展，安远县广大农民抓住机遇，走出了一条文化扶贫和电商扶贫的新路子。

塘村乡村民尧章洪种植的兰花经过文化创意包装后，销售的价格由原来的几元提升到几十元、上百元，这带动本村 30 多户农户参与兰花种植。三百山镇"90 后"女孩唐婧在网上开设"糖帮主"米粄店，将客家粄文化融入包装中，以商传文，以文辅商，产品供不应求。2016 年，30% 的安远脐橙通过电商销售出去了，唐伯虎在安远吃三鲜粉的故事通过电商扬名国内外。电商产品附上了文化属性，注入了乡愁，成为传播当地文化的重要载体，三百山风景区借助香菇、灵芝、百香果等土特产的创意包装，走出了"深闺"，走向了世界。

2016 年 4 月，村民在江西省安远县双芜乡双芜村文化共享工程基层服务点网上购物

凤山乡"文化共享工程（农家书屋）＋电商"站点成立后，农户通过电商营销紫山药，每斤紫山药售价由原本农户提篮上街叫卖的两三块钱热销到 13 元。凤山乡紫山药种植面积达到 1500 亩，每亩纯收入 4500 元以上，65 户贫困户实现脱贫。目前，安远县乡村发展网店超过 1800 家，3 万多名农户直接参与电子商务，销售额达 15 亿元，累计培训建档立卡贫困户2310 人次，直接带动 800 多户贫困户实现就业、创业。

此外，随着"文化共享工程（农家书屋）＋电商"工作的深入开展，基层服务点广聚人气，成为扶德、扶志、扶技、扶勤的基层阵地，让农村群众在思想上实现脱贫。如今的安远农村，打牌赌博的少了，陈规陋习少了，游手好闲的人少了，看书上进的人多了，勤劳致富的人多了。"文化共享工程（农家书屋）＋电商"工程实施以来，文化富民功能得到充分发挥，文化惠民作用不断得到体现。它打开了一扇广大农村青年了解世界的新窗口，让他们有了新的创业机会，有了施展才华的舞台。对于适应经济发展新常态，顺应网络时代新潮流，打造经济发展新引擎，推动农村经济社会发展，意义重大而深远。

文化共享工程是一项繁荣社会主义先进文化的创新工程。多年来，江西省分中心积极推进文化资源数字化，以农村为重点促进文化信息共享，不断提升全省群众的公共数字文化服务体验感，最大限度地把先进文化送到群众身边，让江西公共数字文化活动的精彩内容走进全省群众的生活，丰富群众的精神文化生活，让广大人民群众享受文化盛宴。

作者简介

吕　静（1982年5月—　），女，江西省图书馆馆员，长期从事全国文化信息资源共享工程江西省分中心有关工作和计算机技术、维护、数字资源建设等工作。

赖世春（1975年1月—　），男，江西省安远县图书馆馆长，从事县级公共图书馆管理工作。

弄潮儿向涛头立

——山东省文化共享工程的亮丽风景

李西宁　孙振东　周　浩

人生很多时候是平淡的，如果幸运地与大时代行进的旋律共舞，与文化激昂的脉搏合拍，那么无比靓丽的时光中的许多人和事就成了无法抹去的记忆。很欣慰的是我们能在轰轰烈烈奔涌的大潮中，隐约看到自己奋进拼搏的身影、洒下的汗水，我们因此而自豪。而文化共享工程无疑承载了一个群体的共同记忆，也见证了那段激情燃烧的岁月。

回顾这近 20 年，我仿佛看到了文化共享工程建设者们穿梭在城乡之间的忙碌身影，看到了工程服务队对弱势群体付出的悉心关爱，看到乡村、社区、军营里一张张盛开的灿烂笑脸，这是一份带着泥土芬芳的合格答卷。时间弹指一挥间，回顾过往，有过辛苦劳累，有过委屈不解，有过欢欣振奋，更多的是风雨兼程的不懈努力和不屈不挠的坚持奋进，现在想起来都是人生中的美好。记得宋代潘阆《酒泉子·长忆观潮》写道："弄潮儿向涛头立，手把红旗旗不湿。"这也许便是写照。我们奋斗过，我们拼搏过，我们勇立潮头。

全覆盖一站式服务：从试点省到示范省

2002 年文化共享工程启动，山东是全国较早开展文化共享工程建设工作的省份之一。虽然上下积极推动，但工作进展比较缓慢，直到后来一个契机出现，山东文化共享工程开始步入飞速发展的轨道。这个契机就是山东省文化共享工程与省党员干部现代远程教育中心（以下简称"远程教育中心"）的全面整合，它实现了硬件设施和服务网络的统一，数字资源的共建共享、基层点日常管理和运营的统一，避免了重复建设和资源浪费，实现了村级基层站点全覆盖，山东省也成为全国第一个建立起覆盖全省的基层服务网络的省份。

回想起来，那段岁月中的许多往事浮现眼前，我心中久久不能平静。那些逝去的日日夜夜是青春之火，也是奋进之歌。也是在那段岁月中，我们图书馆人更新了观念，培养了队伍，现在遍布各个基层图书馆、推动图书馆现代化的骨干大多是经过这个时期的淬炼，浴火成钢的。那时文化共享工程已开展多年，省、市、县级中心的建设稳步推进，而基层服务点建设困难重重，主要是因为以图书馆为主力的文化部门孤军作战，各地不够重视，资金、人员不足。这些因素导致基层服务点建设缓慢，文化共享工程覆盖面较窄。到 2005 年，全国建成了 2900 多个基层服务点，山东也只有 266 个。

一次我们参加会议回来之后，大家开会讨论突破的途径。记得时任文化部副部长周和平在讲话中多次提出推动共享机制形成，联合依托社会各方面，形成共识，协同推进。我们研究了当时的各种机构信息，以求合力突破，如教育、农业、科技、组织等部门，最后分析来分析去，考虑到山东省委组织部的全国农村党员干部现代远程教育工程的条件比较成熟，从布点建设到传输模式都做得十分完善扎实，另外他们的资源建设刚起步，我们的资源优势可以互补，便提出了与他们合作的思路。我们就向时任省文化厅副厅长李宗伟汇报，想法得到了领导的肯定和支持，我们立刻就去远程教育中心拜访对接。由于当时远程教育中心领导对文化共享工程尚不了解，前几次交流客客气气来，客客气气去，沟通无果。我们并没有气馁，按照设身处地、强强联合、优势互补、共谋发展的思路，一次次反复耐心讲解，从中心主任到相关处室，交朋友，说现状，谈规划，展未来，取长补短，畅谈发展。尤其每次回来后，我们针对他们提出的急需解决的问题，认真做出翔实的方案，再交流讨论。我们的执着精神和认真态度，文化共享工程的资源和机制优势，让双方的认识逐渐统一，合作水到渠成。2006年，《关于全省党员干部现代远程教育和文化信息资源共享工程实现共建共享的意见》（鲁文群〔2006〕8号）、《关于贯彻落实鲁文群〔2006〕8号文件建设基层规范化基层站点的安排意见》（鲁文群〔2006〕13号）下发。山东省文化共享工程在远程教育中心的卫星投送平台和教育电视台频道开设了文化共享工程专栏，文化共享工程的资源送到了全省千家万户。这在智能手机和互联网尚未普及的时代，也是一大创新之举。同时，全省党员干部远程教育和文化共享工程基层点日常管理和运营的统一，避免了重复建设和资源浪费。

这一年全省84540个村实现基层站点全覆盖，山东在全国第一个建立起覆盖全省的基层服务网络，每个服务站点都配置有电脑、电视、投影仪，有的还有电子阅览室，80%以上的服务站点都建在文化活动中心或者文化大院。这一做法为文化共享工程建设进行了成功探索，也得到了省领导和文化部的肯定。后来又为了方便群众，开发了一站式服务平台，方便群众学习。在工作中，我们也与远程教育中心的同志们结下了深厚的友谊，一有活动和任务都想着彼此，一同到各地检查督导，一起深入基层调研服务，联合安装调试设备，共同讨论工作方案。直到现在，虽然有的同志调整到其他岗位，我们依然保持密切的联系，延续着那时建立的"战斗友谊"。

2006年，山东省被文化部列为文化共享工程建设两个试点省之一。经过辛苦创建，2008年，山东省成为全国唯一的示范省，文化部奖励给山东省300万元。这些奖金全部用于全省基层文化共享工程建设事业的发展。

2015 年 2 月 28 日，"全国文化信息资源共享工程——中国驻利比亚维和
警察防暴队服务点"授牌仪式在山东省公安边防总队举行，这是
文化共享工程首个驻外维和警察防暴队的服务点

　　试点省建设任务的主要内容是县级支中心的建设。文化部出台了建设
标准，按照标准要求，省文化厅将全省县级支中心建设分为三类。第一类
是争取省财政资金，对全省 30 个经济欠发达县，予以每个县 50 万元的补
贴，按照部里的标准统一招标、采购、建设。这在当年可是一个大项目，
而且文化共享工程是一个新生事物，各个厂家也都想占领这个市场。在这
个过程中，我们与不同的厂家进行了多轮次沟通交流，按照政府采购的要
求，一遍又一遍地修改招标参数，直到最终确定。第二类是山东省社会文
化先进县复查。山东省社会文化先进县是由省政府授予的，全省共有 72
个，纳入省委、省政府对县级的考核指标体系，所以各个县级党委、政府
都对这个荣誉高度重视，当时省文化厅提出了"文化共享工程县级支中心
建设一票否决"的要求。在 2007 年一年中，时任省文化厅副厅长李宗伟、
时任省文化厅公共文化处处长李军、山东省图书馆副馆长李西宁、时任山
东省图书馆计算机网络中心主任周玉山带队，省图书馆计算机网络中心全
员参与，走遍了这 72 个县。对于不达标的县，我们指出问题，限期整改落
实，直至最终全部达标。第三类是对剩余的三十几个县，采取以奖代补的

方式，推动文化共享工程县级支中心建设。经过一年多的共同努力，山东圆满地完成试点建设任务。

在这个过程中，乃至以后的文化共享工程建设中，我们一年中有大半年在外出差，有时一天跑两个县。每周都出差，几乎没有在周末休息过，有时感觉真是很累。有一次李宗伟问我们："全省的县你们去过多少？"有的说10个，有的说20个，最多的也就30个。他说："这几年就让你们都跑遍！"我们当时以为是玩笑，但是几年的文化共享工程建设中，我们跑遍了全省150多个县，有的不止去过一次。记得沿海一个县不够重视，工作力度跟不上进度，半年之内我们就去了4次，最终把工作任务完成了。

《焦点访谈》的故事

2007年，中央电视台《焦点访谈》栏目播出介绍山东省文化共享工程的专题报道《共享欢乐》。

当时，互联网还没有普及，《焦点访谈》是家喻户晓的电视栏目，也是中央电视台收视率最高的栏目之一，备受老百姓们的喜爱。听说中央电视台《焦点访谈》要来采访，能目睹和参与拍摄过程，我们都感到十分兴奋。按照采访计划，《焦点访谈》的记者要采访山东省泰安市大陡山村和满北村，了解文化共享工程为两个村带来的变化。摄制组的到来使这里四里八乡的村民像过年一样，人潮汇涌。锣鼓敲起来，狮子舞起来，文化节目表演起来，欢天喜地，处处洋溢着欢乐的气氛。拍摄进行得很顺利，其间有一个小插曲，有段采访文化共享工程基层服务点管理员老赵的环节让我们记忆犹新，印象十分深刻。老赵负责村里的文化共享工程服务工作，经常利用投影室为农民播放科普节目，很受村民欢迎。这次采访，老赵和几个村民被大家选为被采访的对象。接受采访前，有的人反复练习采访的内容，练习过程中给大家解说得特别自然顺畅，没有一点停顿。可是，当记者打开摄像机拿着话筒对着他的时候，他们却紧张得说不出话来，移开摄像机又恢复正常，一连试了好几次，都没通过，他们也是急得满脸通红，想打退堂鼓。还是编导有经验，清了清场，又让人拿张大纸写了提示词，远远放在摄像机后边，排练了几次，他们面对记者的镜头才逐渐放松下来，终于顺利完成采访。轮到老赵被采访的时候，他没有一点紧张，一口气顺利地把准备的内容说完："电子点播室，我们配备了 20 台电脑，咱还上了宽带互联网，也可以在文化信息资源共享工程网上查询自己喜欢的一些课件、内容，也可以在互联网上进行自主点播、学习。有些群众他不熟悉微机电脑操作，可以到电子阅览室，找到自己喜欢的课件、光碟，在那里自主观看……"采访结束后，村民们还有些意犹未尽，所以他们一齐等着与中央电视台记者合影。

2007 年 3 月，泰安市大陡山村村民接受《焦点访谈》记者采访

2007 年 3 月 24 日，《焦点访谈：共享欢乐》正式播出了，村民像过节一样聚在一起收看。但是因为节目时间所限，很多村民只看到了自己的身影，没看到自己被采访的内容，可谓是"几家欢喜几家愁"。老赵看到自己的镜头，还说不太满意，但是在周围的人却给老赵竖起了大拇指，他们说这是对老赵平时工作的肯定。在基层，像老赵这样朴实、奉献的文化共

享工程管理员还有很多，他们架起了文化共享工程与基层群众之间的桥梁，给村民们打开了一扇窗，开启了一片新天地。

我们也非常高兴，虽然拍摄的一周内，查找资料，前后协调，配合保障，起早贪黑，很辛苦，但获得了满满的成就感。文化共享工程使村民常年摸惯了锄头的手变得更习惯摸鼠标了。在这里，他们通过互联网看到了精彩纷呈的世界，也通过文化共享工程享受到了丰富多彩的文化生活，文化共享工程为他们获取信息、获取知识、接受优秀文化的熏陶又提供了一条全新、高效、便捷的渠道，满足了基层群众对于健康快乐文化的需求。

鏖战"文化共享杯"

"山东省是全国文化信息资源共享工程'示范省'，这次我们去参加全国的竞赛，必须要取得好成绩。"这是 2009 年李宗伟接到文化部全国文化信息资源建设管理中心（以下简称"管理中心"）举办"文化共享杯——全国文化信息资源共享工程知识与技能竞赛"通知后作出的明确指示。为了选拔队员，2009 年 9 月 24 日至 25 日，省文化厅举办了"山东省文化信息资源共享工程知识与技能竞赛"。全省 17 个市级支中心代表队和山东省分中心代表队共 18 支代表队、54 名队员参加了竞赛。李宗伟等观看了比赛。李宗伟在致辞中强调："这次知识与技能竞赛，既是向国庆六十周年献礼，也是对各地文化共享工程建设成果的检验，同时也为参加全国文化共享工程知识与技能大赛选拔队员。"

通过选拔，山东省文化厅确定了山东省代表队由山东省图书馆副馆长李西宁任领队，队员由山东省图书馆周浩、济南市图书馆柴靖、淄博市博山区夏家庄镇赵欣 3 人组成。为了取得好成绩，山东省图书馆将参赛队员集中到济南南部山区的一处深山里面集训，这里距离最近的公交站点有好几公里。领队李西宁和教练孙振东跟队员们开玩笑说："在这里集训，不受外界干扰，你们想'逃'也'逃'不出去。"每天天刚亮，队员们就被山里的鸡鸣狗叫声叫醒，就这样队员们日复一日地集训着。有一天，队员们接到通知，时任山东省图书馆馆长赵炳武要来山里看望他们。赵炳武见到队员们之后说："走！今晚放松一下，咱们去钓鱼。"赵馆长带着领队李西宁、教练孙振东和3名队员来到一个农家鱼塘，对队员们说："你们是今晚的主角，预祝你们每个人都能钓上一条大鱼。"大家都收获颇丰。在集训的日子里，队员们自创了许多比赛小窍门，比如针对全国竞赛的猜词语环节，队员们用"烧饼"代替"光盘"，用双手交叉手势代替"双绞线"等。时间过得很快，转眼就到了比赛这天。

2009年10月23日至25日，来自全国各省市的近200名选手齐聚文化共享工程培训基地——浙江省杭州市萧山区支中心参加全国首届"文化共享杯——全国文化信息资源共享工程知识与技能竞赛"。各省市十分重视此次竞赛，此次竞赛可谓云集了各省市的精英。文化部对此次活动高度重视，时任文化部副部长周和平发来贺信，对"文化共享杯"知识竞赛的成功举办表示热烈祝贺。在3天的时间里，33支省级代表队分初赛、复赛、半决赛、决赛4个阶段进行激烈角逐。10月23日初赛，33支省级代表队分8组参加初赛。经过激烈、残酷的争夺，山东省代表队以绝对的优势进入了复赛。10月24日，进入复赛的16支代表队都信心满满，誓夺第一。复赛过程中比分经常呈现胶着状态，往往到最后一刻才能分出胜负。复赛的题目类型比初赛更加丰富，复赛考验参赛队伍的全面素质，尤其是竞猜环节对团队配合能力的要求更高。复赛堪称残酷，山东代表队场上选手们寸分必争，场下领队全神贯注，最终以微弱优势进入下午的半决赛。在半决赛中，队员们发挥稳定，以必胜的信念取得了较大优势，进入了决赛。当天恰巧是山东省代表队队长周浩的生日，领队李西宁和教练孙振东经过商议，决定给周浩一个惊喜。教练孙振东订了一个生日蛋糕，当周浩参加完比赛回到入住房间的时候，孙振东把房间的灯一关，大家一起唱起了

《生日快乐》。周浩激动地说："明天一定要取得好成绩！"进入总决赛的队伍分别是山东代表队、贵州代表队、四川代表队以及吉林代表队，他们都是从残酷的淘汰赛中脱颖而出的队伍。总决赛的气氛紧张凝重，各队用永不放弃的精神将文化共享工程"战友们"的风采体现得淋漓尽致。最终山东代表队以10分的微弱劣势取得亚军，为山东省赢得了荣誉。赛后，山东代表队周浩被评为此次竞赛的优秀选手。

2009 年 10 月，山东代表队获得首届"文化共享杯"亚军

两年后，管理中心举办了第二届"文化共享杯——全国文化信息资源共享工程知识与技能竞赛"。最终，山东代表队再次获得亚军，山东省代表队在这两次竞赛中都没有拿到冠军，也是我们的心结和遗憾，但是比赛过程中山东省代表队展现出的实力却得到了兄弟省份图书馆和管理中心同人的认可。虽然随着历史的发展，以后不会再有"文化共享杯"，但是如果历史能够改变，"文化共享杯"再次举办，山东会拿到冠军吗？

海疆吹遍文化风

"咔嚓，咔嚓，咔嚓……"这是全国文化信息资源共享工程山东省分中心（以下简称"山东省分中心"）工作人员陪同山东省内的摄影师踏上沿海岛屿，为"边疆万里数字文化长廊——海疆文化风"摄影大赛采风，用相机镜头记录海疆军民文化生活的声音。

2013年，山东省文化厅、省公安边防总队实施了"边疆万里数字文化长廊"暨"万里海疆·万里书香"工程，形成"双线立体"的建设和服务新模式，受到海疆群众和官兵的欢迎。2014年7月，山东省分中心启动了"边疆万里数字文化长廊——海疆文化风"摄影大赛。同年9月，山东省分中心邀请省内知名摄影师来到省内4个沿海城市、7个沿海县区，跋山涉水踏上省内大小岛屿，走进边防辖区，用镜头记录了海疆军民最真实的文化生活。

灵山岛位于青岛市黄岛区东南的黄海之中，距最近的陆地大珠山5.3海里，是中国北方的第一高岛。当山东省分中心工作人员陪同摄影师来到该岛后，既被这里的美丽风景所吸引，也被这里的艰苦生活所震撼。据岛上的边防官兵介绍，灵山岛人生活相当艰苦，岛上的水资源仅用于生活用水，用来灌溉农田是不可能的，即使洗澡也要节约用水。在边防官兵的带领下，摄影师们来到了岛上一位90岁的老太太家中。老太太说："我们灵山岛距离陆地太远了，我们岛上很多人一辈子没有出过岛。我们这有一所小学和一所中学，有的孩子有出息，考上了大学，就有机会出岛去看看。有的人只出过一次岛，是生孩子的时候。有时候多么想出岛看看，可岁数大了，老胳膊老腿的不方便啊！"听到这里，边防战士就从包里拿出一个"边疆万里数字文化长廊"平板电脑，打开相册，指着一张照片给这位老太太说："这是青岛市区五四广场象征着咱们青岛城市精神的火红色雕塑'五月的风'。"这位战士又打开另外一张照片说："这是栈桥，是欣赏海景的好地方。""这是崂山，秦始皇曾经到过这里。"…… 看到一幅幅青岛的美景，老太太高兴得合不拢嘴。

摄影过程中，既有感动，也有汗水。为了捕捉一个镜头，背后所付出的艰辛往往难以想象。有的照片，其实是摄影师趴在湿湿的土地上，甚至是将自己置于冰冷的海水里才完成拍摄的。为了拍摄边防战士执勤的场景，摄影师们甚至一夜未眠。

2013年9月，摄影师们在青岛、威海、烟台、日照，用镜头记录了海疆军民的文化生活

"酒好也怕巷子深"

山东省文化共享工程做得再好，不去做宣传的话，老百姓也不会知道它，就不可能发挥它的作用。在数字化时代，我们不能消极等待。

为了加大宣传力度，我们制作了文明上网"三字经"、宣传折页、明白纸、宣传画等，宣传文化共享工程。制作文明上网"三字经"的时候，李宗伟一天半夜给李西宁打电话，讨论能否尽快写一篇用于在文化共享工程公共电子阅览室中面向群众普及推广使用的文明上网"三字经"。次日，我们召集馆内骨干队伍，一起研究分工编写文明上网"三字经"。第二天，当李西宁将文明上网"三字经"初稿交给李宗伟的时候，李宗伟也拿出了自己所撰写的文明上网"三字经"。其内容居然一点也不比我们召集骨干力量所撰写的文明上网"三字经"内容差。由此可见，当时省文化厅领导对文化共享工程宣传工作的重视，许多事情都是亲自上阵。后来得知，李宗伟布置完任务后，自己花了两个晚上时间写了文明上网"三字经"。之后，山东省文化信息资源共享中心印制的文明上网"三字经"、宣传折页、明白纸、宣传画发放到全省各级支中心和基层服务点，经常有朋友和同事过节返乡后，回来说在他们村看到过文化共享工程的宣传品。有时候村里也会自己印刷一些宣传品发给农民。有的人回忆起当时的场景，感叹说："每次印完宣传品，不到半小时就被抢光了，现在还经常看到农民把文明上网"三字经"挂在自己家墙上。"

我们还利用公共电子阅览室的社会化合作共建，扩大文化共享工程的辐射力和影响力，将这些宣传品送到少年宫、学校、企业和网吧。

我们推动公共电子阅览室走进青少年宫，开展面向青少年的服务，为青少年创造了健康、绿色的网上乐园。我们推动公共电子阅览室进入企业

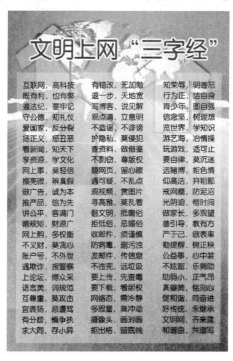

2011 年 2 月，全国文化信息资源共享工程山东省分中心制作的文明上网"三字经"

和工业园区，在济钢集团有限公司、中国重型汽车集团有限公司、济南热力集团有限公司、邹平市西王集团、荣成市恒茂集团等企业建设公共电子阅览室，开展以进城务工人员为重点的服务，促进社会主义核心价值观在社会的传播。我们还推动公共电子阅览室进网吧。2010年正是网吧兴盛的时候，那些遍布城乡各个角落的网吧，像一个个美丽的陷阱，一经接触，便使许多学生无法自拔、无心学习。我们感受到自己的责任，通过公共电子阅览室这个阵地，张贴宣传画和文明上网"三字经"，安装文化共享工程服务平台桌面，为青少年提供绿色公益性互联网服务。通过合作，我们使得公共电子阅览室走到广大青少年身边，帮助许多青少年远离网吧、戒除网瘾，我们接到了许多家长打来的感谢电话，收到了许多家长写来的感谢信。

结束语

文化共享中，服务在其中。文化共享工程围绕中心任务，深入基层，服务人民。文化共享工程让图书馆人大步走出图书馆，走向田野、乡村，走向社区、广场，走向机关、企业，走向学校、军营，给予了图书馆更广阔的服务天地和社会视野；文化共享工程推动了图书馆服务发展史上大范围的社会合作，促进资源共建共享；文化共享工程引领和带动了图书馆现代化进程，村、镇、乡、县、市、省网络联动，使基层群众感知到科技和互联网带来的新天地和新喜悦，为智慧图书馆和新媒体服务夯实基础；文化共享工程对图书馆和公共文化工作者进行了长期的现代管理和前沿科学技术的实践与理论教育，为图书馆培养了一大批现代管理和信息技术人才，构筑了图书馆现代化、信息化管理和服务的宏伟云图。现在，文化共享工程虽然已经成为历史和过去，但我们相信它在每个文化共享工程工作者、参与者、受益者心中依然闪亮无比、灿烂辉煌。

作者简介

李西宁（1966 年 1 月—　），男，研究馆员，主要从事图书馆学、文献学、历史学研究。现任山东省图书馆副馆长。

孙振东（1976 年 12 月—　），男，研究馆员，主要从事图书馆自动化、数字化、智慧化研究。现任山东省图书馆信息网络中心主任。

周　浩（1982 年 10 月—　），男，副研究馆员，主要从事图书馆数字化、智慧化研究。现任山东省图书馆信息网络中心副主任。

"共享"记忆，最忆是杭州

徐　洋

　　这是一篇迟到的文章。

　　对于主持两届"文化共享杯"的经历，我迟迟没有认真回忆和梳理感受，等到有机会与自己对话的时候，又迟迟没能完成这篇文字。可能是因为那段经历太特别，又太值得纪念，才会如此吧。希望这虽迟但到的回忆能够展现出我对文化共享工程的热爱。

　　我曾经是一名普通的图书馆工作者，在馆内的业务工作其实与文化共享工程的关联性不大。但机缘巧合，2009 年、2011 年，由文化部全国文化信息资源建设管理中心（以下简称"管理中心"）在杭州萧山举办的两届"文化共享杯——全国文化信息资源共享工程知识与技能竞赛"活动中，我均有幸承担了竞赛活动的主持工作，成为文化共享工程大家庭中结缘不多，但自觉感情深厚的一员。

　　文化共享工程于 2002 年启动，时间跨越近 20 年，辐射全国，造福了老少边穷地区的人民。在这一工程的实施过程中，无数图书馆同人呕心沥血，将全部身心投入这一事业。与他们相比，我只能说是与文化共享工程有过擦肩而过的缘分，但很荣幸，能够有机会用这篇文字，记录与文化共享工程结缘的那 2 个秋天。

　　2009 年的一天，时任山东省图书馆副馆长周玉山对我说："'文化共享杯'的全国决赛抽调你去担任主持人，好好准备一下。"当时我还对这件事没什么概念，虽然之前有过主持全省比赛的经历，但突然升级到全国赛事，整个人还是有点蒙的。没过多久，我的电子邮箱里收到一封邮件，署名为"文化部全国文化信息资源建设管理中心培训指导处处长刘刚"。邮件中留言道："请查收备用附件材料。预祝主持工作顺利。"这是我与刘刚处长的初次接触，于是主持这件事，才变得清晰起来。

此后，尽快进入角色成了我工作的重要内容之一。在此期间，以我的单位——山东省图书馆为主体组建的山东代表队给予了我莫大的帮助。查收资料、了解比赛背景情况、熟悉文化共享工程的方方面面后，作足准备的我，在大约一周后，独自坐上了飞往杭州的班机（两年之后，这样的对话和情景又重复了一遍，第二次的旅程与第一次相比，少了些忙乱和青涩，多了份感恩和从容。这是后话了）。

群像

两次主持"文化共享杯"的经历，最先涌上回忆的是"战友"的群像和我们结成的友谊。

因为要提前熟悉竞赛流程，除了竞赛的主办方，主持人是赛前最早到达竞赛场地的人员之一。并且由于要抓紧时间磨合，主持人们相处的时间是最长的。两次竞赛中的六位主持人分别来自北京、山西、重庆、浙江和山东，之前并没有交集，但因为文化共享工程联系在了一起。

管理中心的张娇，短发、精干，高挑的身材，大气的脸庞，使她往台上一站就气场十足。作为来自管理中心的主持人，她自然地承担起牵头人的角色，而她毫无疑问地连续两届都圆满地完成了任务（悄悄坦白一句，为了跟上她的气场，在第一届比赛的决赛时，我偷偷地将我脚下的主持台垫高了近10厘米，这个秘密也只有保留到今天才舍得公之于众吧）；山西省图书馆的朱伟也是个大高个，西装上身仿若新郎，却又生了一张娃娃脸，整个人的状态也是不愠不火，但能感受到坚定；浙江图书馆的陈于阗第一

届时跟我是搭档，看起来仿若小女生的她其实是大姐，大姐自有大姐风范，
倾尽地主之谊，对我们照顾有加；重庆图书馆的陈昱竹是典型的川渝妹子，
通过短暂的相处就能感受到她热辣和决断的性格，播音主持专业的出身也
使主持台上的她魅力尽显；第二届竞赛中浙江图书馆的主持代表徐佳炜当
年是个略显腼腆的小男生，笑起来清清淡淡的，浑身充盈着江浙文人的雅
气，跟图书馆事业的气场很合。而我，一个非典型的"山东大汉"，在这
一组主持阵容中也算是刚刚好守住我的位置。

第一届"文化共享杯"竞赛活动主持人，从左至右为：徐洋、朱伟、张娇、陈于阗

第二届"文化共享杯"竞赛活动主持人，从左至右为：徐佳炜、张娇、陈昱竹、徐洋

就是这样一组人马，在管理中心的征调和组织之下，摸着石头过河一样地完成了两届比赛的主持任务。回想起来，我们应该感谢管理中心在国内众多从事文化共享工程工作的工作者中选择了我们，感谢各自所在的省中心把我们推荐给管理中心，也感谢他们对我们的信任和前期的培养。两年，十日，感恩长存。

专业

对于我们而言，专业一词有两种含义。

一是主持工作的专业度。作为比赛的主持人，虽然我们中绝大部分是半路出家，但只要站在舞台上，就必须要呈现出专业的态度和专业的素养，这是对于比赛本身的尊重，也是对于参赛选手的尊重。

二是比赛内容的专业度。"文化共享杯"是对全国从事文化共享工程从业者专业程度的大检验，因此试题所包含的专业概念、专业名词等，都具有强烈的专业属性，这对于我们主持人团队来说无疑是一次挑战。

为了提升第一层专业度，管理中心特别从杭州市当地协调了播音主持专业的老师，在集结的第二天就对我们进行了突击辅导。从基础的吐字归音、发声技巧，到台上的形体仪态，再到主持节奏的把控，在短短的培训中，尽可能地为我们的主持环节作梳理。聆听老师指导的我们是紧张的，回到住地消化调整的我们又是团结的。如果那几天你在现场，你就会发现主持人的房间总是大门敞开，甚至直到深夜。因为我们一有时间就聚在一起，你模拟主持，我扮演选手，预演场上有可能出现的各种情况，反复商讨应对的策略。而面对第二层的专业度，也就是专业术语，张娇发挥了她出身管理中心、熟悉文化共享工程的优势，两次比赛的筹备环节，都是她统领着主持团队，一遍又一遍地练习专有名词，确保了在正式比赛场上，主持人这边不出现差错和硬伤。

有个比喻说得很好：工作任务就像一面镜子，你笑它也笑，你哭它也哭，你敬畏它，它也敬畏你。敬畏，其实是一种态度。唯有敬畏，才会专业；唯有专业，才有价值。两次备赛的经历，让我对比赛、对文化共享工程本身、对主持团队和各项活动的组织团队都充满了敬意。因为专业而体验到价值，这种感受是难得的，也是珍贵的。

释放

我们作了充分的准备，正式比赛时反而是波澜不惊的。

记得第一场比赛上场前，大家免不了都有小鹿在心里乱跳的感觉。我深吸了一口气，对搭档们说："没事，我们就当作自己是新王登基吧，站到台上，就想象台下都是我们的臣民！"这句话有没有起到缓解紧张气氛的效果我不太清楚，但这可在当时的环境中调节气氛的玩笑，我却一直记到现在，也应用到现在。如今，每逢需要在较为重大的场合当众发言时，我总会提醒自己回想当年登台前的那种感觉，这也算是文化共享工程带给我的财富吧。

话说回来，主持的现场就是释放的现场。因为事前准备充分，所以整体比赛的进程是顺利和圆满的。作为主持人，我们跟随着场上选手的发挥推进着比赛的走势，会因为他们干脆利落的作答备受鼓舞，也会因为他们偶尔的错误回答感到遗憾。在紧张刺激的风险题环节，更是会随着选手勇敢的选择将自己代入，内心盼望着选高风险题者能获得高分，而当选手在计时的最后时刻说出关键答案时，内心也忍不住随之澎湃。总之，感同身受也许就是对现场主持的最好概括。

比赛结束之后，当选手们靠过来握着你的手说感谢的时候，当刘刚处长拍着我们的肩膀说"辛苦了"的时候，为了比赛而经历的一切，也都得到了最为完全的释放。

几件美好的趣事

手卡变 iPad（苹果平板电脑）：作为主持人，手卡是我们在台上的定心丸，也是保证比赛顺利、有序进行，保证主持人控场和掌握比赛节奏的必要工具。2009 年的第一届比赛时，四位主持人备赛的重要工作之一就是制作手卡。为了保证比赛的公平性，每场比赛的试题都是尽可能晚地交到我们手里。在获得试题之后，我与搭档的第一项任务，就是把试题理清、分配完成、裁剪得当、制作手卡。所以，第一届比赛时的赛前节奏非常紧张，剪刀、胶水、硬纸壳，也是我们那几天尤为熟悉的物品。2011 年第二届比赛时，待遇突然升级，每位主持人都"武装"上了最新款的 iPad（十几年前，iPad 还没有充分普及，这种完全电子化的装备在当时也是十分新鲜的），拿到试题，只需把电子文档导入设备，就能直接上场了，纸质的手卡也就没了用武之地。现在回想起来，有点后悔没有保留几张第一届比赛时我们自制的手卡，毕竟那也承载着我与搭档、几位主持人之间共同的记忆。

徐洋（右一）与张娇（右二）备战第二届"文化共享杯"主持工作

"绝代双骄"：2009 年第一届比赛的某一轮次中，山东代表队和山西代表队抽到了一组，同场竞技。而当时的两位男主持人恰好来自山东和山西。为了保证比赛的公正性，那场较量中我们两位男主持人按照组委会的要求回避，于是场上难得地形成了两位女主持人并肩的情景。张娇当时的一句"两位男主持，一位来自山东，一位来自山西，隔山相望"，也引得了场下充满善意的笑声，而当时组委会作出的男主持人回避的决定，也得到了现场的掌声。

一碗牛肉面：杭州的美食很丰盛，在每天紧张的比赛之余，我们也饱尝了各种能够代表杭州的特色美食。美归美，但这里的食材偏清淡，对于我这北方的或者说山东的舌头来说，少了点咸味的刺激。几天的比赛积累下来，到临走时，整个人居然有种"求盐若渴"的感觉。我记得第二届比赛结束时，在留杭的最后一天回归山东省小分队，一行人一碰头，居然不约而同地表现出对于盐的渴望。于是乎，在当晚的杭州街头，一行七人趁夜色匆匆穿行，那种蓄力已久的期待在一家不起眼的牛肉面小店得到了释放。入秋的舒爽罩着明净的桌台，那写着"牛肉面"的店面招牌在夜色中的杭州城里闪亮。

满城桂花香：十余年过去了，每次回想起两次在萧山主持的经历，那层回忆总是带着一丝微甜。这种"通感"源头是十月中下旬杭城满城盛放的桂花。那是我人生中第一次体验到，原来偌大的一座城市，竟可以完全浸润在花香之中。而桂花那种令人安心的香感，也就与"文化共享杯"连接成了无法分割的记忆。以至于这么多年过去了，我的私人微信账号昵称还叫作"满垛"，因为有首歌里面唱得好："满垛啊，咱家桂花香，正浓。"

结语

写到最后，突然发现这一篇记录私人感念的小文用正浓的桂花香收尾恰到好处。

"桂"与"贵"谐音，蟾宫折桂更是古往今来所有文人共同的梦想。而文人又以传播文化为己任，就像文化共享工程这近20年的建设与浸润，与桂花"情疏迹远只香留"的意境不谋而合。可以说，每年十月杭城最浓的桂花香仿佛就见证着文化共享工程的代代流芳。

"江南忆，最忆是杭州。山寺月中寻桂子，郡亭枕上看潮头。何日更重游？"

作者简介

徐　洋（1983年1月—　　），男，山东省图书馆原馆员，现山东省艺术研究院馆员。曾参与第一届、第二届"文化共享杯——全国文化信息资源共享工程知识与技能竞赛"活动主持工作。

"文化共享"伴我行

杨向明

人一生中，不论是工作还是生活，总会遇到、结识许许多多不同的人和事，而这些有缘遇到和结识的人和事，不管是平平凡凡还是轰轰烈烈，都会在你的内心深处留下短暂或长久的记忆，组成你一生独特的华彩乐章。

我是 1990 年郑州大学工学院计算机应用专业毕业到河南省图书馆参加工作的，至今已近 32 个春秋。春华秋实，雨雪风霜，我经过了百年豫图从传统图书馆到自动化图书馆，从数字图书馆迈向未来智慧图书馆的历程，而我也完成了从年轻馆员到二级研究馆员的成长。

在我从事的省图书馆公共数字文化服务事业中，其中一项工作令我备感骄傲，它的周期跨度从 2002 年到 2019 年，覆盖范围从南国到北疆、从城市到乡村。它是重要的文化惠民工程，是中国公共文化体系的基础工程；它是群众工作和致富的好帮手，闲暇时的好消遣，学电脑、上网、了解天下事的好去处；在参与工作建设的"文化共享人"眼中，它则是神圣的使命，无悔的承诺，是平凡工作和伟大目标交汇成的无数个日日夜夜……这就是文化共享工程。

作为一名资深老"文化共享人"，我选取"出征'全国文化信息资源共享工程"十一五"成果展览'""'文化共享杯'参赛花絮""我到上图领大奖"3 个故事，向参与了 17 年的文化共享工程致敬！

出征"全国文化信息资源共享工程'十一五'成果展览"

　　领命。2010年10月，我去湖南长沙参加由全国文化信息资源共享工程国家中心——文化部全国文化信息资源建设管理中心（以下简称"管理中心"）举办的全国图书馆系统各省级分中心文化共享工程"感人故事"演讲比赛。我讲了一个河南焦作孟州农民在致富能手带领下，科学种植红薯，通过文化共享工程网上销售的故事，正所谓"共享工程是个宝，当代农民离不了"。我与首都图书馆的王菲菲并列第二名，第一名由辽宁省图书馆的郑直获得。赛后管理中心负责宣传的王芬林处长对我说，管理中心领导研究要借调我和山东省图书馆的周浩，进北京参与年底即将举办的"全国文化信息资源共享工程'十一五'成果展览"，我负责文字，周浩负责图片，三天后出发。这可是一副重担子，能不能完成任务，当时我心里面也没有底。

　　玩命。我从长沙回到郑州后，听说管理中心已经给省图领导发来传真，馆领导叮嘱一定要好好干，为河南争光。我到北京后开始了为期两个月的玩命生活。

　　为什么说是玩命？因为时间紧，任务重，最主要的是我遇上一个干工作玩命的女领导——时任管理中心副主任的刘惠平女士，据说她原来在国家图书馆党委原书记周和平手下工作，工作起来绝对是"拼命三郎"。但多年后，我和刘主任（后来她又回到国家图书馆担任副馆长）成了非常好的朋友。告诉大家一个秘密，我和刘主任的生日竟然是同月同日，缘分啊！

　　每天我都从住处准时步行到文津街的国家古籍馆临琼楼，我被分配到二楼朝南的一间办公室。上楼后刘主任就开始布置一天的工作：原来工作进展到哪一步，这一周有哪些任务要开始着手。中午吃饭是一天中最惬意的时光。吃完饭后，我跟着管理中心的一些朋友，包括刘平、张博（负责宣传报道）一起进旁边的北海公园绕湖散步，他们都是地道的北京人。后来管理中心也给我办了一张能进北海公园的月票，我一直珍藏至今。

到了2010年11月，展览工作进入攻坚阶段。管理中心领导又交给我一项重要工作，负责中国美术馆整个展览6个展厅的讲解员解说词的撰写。好在我父母都在文博系统工作，我小时候经常去河南博物院瞎跑，对各种展览有较多参展体验。针对文化共享工程每个展厅的特点以及展厅与展厅之间的有效衔接，我竟然洋洋洒洒写了长达40页、共计2万字的展览解说词和展览单元说明书。同时在国家博物馆讲解员的指导下，耐心细致地给管理中心4位女性工作人员培训，终于完成了这项重要任务。

2010年12月20日，杨向明在中国美术馆举办的"全国文化信息资源共享工程'十一五'成果展览"现场

刘主任也有很暖心的一面，周末请我和周浩一起去凯宾斯基酒店喝德国啤酒，那一刻我才感觉原来她也很懂生活。听她说以前家在上海，后来调到北京。她和上海亲戚通电话，说的基本都是我听不懂的上海方言，一回头又跟我说普通话，转换自如。更难忘的是2010年平安夜，刘主任听说我父母来北京看弟弟一家，给了我几张国家京剧院的戏票，表演者都是李梅素等名角，一张票好贵啊！明明晚上7点的票，我6点还在管理中心写

材料，都快急死我了，难道她忘记时间不成？后来我说要看演出才跑出来，哈哈！

在布展的后期，我们住的酒店来了两位尊贵的客人：一位是时任安徽太湖县图书馆馆长曾玉琴，一位是时任宁夏贺兰县图书馆馆长蔡生福。管理中心请他们两位在展览上现身说法，给观众介绍文化共享工程给当地图书馆及群众生产、生活带来的变化。后来他们都成了我的好朋友，我还借机会到太湖县和贺兰县去看望过二位，是文化共享工程把我们三人紧紧连在一起。

高潮。经过大半年的准备，由文化部、财政部主办，文化部社会文化司、管理中心承办，各省（区、市）和新疆生产建设兵团文化厅（局）、文化共享工程各省级分中心协办的"全国文化信息资源共享工程'十一五'成果展览"，于2010年12月19日在中国美术馆开幕。

展览由"关怀·决策"篇、"资源·共建"篇、"网络·技术"篇、"合作·管理"篇、"服务·惠民"篇、"发展·展望"篇6大板块组成。通过文字、图片、图表、实物、多媒体展示、技术模拟演示、资源服务演示等展览形式，系统介绍了"十一五"期间文化共享工程在传播中华优秀文化、构建公共文化服务体系、缩小城乡"数字鸿沟"、服务新农村建设等方面取得的丰硕成果，全面展示了在党中央、国务院的高度重视和亲切关怀下，文化共享工程在满足人民群众日益增长的文化需求、保障基层群众基本文化权益、推动社会主义文化大发展大繁荣中所发挥的积极作用。

尾声。2010年底临走之前，时任管理中心办公室处长赵保颖给我出具了一份工作鉴定，非常中肯。在这2个月期间，我起草了报文化部、财政部的呈批文件13份，起草了领导讲话提纲、大会致辞6份，编写了长达40页、共计2万字的展览解说词和展览单元说明书。经常加班至深夜甚至第二天凌晨（在借调的短短69天里，有超过一半的工作日加班到晚上10点以后，19个周末休息日没有休息）。

我没有辜负省馆领导的嘱托，完满地完成了任务，和中心的许多同行成了多年的好朋友。从满树银杏金黄到北海琼花岛雪花飘落、从景山秋风阵阵到故宫角楼冬月洒地，所有这一切，都是文化共享工程给我的福音！

"文化共享杯"参赛花絮

为进一步普及文化共享工程相关知识，提高基层人员服务技能，检验各地开展工程培训情况，推动工程建设与服务，管理中心先后举办了两届"文化共享杯——全国文化信息资源共享工程知识与技能竞赛"。"文化共享杯"活动以赛促训、以赛促用、以赛创新，是文化共享工程系统内部加强学习交流、提高业务技能、凝练团队精神、提升服务水平和服务能力，最终推动文化共享工程健康发展的有效途径。

我有幸参加了这两届"文化共享杯"大赛。2009 年 11 月 1 日《中国文化报》第四版"公共文化周刊"，用了整整一个版面，对首届"文化共享杯"活动进行了详细报道，上面还有一幅我上台领奖的照片。时至今日，我翻看着报纸，浏览着网页，活动的一幕一幕又浮现眼前。

2009 年 11 月 1 日，《中国文化报》第四版，刊发竞赛优秀选手上台领奖照片
（左三为四川代表队员杨曦，左五为杨向明）

2009 年 10 月 23 日至 25 日，在文化共享工程培训基地——全国文化信息资源共享工程浙江省杭州市萧山区支中心（以下简称"杭州市萧山区支中心"），首届"文化共享杯——全国文化信息资源共享工程知识与技能竞赛"举办，来自全国各省市的近 200 名选手参加。活动覆盖全国 11.2 万个各级中心和基层服务点，有 13.3 万余人参加了竞赛活动，这是工程启动以来单次参加培训人数最多的一次活动。

每支代表队均由 3 人组成，分别来自省级分中心，市、县支中心和乡镇或村（社区）基层服务点。这些选手是从全国各省级分中心，市、县支中心及乡镇、村基层服务点的工作人员中，经过层层竞赛选拔后产生的。我作为全国文化信息资源共享工程河南省分中心（以下简称"河南省分中心"）代表选手亲自上阵，另外还有李杨（开封市图书馆）、张松瑞（来自郑州新郑市基层服务点的女大学生村干部）。竞赛的题型分为必答题、抢答题、风险题 3 种，题目涵盖了文化共享工程组织管理、数字资源、网点建设、技术体系、传输平台、标准规范、合作共建、服务模式、人员培训、惠民服务等各个方面。本届比赛由来自天府之国的四川代表队拔得头筹，

2009 年 10 月 23 日，首届"文化共享杯"河南代表队参赛选手
（左一是滑县图书馆的王志淑，左二为杨向明，左三是新郑市基层服务点的张松瑞，
左四是开封市图书馆的李杨）

获得大赛冠军，尤其该队的杨曦在"一个比划一个猜"项目中全部快速答对，赢得全场喝彩。多年后我去成都出差时又见到她，还谈及此事。河南代表队进入复赛，最终获得优秀组织奖，我本人入围大赛组委会表彰的 20 位优秀选手名单。

2011 年 10 月 12 日至 14 日，第二届"文化共享杯——全国文化信息资源共享工程知识与技能竞赛"仍在杭州市萧山区支中心举行。本次活动的所有比赛及开幕式、闭幕式等，都通过文化共享工程网站进行现场视频直播。竞赛又增加场外题、条件抢答题、视频题、竞猜题等多种形式。整个比赛在严肃、紧张中透着活泼，场上选手活跃精彩的表现，场下的积极互动，给所有参加活动的人员都留下了深刻的印象。场上选手准备充分、精神饱满，气氛紧张而热烈。各队队员分工明确，配合默契，相互间抢答激烈，比赛高潮迭起。场外选手也不甘示弱，纷纷以良好的成绩，将得分收入本队囊中。在一轮轮激烈角逐中，各队你追我赶，比分一时难分胜负。最终辽宁代表队一路高歌猛进，站到了最高领奖台。

河南省图书馆及河南省分中心对此次比赛非常重视，经过选拔、培训，组成了以我为领队，刘博（河南省图书馆）、李杨（开封市图书馆）、廖玲（信阳市平桥区洋河镇基层服务点）为队员的河南代表队并参加了比赛。尽管河南代表队没能进入决赛，但每个队员都积极备战，在比赛中积极发挥、沉着应战，赛出了水平，赛出了风格。赛后，在管理中心发行的《全国文化信息资源共享工程工作简报》大赛专刊上，转载了我提交的两篇小文章。

1. 初赛花絮

第二届"文化共享杯"初赛如期在丹桂飘香的杭州市萧山图书馆举办，共有来自全国各省市的 99 位选手（不含场外选手）参加，分为上、下半区共 8 个组进行。经过激烈的比拼，最后共有 16 支代表队杀出重围，进入复赛。这里有一些初赛中有趣的故事。

（1）最牛的台号——4 号。别看"4"这个数字平时不吉利，可在萧山

"文化共享杯"的舞台上却成为幸运的代名词。8场比赛,坐4号台的8支队伍(浙江代表队、桂林代表队、河北代表队、辽宁代表队、广西代表队、江苏代表队、吉林代表队、天津代表队)全部出线,占16支出线队伍的50%,难怪进入复赛的队伍仍祈祷入座4号台。

(2)最高的笔试成绩——56分。这次竞赛增加了笔试,按基层服务点、支中心、省中心答题难度依次增加,每队3位选手每人30分钟时间作答20题(20分),每队合计60分。笔试衡量团队的综合实力。笔试成绩最高的是浙江队,3人总成绩为56分。江苏队55分,山东队54分,山西队53分,桂林队52分,辽宁队、吉林队与新疆生产建设兵团队均为51分。另外包括河南队在内的9支队伍的笔试成绩为50分。这说明绝大部分的参赛选手对于理论知识的准备是充分的。

(3)交卷最早的选手——山西2号女选手。99位参加笔试的选手中,交卷最早的是坐在第37桌的来自山西队的2号女选手,她的成绩也是相当优秀的。

(4)抢答最佳的队——山西队。每队深知,要想杀入复赛,必须在抢答环节有所作为。全天8场比赛,山西队5次抢答全部正确,共得100分,总分303分,山西队是33支队伍中抢答得分最高的,真可谓一骑绝尘。江苏队与内蒙古队抢答得80分,位列次席。

2.半决赛花絮之口号集锦

在本次大赛半决赛中,山东、天津、吉林与广西代表队闪亮登场。本场各队同时亮出了自己的口号,这里就让我们再回味一下那些"名言"吧!

(1)首届大赛亚军山东代表队的口号:"海之胸怀,山之臂膀。悠悠齐鲁,文明之邦。我们来自泰山脚下,我们来自孔孟故乡。山东队真诚向大家问好!山东加油!"

(2)位于渤海之滨的天津代表团的口号是本场四支队伍中最"牛"的,

他们的口号霸气十足，来自天津市分中心的一位参赛者说："我们的口号是，留到明天决赛说！"

（3）来自白山黑水的上届季军吉林代表队的口号："白山松水情又真，共享工程贴民心，知识竞赛添技艺，文化传播万户春。"

（4）半决赛中唯一一支来自南国的广西代表团，也说出了自己的心声："秀出自信，展现自我，非比寻常，广西最强！"

我到上海领大奖

2010 年全中国最热的流行词莫过于"世博会"了，用百度一搜，竟有 6000 余万条相关信息。能到上海领大奖并亲身到世博会参观，这恐怕是全国许多图书馆同人翘首以盼的事。这次，好运居然降临到我身上——我荣获了文化共享工程学习"双百"人物有奖征文唯一的一等奖，受邀到上海图书馆领奖并参观世博会，这也是本人到河南省图书馆参加工作多年来第一次受到这样高的礼遇。

每当看到 2010 年 4 月 29 日《中国文化报》第八版用一个整版，报道在上海图书馆举办的"学'双百'，读好书，迎世博"主题活动以及自己领奖时的彩照，我仍仿佛雾里看花，不敢相信，这一切还要从头道来。

2009 年 10 月，我第一次听说管理中心为配合学习"双百"人物，将在全国图书馆界举办有奖征文，我本着重在参与的心态参加了征文活动。按照征文有关规定，主题既要与"双百"人物有关，更要结合自身服务工作实际，我最终锁定了一个人——敦煌研究院院长樊锦诗，一位为宣传中华优秀艺术瑰宝而扎根西部大漠半个世纪的伟大女性。她既是"双百"人物，又出现在 2009 年第一届"文化共享杯"的比赛题目之中，更是我父亲半个世纪前在北大未名湖畔学考古的同窗好友，最关键的是我 2003 年 7 月曾在甘肃敦煌莫高窟零距离聆听过她的教诲。我对她熟悉且崇拜，文章经过多

2010 年 4 月 29 日,《中国文化报》第八版刊发时任上海图书馆党委书记穆端正（右一）
为杨向明颁发有奖征文一等奖

次打磨，最终这篇名为《樊锦诗——用生命的华彩守望敦煌》的文章得到
各位专家、评委的厚爱。该文后来收录在张彦博主编、国家图书馆出版社
2010 年 9 月出版的《弘扬"双百"精神 力促文化共享》一书中。管理中
心又以《全国文化共享工程学习"双百"人物有奖征文专刊》（2010 年第 2
期）形式全文刊发本次征文活动及获奖名单，我感到极为光荣。

2010 年 9 月，国家图书馆出版社出版《弘扬"双百"精神 力促文化共享》一书，
内有获奖文章《樊锦诗——用生命的华彩守望敦煌》

　　2010年4月21日，时值2010年上海世博会倒计时10天以及"世界读书日"来临之际，由文化部社会文化司指导，管理中心和上海市文化广播影视管理局主办，全国文化信息资源共享工程上海市分中心承办的"学双百，读好书，迎世博"主题活动在上海图书馆举办。与此同时，全国文化信息资源共享工程中共一大会址纪念馆基层服务点正式揭牌。中央电视台、东方卫视以及《光明日报》《文汇报》《中国文化报》等媒体进行了报道。获得"100位为新中国成立作出突出贡献的英雄模范人物""100位新中国成立以来感动中国人物"殊荣的包起帆、徐虎两位"双百"人物出席活动并发言。时任文化部社会文化司司长于群、时任管理中心副主任崔建飞、时任上海图书馆党委书记穆端正、时任上海图书馆馆长吴建中、时任中共一大会址纪念馆馆长倪兴祥等相关部门领导，文化共享工程学习"双百"人物有奖征文获奖单位和个人代表，以及管理中心、省级分中心和市、县支中心代表参加了此次活动。

　　颁奖会上，包起帆、徐虎两位"双百"人物和于群等有关领导为获奖代表颁奖。给我颁奖的是时任上海图书馆党委书记穆端正。管理中心向中共一大会址纪念馆赠送了文化共享工程资源，于群和倪兴祥共同为全国文化信息资源共享工程中共一大会址纪念馆基层服务点揭牌。为了突出"世界读书日"主题，参加活动的全体有奖征文获奖代表共同参与了"学习·奋进"读书朗诵会，我朗诵了选自上海交通大学出版社出版、叶永烈所著《走近钱学森》一书的《钱学森的三次激动》一文。这大概是我一生中最富有激情的一次朗诵。二等奖获得者——来自四川绵阳支中心的王智群女士，朗读了选自中国出版集团及东方出版中心出版、上海世博会事务协调局与上海文广新闻传播集团编著的《百年世博梦》一书的《百年梦圆》一文。三等奖获得者——来自上海青浦区支中心的秦雅敏女士，朗读了选自"双百"人物候选人、海尔集团首席执行官张瑞敏推荐的畅销书作者斯宾塞·约翰逊所著《礼物》一书的《礼物》一文。时任上海图书馆馆长吴建中宣读了《迎世博，树新风，文明观博》倡议书，这份倡议书得到在场人员的热烈响应。

颁奖仪式期间，我请时任文化部社会文化司司长于群、"双百"人物包起帆和徐虎、时任管理中心副主任崔建飞与时任上海图书馆馆长吴建中等签名留念。我们这些来自河南、四川、广东以及湖北的获奖代表更是由于上海世博会这个大舞台，从四面八方聚集到黄浦江畔。

时间已进入 2022 年，窗外冬日暖阳，电视正播放 2022 年北京冬奥会新闻节目。17 年弹指一挥间，有关文化共享工程的点点滴滴的美好回忆将伴我继续前行。

作者简介

杨向明（1967 年 12 月—   ），男，河南省图书馆数字资源部主任，二级研究馆员，河南省文化和旅游公共服务专家委员会委员，长期从事公共图书馆网络化、数字化建设与服务工作。

文化共享惠基层　福泽一方谱华章

——忆服务乡镇文化振兴的湖北"文化共享人"

苟　晋　陈卫中　王　莉　郑颖毅　王　涛

　　《中华人民共和国国民经济和社会发展第十个五年计划纲要》明确地将繁荣发展社会主义文化事业，不断提高全民族的文化素质纳入了"十五"计划建设目标，文化共享工程应运而生。作为文化部、财政部共同组织实施的国家重大文化惠民工程，文化共享工程通过对各级公共图书馆、文化馆（站）等公共文化设施平台的升级改造，借助互联网、卫星网、有线电视、数字电视网、镜像存储、移动存储、光盘等现代信息技术，对优秀文化信息资源进行数字化加工整合，打破了落后地区信息闭塞现状，改善了城乡基层群众文化生活，缩小了城乡数字鸿沟，提高了广大人民的科学文化素质，实现了广大人民群众对基本文化权益的诉求，推进了社会主义新农村建设与和谐社会建设。

　　湖北省是 2002 年首批启动文化共享工程建设的五个省份之一。湖北省委、省政府高度重视，湖北文化共享工程被列为全省重点文化工程，成为政府提供公共文化服务的重要渠道，打造公共文化服务体系的基础工程。2006 年，湖北省文化厅总结前四年经验，定下了以文化信息资源为核心，以先进信息技术为推动力，通过对县级网点的标准化升级改造，强化县中心对区域的辐射和引领作用，从而重点加强和推进乡镇和农村文化共享工程建设与服务，在"十一五"期间实现数字文化"村村通"的宏伟工作目标。由此，全省上下联动，省委、省政府定调子，省文化厅、省图书馆撸袖子，基层图书馆和文化站盼日子，文化共享工程与"农村党员干部现代远程教育工程""农村中小学现代远程教育工程""乡镇文化站综合改造项目"深度融合，统筹推进，湖北基层文化事业建设迎来了蓬勃发展的高光时刻。

　　随着工作重心下移，湖北"文化共享人"忙起来了。全国文化信息资源共享工程湖北省分中心（以下简称"湖北省分中心"）给乡镇基层定方案、选设备，培训讲解包教包会、安装调试亲力亲为，基层点学技术、要资源、搞服务，从网上的素昧平生到线下的携手并肩，双方结下了深厚的工作情谊，共同默默地努力付出，辛勤培育着文化共享之花。随着"十一五"收官，喜悦也悄悄印在了大家脸上。全省5年累计投入资金2.3亿元，建成省、市、县、乡、村五级网络全覆盖的基层服务站点4万个，省领导多次作为先进代表在全国会议上交流、发言；全省自建数字资源总量达到5TB，免费提供服务资源量达到15TB，"荆楚名胜""楚地拾遗"等多个专题库荣获文化部全国文化信息资源建设管理中心（以下简称"管理

五峰土家族自治县五峰镇小河村 14 组村民何贤章家，地处海拔 1600 多米且非常偏僻的地区。2009 年 12 月 1 日，全国文化信息资源共享工程五峰土家族自治县支中心尹杰（时任县图书馆馆长）和胡德生肩挑手扛携带数码播放设备，给 60 多位村民送去文化共享工程入户服务

中心"）、省委组织部、省委宣传部奖项；培养专兼职人才队伍 2 万人，湖北省分中心培训工作获得管理中心评比二等奖表彰；年服务人次 6000 万，多项活动入选管理中心"十一五"成果展……一张张奖状、一串串耳熟能详的数字展示着湖北文化共享工程在推进公共文化创新、完善公共文化服务体系、提高公共文化服务水平、促进经济社会协调发展、构建社会主义和谐社会等方面结出的累累硕果。

作为文化共享工程从无到有的参与者、建设者、见证者，我随手轻翻那些时光的卡片，细数那些数字背后的奋斗历程，满眼都是值得珍藏的记录与回忆，是值得纪念的流金岁月。

场景 1："你再数一遍，到底建完了冇^①？"

这是 2010 年底湖北省分中心办公室里，队伍里最年轻的荀晋和同事们清算全省乡镇网点建设数据时的一句令人啼笑皆非的话。

时光倒回 20 年前，荀晋刚进入湖北省图书馆参加工作，因公到访省内基层乡镇文化站，看到残垣断壁的房舍，斑驳脱落的墙皮，昏黄摇曳的白炽灯，即使他是一名成长经历并没那么丰富的"80 后"，也暗自讶然。时任省文化厅社文处副处长的张良菊说道，走了全省这么多乡镇，到处都是这个样，真是着急死了。

湖北地处祖国中部，虽为鱼米之乡，物产丰饶，但地势西高东低，贫富差距较大，且不论文化阵地优劣，现代化信息技术应用都是清一色为零。完善基层服务网络创新，推动基层文化设施补强，加快基层数字化进程的难题，因文化共享工程的到来迎刃而解。2006 年，在负责文化共享工程建设与管理的管理中心的领导下，全省启动试点县建设，目标是以县为单位，

---

① "冇"，普通话读音为 mǎo，在汉语方言中指"没有"的意思。

乡镇、村级网点全覆盖。时任省计算机网络部主任的王涛，是全国公共图书馆界有名的自动化业务能手。她对大家说："乡镇文化站要搞好，有限的经费要用好，我们还是得不怕麻烦，自己动手。"在她的带领下，湖北省分中心本着资金利用高效率，建设标准高规格的原则，全面统筹承担起试点县中心机房、乡镇文化站及村级基层服务点的建设任务。设备选型，招标采购，分发签收，结余资金再采购、再分发，安装调试与人员培训也同步进行，尽力利用好每县 68 万元配套资金的每一分钱。

2007 年 12 月 13 日，崇阳县图书馆机房，湖北省中心技术工程师刘利军在培训现场

功夫不负有心人，在兴山、秭归、当阳、崇阳、蕲春、安陆等 6 个试点县，崭新的中心机房，整齐划一的乡镇综合文化站、村基层服务点落成后，当地政府好马配好鞍，适时投入经费对场馆进行了翻新改造，县里的几位老馆长瞬间成了香饽饽，周边去参观的群众络绎不绝。安陆市图书馆的方正洪馆长动情地说道："技术的事情我不太懂，反正电信来通网络的工程师说，我们的设备比他们机房的还要好，能不能租给他们用用，我说那肯定不行。图书馆还没这么硬气过，爽！"2007 年，我省 6 个试点县全部通过国家验收，成为文化共享工程示范县。

有了成功的经验，后面的县、市都竞相争取纳入湖北省分中心当年的建设计划的名额，一些因历史遗留问题而没有图书馆建制的区、县，也纷纷借此机会重开图书馆，大量的乡镇、村级网点建设进度数据涌进湖北省分中心，一时间使同事们的记忆混乱，"到底建了冇"也成为一时笑谈。

为了让文化共享工程投向基层的设备迅速发挥作用，湖北省分中心制定了全省文化共享工程专兼职人员长年培训计划。从 2006 年到 2010 年，湖北省分中心共派出近 700 人次，足迹遍布全省 103 个县及其辖域乡镇、村基层点，与很多基层的"文化共享人"结下了深厚的友谊。3 个文化共享工程工作 QQ 群，将全省所有共享工程的技术人员纳入其中，他们常年进行在线咨询和技术支持，通过实时沟通与交流，远程协助基层中心解决问题。通过不懈努力，不断壮大的人才队伍为湖北省文化共享工程深入发展奠定了坚实的技术基础。

场景 2：陈卫中一边调着卫星天线一边感叹，"希望下一家的房顶好爬点"

2006 年，在兴山县蜿蜒山路上一辆小面包车里，不怕吃苦的同事陈卫中正埋头整理着冲击钻工具箱，这是他和同事董辉一起出差的第 21 天。另一条安装线路上，同事王锦东、刘利军也在进行着相同的工作。他们的任务是在乡镇文化站房顶上安装调试 40 个乡镇的卫星天线"锅"。

陈卫中刚从事文化共享工程工作时，负责的是卫星数据的接收管理与维护工作。当时，湖北省分中心各方面条件比较好，与全省各乡镇基层比起来，网络条件齐备，业务自动化蓬勃发展，而文化共享工程通过卫星投放的资源数量不大，更新缓慢，因此，他心中充满疑惑——这样的资源有什么用？为什么一定要用卫星信号投放呢？这样的疑惑直到他与时任兴山县图书馆馆长向文玲接触之后才慢慢得到解答。

2007 年 5 月 29 日，兴山县峡口镇文化站房顶，湖北省分中心技术工程师王锦东、董辉安装调试文化共享工程卫星接收设备

　　兴山地处秦巴山区，海拔 1200 米以上的高山区占总面积的 60%，全县 8 个乡镇都是省定贫困乡镇，经济发展相对落后，群众的文化生活和获取信息的渠道比较单一。向文玲是一位朴实干练的青年女性，对图书馆事业充满了热情，陪着我们跑乡镇，我们也聊了很多。贫困县经济困难，图书馆向政府要经费，跑项目极其艰难。人人都说图书馆是个养老的地方，地方财政对图书馆经费能砍就砍，兴山这么多山区，网络不通，图书馆想为群众服务太难了。卫星传输能解决因地域限制而难以获取资源的问题，手持式放映设备可以将各种影像资源带到田间地头，带到深山林海，事情慢慢做起来，老百姓高兴了，政府满意了，总会有成绩的。淳朴的笑脸，真挚的话语浸润在车厢内，大家都静默无声地在思考着。

　　湖北的乡镇文化站实行"以钱养事"体制，留下来一大批像向文玲一样默默无闻扎根基层文化事业的平凡人。他们不计较名与利，坚守在积贫羸弱的乡镇文化传播阵地，拿着有限的事业经费，精打细算，自筹门路，花小钱办大事，传递对文化事业的执着与热爱，是值得我们敬佩与尊敬的人。

　　湖北省分中心的同事们也不遗余力，为基层事业发展倾注心血。2010 年下乡镇基层现场调研培训时，正值多雨时节，沿途多处道路因塌方抢修而受阻。我们去往建始县的乡镇时，因道路堵塞，午夜过后才得以脱困而觅地休息。从建始出来，去荆州的路上又遇到塌方堵车 3 个多小时，正值中午炎热的时候，路面温度高达 50 多度，山路中前无村后无店，大家饥肠辘辘，口干舌燥，下午 4 点钟才从塌方处历险脱困，大家都毫无怨言，稍事休息后又立即投入工作。在竹山县时气温奇高，站在房顶调试卫星天线时汗如雨下，但手头的工作不允许我们有半分的焦躁，屋顶温度隔鞋烫脚，我们无法长时间站立，只能不停地换单脚"金鸡独立"，当地文化站的站长感叹地说："原以为省里的老帅娇贵，没想到却是如此敬业。"山里的天气变幻莫测，转场郧西县又是风雨交加，我们不顾个人安危，冒雨上房顶调试卫星接收天线，直至全身湿透。由于有些地区设备及软件未能安装到位，我们连夜协调各供货商召开现场会，助其安装调试，手把手地向当地技术员传授技术，要求他们现场操作直至熟练为止。在个别地区，我们亲手绘制手工笔记，注明步骤，嘱其牢记，通过这种最原始的方法慢慢提升他们对设施设备的认知。

时代在进步，基层文化人也迎来了收获。省文化厅借文化共享工程的东风实施"百镇千乡"文化站配套升级工作，每年面向 100 个站开展，每个站投资 20 万元，全省乡镇综合文化旧貌换新颜。2013 年，管理中心发文宣布卫星资源投放工作停止运行，但仍可调整参数继续接收教育电视台等资源，全省 206 家乡镇卫星小站接受了新的历史使命，它们一直见证和承载着国家对基层百姓能够普遍享有公共文化产品和服务的希望与追求。

场景 3：郑颖毅激动地说，"走，回老家重走长征路！" "文化共享长征行"来到了她的家乡

2006 年 7 月 15 日，在湖北省麻城市大别山革命老区的鄂豫皖根据地革命烈士纪念碑前，湖北、河南两省共同参与了一项文化共享工程宣传推

介活动，以此纪念红军长征胜利 70 周年。郑颖毅也在活动现场，她的家乡红安与麻城只有一山之隔，她具体策划了这次活动，那时她从事文化共享工程管理和数字资源建设已有 5 年多了。

时年 93 岁的红军老战士来显合是当年参加中国工农红军第二十五军长征的 2980 多位将士之一，他也来到了长征行接旗仪式的活动现场并在活动留言板上郑重签名。1934 年 11 月，他们高举"中国工农红军北上抗日第二先遣队"的旗帜，告别鄂豫皖根据地，从河南省罗山县的何家冲开始长征，经过 10 个月的奋战，于 1935 年到达陕北延川永坪镇，成为红军长征中胜利到达陕北的第一支队伍。时任省文化厅社文处处长的徐永胜在接旗仪式上讲道："今天我们在麻城接过从河南传来的'文化共享长征行'旗帜，就是接过了红军长征的旗帜，就是要发扬红军长征精神，继承红军光荣传统，将社会主义先进文化广泛深入地传播开来，努力建设社会主义新农村，把弘扬长征精神与推进文化共享工程有效结合，用知识去提高农民文化素质，用信息帮助农民奔康致富，推动社会主义新农村建设，促进经济社会的协调发展。"现场 300 余名学生和群众深受鼓舞，夜幕下文化共享工程投影仪播放的红色电影也显得格外好看。

2006 年 7 月 14 日，湖北麻城鄂豫皖根据地革命烈士纪念碑广场，时任湖北省文化厅社文处处长徐永胜、副处长李波接过"文化共享长征行"旗帜

全省各基层也按照湖北省分中心部署要求同步开展系列活动。在当阳"文化共享长征行电影周"活动中,当阳市图书馆每天上午和下午各放映一场长征题材电影,1500多名中小学生自发观看,学生家长普遍希望文化共享工程多放映一些革命传统教育影片。实验小学五(3)班学生郑浩,每天都来观看影片,他说:"看过《大渡河》《金沙江畔》《四渡赤水》等长征电影后,对'金沙水拍云崖暖,大渡桥横铁索寒'有了真切的感受,红军爬雪山、过草地不畏艰难的英勇精神将永远鼓舞激励我珍惜大好时光努力学习。""文化共享长征行讲座周"也座无虚席,精彩的讲座吸引近千名学生和中老年市民前来学习。"全国师德楷模"郑琦老师主讲的"读好书、知荣辱"以"八荣八耻"为主线,紧密结合中小学生日常行为规范,深入浅出,逐条讲解,深受学生和家长的好评。实验小学五(2)班王雪同学现场提问:"郑老师,是什么支持着您四十年来坚持热心于红领巾事业?"郑老师饱含深情地回答说:"是因为对红领巾美好事业的热爱和追求。"顿时赢得了全场热烈的掌声。讲座结束,学生们纷纷请郑老师签名并合影留念。

湖北"文化共享长征行"系列活动,只是湖北文化共享工程工作常态中的一个小片段,是湖北文化共享工程注重基层文化权益,改善服务方式,拓展服务功能,实现先进文化大众化的一个缩影。类似的创新服务手段、深化服务内容的活动还有很多:2005年《极目楚天》文化共享工程专题片拍摄巡展、2007年"文化繁荣·岁月如歌"纪念改革开放三十年活动、2008年"湖北文化奥运行"活动、2009年"同庆和谐盛世·共创文化辉煌"活动、2010年"文化共享世博行"湖北宣传月、2011年"阳光少年热爱党"活动,以及"暑期科普影视夏令营"活动、湖北"文化共享杯"活动、"文化拜年——迎春耕送年货"活动、"湖北省群众摄影艺术作品大展"等,文化触角伸进了学校、社区、军营乃至监狱之中。湖北文化共享工程在每个重大时间节点都留下了自己的身影,累计吸引超过3000万人次参与,为广大基层群众提供了丰富的精神文化盛宴。通过这些贯穿全年的大型文化活动，我们优化了数字资源的传输与配置，提升了用户群体的体验与黏度，践行了文化权益均等化的建设初心，在推动我省社会主义新农村建设，促进经济社会的协调发展方面发挥了积极的作用。

场景 4：王莉说："啊？鸡子也能'戴眼镜'？" 唱响文化共享的科技致富经

拿到征集来的文化共享工程服务案例，湖北省分中心负责数字资源征集的王莉惊讶不已，当即决定和同事党青一起去看看。2009 年开春，工作严谨负责的王莉和热情敬业的党青正在落实管理中心征集乡镇基层点优秀服务案例的工作，她们觉得下面这个事迹正好可以拍摄成视频纪录片并上报管理中心。

浠水县清泉镇东门河村村民杨代胜，办有一家能容纳 3000 多只鸡的养鸡场，面对鸡场不时有鸡被啄死、鸡蛋经常被啄破的问题却是一筹莫展。浠水县图书馆利用文化共享工程信息为他提供帮扶，告诉他给鸡"戴眼镜"可防止鸡啄肛门、啄蛋后，他果断尝试并获得成功。地方电视台报道后在全县推广，传为一时佳话。彼时正值湖北文化共享工程自建数字资源库的转型阶段，经历了前几年翻新优秀戏曲影视光碟的历练之后，数字文化资源体系化建设日渐彰显出其重要的意义与价值。恰逢管理中心面向全国征集优秀基层服务案例视频专题片，这样的典型案例怎能错过。我们扛起摄像机，在浠水县图书馆蔡应朝老馆长的带领下来到了杨代胜家。在拍摄过程中我们得知，杨代胜只是浠水首批尝到文化共享工程甜头的农民代表。

2008 年 3 月，浠水县支中心在县种子站开展文化共享工程推广活动，竹瓦镇张茅村种田大户胡荟容正好来县城种子站购买稻种，看到文化共享工程编印的《水稻栽培技术》二次文献，凭借多年的种植经验，她一眼就发现了这份宣传单里蕴藏的"真金白银"，恳请工作人员为她提供更多的信息。工作人员把她带到图书馆电子阅览室，在工作人员指导下，她用了整整一上午的时间，认真查看了水稻栽培相关信息，并将适用的材料下载打印装订成册带回了家。自此以后，胡荟容成了文化共享工程县中心的常客，也是竹瓦镇基层中心和村基层服务点的铁杆"网虫"。她作为成功典型，带动40多名群众上网学习，把自己学到的知识传授给本村粮食种植大户。

麻城市盐田河镇是全国板栗之乡，文化共享工程基层服务点建成后，文化站利用信息优势不断拓展建设新农村的服务范围。为帮助栗农掌握先进的种植栽培技术，青年站长雷胜勇对各村干部耐心宣教，讲授如何利用文化共享工程网络资源帮扶当地村民。文化站定期播放《板栗栽培技术》《板栗病虫害防治》等讲座视频，通过湖北省分中心的文化共享工程数字资源传递服务，雷胜勇搜集了大量与板栗相关的科技专题片，整理印制"栗乡快讯"文字资料、视频光盘送到种植专业户家中。继新坳村退伍军人夏金权承包了村30亩板栗园，一直受病虫和板栗品种、质量等因素影响，板栗产量不高而连年亏损，通过雷胜勇的帮扶，夏金权的板栗园改良品种，科学管理，年产板栗1万余斤，收入2万余元，全家80%的收入来自板栗

2009 年 12 月 2 日，秭归县两河口镇二甲村，平均海拔 960 米，距县城约 90 公里。县中心郑燕（时任县图书馆馆长）等一行人送去 560 册农业科技类书刊、种植养殖光盘以及投影仪、电脑（山道崎岖难行，但对于时常下乡的他们来说，颠簸已经成为习惯）

园，成为全镇板栗第一户。

这样的事例不胜枚举，全省乡镇的数字共享乐园遍地开花，秭归的"关爱留守儿童"、大冶的"文化进社区"等活动每年定期开展，这类形成惯例的活动深受基层群众的喜爱，也多次获得文化部和管理中心表彰。文化共享工程是一项民心工程，引导基层最大限度做好"建、引、管、用"四个方面尤为关键。湖北省分中心与乡镇乃至村级基层展开直接对话，引导群众认识文化共享工程，通过多种宣传方式普及文化共享工程，运用亲身体验的方式让基层群众认可了文化共享工程，为农民群众通过文化共享工程欣赏文化精品、学习实用技术、广开致富途径搭建了平台，着力发挥出文化共享工程惠民利民的真实价值。

在即将合上时光卡片之际，一幅幅生动的画面还在脑海里跳跃。我们想，已不必再去为文化共享工程引吭高歌，她的功绩无须赘述，谨提及一些亦师亦友的老领导、老朋友，聊以慰藉文中未及之遗憾。高瞻远瞩的周和平（曾任文化部副部长），平易近人的张彦博（曾任管理中心主任），李宏（曾任文化和旅游部全国公共化发展中心主任），挥斥方遒的杜建国（曾任湖北省文化厅厅长），李耀华（曾任湖北省文化厅副厅长），精益求精的李波（曾任湖北省文化厅社文处调研员），张良菊（曾任湖北省文化厅社文处调研员），果决干练的万群华（曾任湖北省图书馆馆长），以及事必躬亲的贺定安（曾任湖北省图书馆副馆长），他们的英明领导与精准决策，他们心系基层、身先士卒的精神，让我们全省"文化共享人"不负韶华，共同凝聚出了湖北文化共享工程事业的春华秋实。

谨以此文纪念我们为文化事业奋斗的青春！

作者简介

荀　晋（1980 年 7 月—　　），男，湖北省图书馆副研究馆员，2004 年起主要从事湖北文化共享工程、公共电子阅览室建设计划，以及公共数字文化服务提档升级、网络电视进村入户工作，负责全省网点建设数据统计、管理、运行及维护。现任湖北省图书馆外文书刊及信息咨询部副主任。

陈卫中（1972年3月—　），男，湖北省图书馆馆员，主要负责湖北文化共享工程基层网点及公共电子阅览室技术支持与培训工作，现任湖北省图书馆物业管理部副主任。

王　莉（1973年4月—　），女，湖北省图书馆副研究馆员，长期从事文化共享工程及网络电视进村入户数字资源库建设工作，主要负责数字资源体系化征集与加工。现任湖北省图书馆数字图书馆工作部副主任。

郑颖毅（1974年5月—　），女，湖北省图书馆研究馆员，2002年起从事湖北共享工程资源建设及管理工作。现任湖北省图书馆数字图书馆工作部副主任。

王　涛（1964年1月—　），女，湖北省图书馆研究馆员，湖北文化共享工程、公共电子阅览室推广计划、公共数字支撑平台、数字图书馆推广工程，以及公共数字文化服务提档升级、网络电视进村入户等项目的主要领头人。现任湖北省图书馆副馆长，主抓业务自动化、数字资源建设及新媒体宣传等工作。

我与文化共享工程的不解情缘

杨庆怀

2022 年 1 月 4 日下午，湖南图书馆数字技术部 2021 年度部门总结会议正在举行。"我馆官网'文化共享工程'栏目，2021 年共编发、撰写本省公共文化活动新闻稿件近 400 份，文化共享工程建设任务已经完成，新年建议该栏目更名或取消。"会上，我作为该栏目的负责人如实作工作汇报。"文化共享工程的作用是长远的，只要基层单位有需求，平台就有存在的价值，新的一年要继续抓好网站维护和内容更新。"湖南图书馆副馆长任重明确道。

回想起近年来的工作经历，我与文化共享工程还真结下了不解情缘。

结缘于基层乡镇文化站

2014 年 8 月，湖南省文化厅组织全省开展第一次乡镇综合文化站评估定级工作，按照自查与省文化厅工作组抽查相结合的方式进行。一天，我随工作组来到新邵县迎光乡文化站进行抽查，顺着悦耳动听的《万马奔腾》二胡独奏曲传来的方向，我们走进了该镇综合文化站。300 多平方米的空间内，器乐演奏区、图书阅览区、公共文化共享区等区域布局合理，分工明确。综合文化站内聚集了许多当地群众，有的在看书，有的在练习乐器。在公共文化共享区，只见几名老奶奶正围着一台电脑观看花鼓戏视频，她们一边看一边跟着哼唱。该站李站长介绍，这套设备是基层乡镇共享文化信息资源的重要工具，由省文化和旅游厅（原省文化厅）和省财政厅统一配发到全省每个乡镇，它有效解决了文化共享工程中国家、省、市、县与基层乡村镇连接的"最后一公里"难题。现场，我轻点鼠标，进入到湖南图书馆官网（http://www.library.hn.cn/）主页面，便能看到全国文化信息资源共享工程湖南省分中心（以下简称"湖南省分中心"）依托此网站搭建的湖南地方戏剧资源库、湖南近代人物库、湖南红色记忆资源库、湖南非物质文化遗产资源库等一批具有湖湘特色的文化资源库，海量湖南特色数字资源便立刻呈现在眼前，为群众提供免费服务。湖南图书馆网站一站式登录方式，让各类数字资源的访问畅通无阻，这是湖南省文化共享工程建设成果的一个缩影。

湖南图书馆"天下湖南网"特色资源宣传海报

随后，在收集素材写检查情况报告时，我对全省文化共享工作建设情况有了一个更全面的了解。全省建造了一套四通八达的文化共享高速网平台，上可接文化共享工程国家中心，下可连通省、市（州）、县区、乡镇（街道）、村（社区）的数字文化服务网。建有省级中心 1 个、市（州）级支中心 14 个、县级分中心 123 个、乡镇基层服务点 1000 多个、基层村级服务点 4700 多个。

续缘于数字资源建设

我与文化共享工程续缘，主要体现在从事湖南图书馆数字资源建设过程中。

首先，参与湖南抗战老兵口述视频的拍摄制作。湖南在抗日战争中处于战略要地，自 1938 年武汉失守到 1945 年日本投降，全国共发生了 22 次大规模会战，其中在湖南发生的就有 6 起。湖南抗战老兵是战争的亲历者、历史的当事人。他们奋勇杀敌，血染疆场，为中华民族抗战的胜利和世界反法西斯斗争的胜利，作出了巨大贡献。图书馆是历史文献和各种史料资料保存的重要单位，在保存抗战老兵口述史资料方面具有义不容辞的责任。为此，湖南图书馆在全国率先开展这项工作。

2015 年，杨庆怀参与编著的《湖南抗战老兵口述录》一书出版发行

　　湖南抗战老兵口述历史专题是湖南图书馆于 2008 年启动的一项重要公共文化共享工程项目。采访拍摄制作历时 8 年之久，采访 140 余人，对象包括亲历抗日战争的中国军队将领、基层官兵和游击队员，涵盖了步兵、炮兵、工兵等 10 多个兵种，他们经历了抗日战争中大部分有影响的事件和战役，如蒋介石征兵动员、焦土抗战、长沙文夕大火、远征缅甸印度、4 次长沙会战、常德会战、衡阳保卫战、湘西会战、湘鄂会战、芷江洽降等。

　　2015 年，我由省文化厅调入湖南图书馆，在数字资源部工作，负责其中部分抗战老兵采访视频的编辑制作。这些抗战老兵大多生活在湖南各地的偏远农村，讲话带着浓浓的乡音，再加上年龄大多在八九十岁，口齿不清楚，让我这个来自江西的人在做文字场记过程中遇到了难题，只好请和老兵是同乡的同事帮忙翻译。经过几个月的努力，肖在衡等 20 多位抗战老兵采访拍摄工作和 33 集视频后期制作任务才算艰难地完成。后来，我还参加了历时 9 个月的《湖南抗战老兵口述录》一书的编著工作。这本书通过图、文、视（音）频等方式记录了亲历者的口述史料，多维、立体地反映了抗日战争时期湖南的社会政治、经济、文化、民生、战争的全貌，丰富了湖南抗战史料。《湖南抗战老兵口述录》一书是湖南图书馆文化共享工程建设项目的重要阶段性成果，也是湖南图书馆集体创作的智慧结晶。该书出版发行后，引发社会的广泛关注，曾入选湖南省第五届"三湘读书月"社科类特别推荐书目，获得"第五届湖南省优秀社科普及读物"称号，受到时任全国人大常委会副委员长、时任民革中央主席万鄂湘，时任湖南省政协副主席刘晓，时任中国抗战研究会会长步平等领导的高度赞扬。

　　其次，参与湖南古村镇古民居项目专题片的摄制。2016 年上半年，我负责《乡土宗情庙下村》等多部湖南古村镇古民居项目的视频摄制。拍摄过程中让我赞叹不已的是，这一个个被列为国家或省级文物保护单位的规模宏大的古建筑群，短的有四五百年之久，长的达上千年之久，不知经历了多少风雨仍巍然不倒。一座座保存了民居、祠堂、凉亭等各种元素的古村落，不仅选址科学，布局合理，具有极高的艺术价值、建筑科学研究和美学研究价值，还有门坊、石额、墙裙等精美的雕饰，有机地将文化元素和艺术技巧完美结合，让人不禁为古人的精湛技艺所折服。然而，看到有的古建筑因为年久失修而濒临毁灭，急需抢救性地维修和进行数字化采集时，也深感文化共享工程在传承和弘扬中华优秀传统文化中担负的重大责任。

据了解，湖南古村镇古民居资源库，是湖南省分中心于 2013 年启动建设的，收集、整合分布于湖南省 14 个市、州的古村镇古民居建筑相关资源。从地域特色、建筑元素、民风民俗、历史变迁、建筑技艺、建筑特色等角度，整体展现湖南古村镇古建筑的自然与文化风貌。该资源库收录关于湖南古村镇古民居的文献 1100 余万字、图片 5000 余幅、视频近 100 部（包括我们自主拍摄的湖南古村镇古民居建筑文化系列专题片 32 部）。

再次，负责特色资源征集。2016 年 8 月至 2017 年 7 月，我负责湖南图书馆特色资源征集工作，除抓好日常性资源征集工作外，还创新工作方式方法，提出了"围绕项目抓征集，抓好征集建项目"的工作思路，征集到一大批珍贵的湖南省少数民族民俗方面的数字资源，累计 120 多部，总时长 4400 多分钟，容量 400 多 GB（图片近 5000 张、书籍 20 多本、电子文档 300 多万字），填补了湖南图书馆资源征集的空白，成为馆藏珍稀数字资源。依托这批资源，湖南图书馆成功申报了文化共享工程国家级项目——湖南少数民族风情专题资源库，项目于 2021 完成建设并结项。

再缘于新闻宣传工作

2017 年 8 月，我因工作调整，负责湖南图书馆对外新闻宣传工作，此时正遇上湖南省分中心、湖南图书馆承办的全省青少年党史国史教育主题活动进入收尾总结阶段。这个活动是为积极响应文化部全国公共文化发展中心部署要求而举办的，旨在激励青少年继承和发扬革命前辈的优良传统，激发广大青少年爱党、爱国热情。由于意义重大、标准高、涉及面广，馆领导要求我以高标准抓好活动的新闻宣传。为写好新闻稿件，我一边收集活动素材，一边进行深入采访。一次，我注意到湖南图书馆在馆内播放电影《建国大业》，能容纳二三百人的馆多媒体报告厅座无虚席，对象大多是中小学生，每个场次的观众都热情高涨，累计4000多名学生观看。我以此为切入点，采写了一篇长篇通讯稿件，随后活动系列新闻稿件也相继见诸报端，如反映怀化市和溆浦、汉寿县、苏仙区等图书馆举办活动的稿件《红星闪闪耀童心》，反映冷水江市、石门县和衡东县图书馆举办活动的稿件《颂党恩、国恩故事我来讲》，反映双峰县、涟源市、澧县、津市市等地图书馆开展党史国史视频展播的稿件《手绘明信片寄给最可爱的人》等，在社会产生了强烈反响。

期间，我负责馆官网"文化共享工程"栏目管理维护更新等工作。我们严格落实意识形态责任，健全宣传工作机制。明确全省文化共享工程宣传工作必须坚持四原则：坚持正面宣传的原则，坚持统一发声的原则，坚持统筹规划的原则，坚持效应优先的原则。连续三年，湖南图书馆被文化共享工程官网采用刊发的湖南文化共享工程活动方面稿件，无论是稿件总数量，还是总积分，都位居全国前列。我在抓好文化共享工程新闻宣传中，还采取了三个方法。一是积极拥抱融媒体和新技术，构建多渠道、多角度、立体的宣传格局。融媒体环境下，内容为王的倾向愈发明显，文化共享工程具有资源和信息的优势，而融媒体具有平台和用户的优势，两者之间具有广阔的合作空间。我们在谋划宣传工作过程中，重视对融媒体传播环境、传播规律、受众心理、融媒体技术应用的学习和研究，积极适应环境，转变宣传工作思路，以讲好湖南故事为抓手，与各类融媒体深度合作，共同成长，有效提升了湖南省分中心的美誉度和社会知晓度。二是深化与省级传统主流媒体的交流合作。湖南传媒在业界的影响力比较大，素有"广电湘军""出版湘军"的称号。我们通过与湖南广播电视台、《湖南日报》、《潇湘晨报》等省内主流媒体的深度合作，使全省重点公共文化共享活动得到充分宣传展示。三是积极向国家级媒体对接汇报。近年来，为提高文化共享工程宣传的深度和广度，进一步扩大了全省重要文化工作的影响力，持续加强了人民网、央广网、新华社、中新社等中央媒体沟通联系，及时汇报新闻线索，以争取各中央新闻单位领导的支持。与此同时，充分发挥馆新媒体和自媒体平台的作用。我们除抓好文化共享工程栏目网页的更新维护外，还充分发挥好馆建自媒体平台优势，开展文化共享工程品牌活动宣传。由于成绩突出，2019年12月，在北京举行的全国公共数字文化工程基层融合发展与宣传培训班上，我代表湖南图书馆发言，全面推介了湖南图书馆宣传工作经验，受到与会领导和同人的充分肯定。

2019年12月2日，全国公共数字文化工程基层融合发展与宣传培训班在北京举行

2019 年 12 月 2 日，全国公共数字文化工程基层融合发展与宣传培训班在北京举行，杨庆怀代表湖南图书馆参会并作工作经验发言

文化共享工程完成了阶段性历史使命，它对推动我国公共数字文化服务体系建设，切实保障人民群众的基本文化权益产生了深远影响。如今，智慧图书馆体系建设进入实施推进阶段，我作为相关项目的负责人，注定又将与其结下不解之缘。

作者简介

杨庆怀（1977 年 1 月—　），男，湖南图书馆数字技术部运维保障组组长、副研究馆员。

成长中的掠影与记忆

——全国文化信息资源共享工程广东省分中心培训二三事

张弘昕

2003 年 8 月，在广州珠岛宾馆广东省实施文化共享工程工作会议召开，这标志着文化共享工程在广东省的全面启动。当时，我才参加工作两年，作为一名新人，有机会参与到如此大型的公共数字文化建设当中，倍感幸运。多年来，全国文化信息资源共享工程广东省分中心（以下简称"广东省分中心"）的许多同志都参与过文化共享工程的工作，广东省分中心办公室也几经搬迁，但只有我是从始至终一直参与了广东省的文化共享工程建设工作，我个人也伴随着文化共享工程建设工作的不断推进而逐渐成长。

当前，文化共享工程已经完成了历史使命，转型为公共数字文化工程，但其对公共图书馆以及基层文化站点的信息化建设和服务的提升，都起到了巨大的作用。这十几年来，最让我印象深刻的无疑是我们举办的各种培训班，这些培训班培养了一大批人才，促进了图书馆事业的发展。

基层培训
——乳源瑶族自治县培训班

广东省乳源瑶族自治县位于广东省韶关市西部，广东省的北部，总面

积 2299 平方公里，辖九个镇，全县总人口 22.66 万人，其中瑶族人口 2.44
万人，占 11%。乳源县是瑶族的聚居地之一，也是粤北欠发达县之一。在
文化部和广东省领导的高度重视和支持下，乳源先后被列为全国、全省的
文化共享工程建设试点县。2007 年 9 月，全县建成并开通了县、镇、村三
级文化共享工程服务网络，县、镇、村的覆盖率达 100%。文化共享工程
服务网络建成后，当地还不断加强基层服务点的管理和信息员队伍建设，
充分利用文化共享工程信息资源量大、服务方式便捷、群众受惠面广等优
势，大力开展形式多样、内容丰富的文化惠民活动，在丰富广大群众的精
神文化生活、提高农民群众的科技素养、提高农村的文明程度、宣传推介
乳源文化旅游资源等方面发挥了积极的作用，使文化共享工程成为惠及山
区百姓的民心工程、惠民工程。

当地县委、县政府重视文化共享工程工作的开展，该县文化局将培训
工作作为一个重点来抓，举办了多期文化共享工程综合培训班，轮训了全
县各乡镇、村的 150 名信息员。应当地文化局的请求，我们多次到乳源举
办了培训班。第一期培训班举办前，我们考虑到基层学员的计算机基础薄
弱，课程内容尽量以基础性内容介绍为主，我们只给学员讲解电子资源的
使用和日常计算机操作、维护等。但实际情况还是超出我们的预期，不少
学员连基本的计算机操作、概念都不知道，我们只好临时调整了部分讲
课内容以适应实际情况。记得课程中还有上机实习环节，因为人员较多，
只能 2—3 人共用一台计算机。当讲到 Windows 操作系统日常操作中的
Ctrl+Alt+Shift 操作的时候，我看到有一组学员是三人，当时是三人一人一
根手指分别按住 Ctrl、Alt、Shift 三个键来完成。就是在这样的情况下，我
们开始了基层公共数字文化与建设普及之路。

为保证各镇、村基层服务点的文化共享工程工作的正常开展，乳源县
文化局和图书馆的领导们也是煞费苦心。由于镇、村文化站没有专门的编
制，工作人员的待遇低，人员流动大，往往刚刚接受过培训，人员就变动，

不得不重新进行培训，这影响了工作的开展。但镇、村计划生育专员待遇高一些，人员相对稳定，2007年，当地就组建了一支由镇文化站工作人员、村计生专干组成的文化共享工程信息员队伍。2008年，又从选调生、村"两委"干部、中小学校教师、回乡创业青年等中招募了一批文化共享工程协管员。2008年，我们到乳源县举办培训班的时候，发现参加培训的学员的计算机水平有了很明显的提升。

在文化共享工程建设和服务工作取得成绩的同时，文化共享工程也促进了当地政府对文化事业、图书馆事业的重视。县级财政统筹网络接入费、文化共享工程运行费，县政府将这两类费用列入财政常设预算，保障文化共享工程的持续运行服务。在中央转移支付经费尚未包括公共图书馆免费开放服务费用的时代，这样的举措对于一个贫困县来说尤为可贵。可以说，试点县的建设为乳源的公共数字文化服务建设插上了腾飞的翅膀。

2007年10月22日，乳源县必背镇组织党员干部开展网上学习活动

2007 年 10 月 22 日，乳源县必背镇养猪协会会员上网查资料

地级市支中心培训
——首届师资培训班

　　广东省分中心于 2008 年 10 月 17 至 10 月 21 日在韶关市图书馆举办了首届广东省地市支中心师资技能培训班。来自包括广州、深圳、佛山等全省 21 个地市级文化共享工程支中心的 60 多名技术主管及技术骨干参加了培训。培训的内容包括数字图书馆和文化共享工程的建设与服务、师资培训工作的开展及指导、县市支中心及基层服务点的建设、广东省文献资源共建共享与基层信息服务工作、信息管理系统与文化共享工程联络工作、文化共享工程资源利用及日常运行常见问题等。会议还安排了参观全国文化信息资源共享工程乳源县支中心、全国文化信息资源共享工程优秀基层服务点——全国文化信息资源共享工程乳源县必背镇基层服务点。学员们纷纷表示，此次学习和参观收获很大，对文化共享工程建设有了更直观的认识，对支中心建设以及指导下一级支中心及基层服务点的建设有了更周密、确实可行的方案。

在师资培训班课程的最后环节，我们还安排了交流座谈会，希望大家就各地的建设及服务情况畅所欲言，共同探讨文化共享工程工作开展。给我们留下深刻印象的是当时河源市图书馆刘馆长的发言。河源是广东经济欠发达地区，当地财政力量薄弱，受制于经费、馆舍，地级市支中心业务难以开展。刘馆长在会上滔滔不绝，从馆舍的困难、经费的不足、人员的缺乏再讲到河源的经济状况、各基层支中心和基层服务点的困难，差点把座谈会变成了诉苦大会。此次培训班议程中有一项是参观韶关学院图书馆，与高校同行交流。韶关学院图书馆馆舍是获得鲁班奖（国家建筑最高奖）的优秀建筑，让河源图书馆的刘馆长羡慕不已。缘分的事情真的是很奇妙，2016 年建成的河源市图书馆新馆也获得鲁班奖，同属广东省图书馆建筑中的佳作。

2017 年 8 月 12 日，河源市图书馆新馆外景

此次师资培训班进一步调动了广东省地级市支中心的工作热情和积极性，密切了省内同行间的联系。虽然市级培训班日后也举办了多期，但多年以后不少市级支中心同志对此次师资培训班仍然记忆犹新，称赞课程的安排和培训取得的良好效果。当年许多参加培训的同志都走上了各自单位领导、部门领导的岗位，多年的文化共享工程建设也为广东省图书馆人才队伍发展壮大起到了很好的助推作用。

2008 年 10 月 20 日，首次师资培训班学员在韶关市合影

全省培训
——公共电子阅览室培训班

2011 年，广东开始了公共电子阅览室建设计划试点工作，并在 2015 年全面启动覆盖全省的基层文化站点的建设。在推进硬件设施和网络建设的同时，为做好日常管理，广东省文化厅在 2015 年底下发了《广东省文化厅关于安装注册公共电子阅览室管理信息系统的通知》（粤文公〔2015〕136号），全省各地开展了公共电子阅览室管理信息系统的实施工作，广东省分中心负责了该项工作的具体执行。按照广东省文化厅的部署，在推广信息管理系统的同时，举办了省内分片区的培训班，为省内各地图书馆解读政策、讲解系统注册和系统日常管理维护等。当时已临近年底，又要全省铺开，时间紧、任务重，同事们都兵分几路授课，还请了省文化厅信息中心

的同志当外援，担任授课老师。印象最深刻的是有一期培训班由我和同事两人到粤东授课，当地很积极也很重视，作为重点工作来抓，组织了全市文化站的同志来参加培训，广东省分中心领导也很重视此次培训班，叮嘱我们一定要备好课、讲好课。培训班开班仪式后，我负责第一部分的授课，第二部分是另外一位同志授课。担心新同志授课经验不足，在准备好课件后，我还反复叮嘱讲课时要控制好节奏，避免讲得太快，基层同事们难以听懂。第一部分授课顺利完成后，我旁听了同事的讲课，开始觉得新同事表现得还不错。因为年底各种事情多，工作比较繁忙，我就移到最后一排，打开笔记本电脑处理一些工作的事情。正聚精会神写文件的时候，突然听到"课程讲完了，同志们还有什么要提问的吗？"我一看时间，离培训班结束的时间还差近 1 小时。这个时候我火速拔下笔记本电脑上的 U 盘，快步上台，举起话筒，说道："同志们，今天电子阅览室的课程已经讲完，下面就大家日常管理维护工作中一些常见事项，再给大家详细介绍一下。"接着，我给学员们临时增加了一节课。对于临时追加的这部分内容，学员也比较感兴趣，这节课取得了较好的效果，算是化险为夷。那么第三节临时追加的课件哪来的呢？其实当初在准备培训班的时候规划了一个讲课内容，由于时间调整，这部分内容被舍弃了，幸好课件已完成，加上掌握的业务知识还算扎实，所以在突发状况下我还是做到了较好的处理。

分片区大规模培训班的举办有效地推动了公共电子阅览室信息管理系统的安装和注册。截至 2017 年 1 月，全省共有 3717 个公共电子阅览室完成了注册，14656 台电脑安装了客户端，上机次数达 345039 人次，已基本完成省内省、市、县（区）三级公共电子阅览室管理系统客户端的安装、注册工作。在全国 18 个采用同一套管理软件的省份中，广东省的注册站点数量、安装客户端的电脑数量、上机服务人次 3 项统计数据均排名第一。这套信息管理系统运行多年来，整体运行稳定，且能够对接入的基层节点的运行和服务情况进行统一统计和监控。这套信息管理系统的使用大大降低了部署和统一管理的难度，为基层单位节省了大笔购买软件的费用，连广东省分中心也换掉了原来采购的杭州某公司出品的电子阅览室管理软件，并在2楼中文借阅部新增加公共电子阅览室服务区域。

支持抗震救灾工作
——全国文化信息资源共享工程汶川县支中心培训

2008年，奥运前夕那场特大地震牵动了每一个中国人的心，震区公共图书馆的馆舍和图书馆工作人员的家庭遭到了重创。为了做好对地震灾区县级支中心的支持，根据当时文化部全国文化信息资源建设管理中心（以下简称"管理中心"）下发的《关于向汶川地震灾区县级支中心开展对口业务培训》等文件精神，广东省分中心承担了汶川图书馆（即全国文化信息资源共享工程汶川县支中心）的培训任务。根据汶川图书馆的实际情况和现实要求，广东省分中心邀请汶川图书馆的所有员工（共4人）分两批来广东省立中山图书馆培训，培训时间分别为2周。广东省分中心承担了培训人员的来回路费和食宿费。第1批培训对象为时任汶川县图书馆馆长陈红丽和助理馆员郭健，学习内容包括图书馆业务培训和文化共享工程。第2批培训对象为周川和张晓莉，培训内容侧重于读者服务。

当时广东省分中心设置在广东省立中山图书馆委员会办公室，广东省立中山图书馆办公室安排了工作人员给汶川馆同志介绍了包括图书馆业务培训和文化共享工程，学习方式以理论讲述为主，结合上岗实践和参观。广东省分中心的工作人员介绍了文化共享工程、广东实施文化共享工程概况，广东省立中山图书馆各种信息资源的查找、利用，网上参考咨询的服务，县支中心怎样利用国家、省、地区分中心的资源，广东省文化共享工程信息管理系统等。深入浅出的讲解使他们学会了超星、方正电子图书，万方、维普电子期刊的查找及使用。教会他们复制光碟、使用扫描仪、使用移动播放器等等，并赠送了一台移动播放器给汶川县支中心。陈红丽和同事们表示此次培训收获很大，感谢广东省分中心的培训和广东省分中心的同行对他们生活的照顾。他们均认为这段时间的学习和培训，为汶川县图书馆今后实施文化共享工程、建设汶川县支中心在人员技术方面提供很大的帮助。

这次援助汶川馆的培训，除了讲解图书馆基层业务知识和文化共享工程方面的知识，我们还带领陈红丽和郭健参观了佛山市图书馆、佛山市禅城区图书馆以及中山大学图书馆，带领周川和张晓莉参观了深圳市图书馆和深圳市南山区图书馆，使得汶川馆的同志对现代图书馆建设及其要求、网络条件下的读者服务、县支中心的建设及其服务等均有了更深入的了解和认识，也为 2011 年汶川县图书馆新馆开馆储备了知识和技能。据了解，新馆开馆后周川担任了汶川县图书馆的副馆长。

文化共享工程自 2002 年启动以来，我们多次参加了管理中心举办的培训班，也在广东省举办了很多期的培训班，我们在这过程中得到了锻炼，提升了能力，也为广东省图书馆行业培养了大批人才。如乳源县图书馆刘丽霞评上了副研究馆员，汕头市图书馆吴海龙担任了副馆长，湛江市图书馆王正林担任了副馆长，深圳市光明区公共文化艺术发展中心王凌宇担任了中心副主任，等等。我省图书馆事业也得到了发展，如在管理中心指导下，我馆牵头建立的"全国图书馆参考咨询联盟"平台，已经成为名副其实的服务品牌。培养的技术队伍，在推进县级图书馆业务自动化管理的时候起到了很好的技术保障。文化共享工程在推进过程中，也引起了各级政府对图书馆的重视，多个市、县图书馆建起了新馆，如梅州剑英图书馆、云浮市图书馆、揭阳市图书馆、乳源瑶族自治县图书馆等。

虽然现在管理中心已经更名，业务内容也变更了，但文化共享工程的实施的确促进了广东省图书馆行业人才队伍的成长和图书馆事业的长足发展。

此文在写作过程中得到广东省立中山图书馆伍清霞研究馆员的帮助，在此表示感谢！

作者简介

张弘昕（1979年5月—　），男，长期从事文化共享工程、公共电子阅览室和数字图书馆推广工程等公共数字文化工程相关工作。现任广东省立中山图书馆数字资源部副主任。

共享文化盛宴　你我阅伴同行

——记广西壮族自治区图书馆数字资源建设与宣传推广

甘　新　黄　歆

　　图书馆应该是什么样子的？很多人脑海里会想到博尔赫斯曾说的："天堂应该是图书馆的模样。"文化需求早已成为人们日常生活的重要组成部分，而图书馆是提供文化服务的重要场所，在这里，人们可以浸润在书香中品读人生，努力改变自己的命运。随着信息化、数字化时代的到来，大众阅读习惯的改变也促使图书馆要提供更多新服务，帮助大众找到获得知识的新途径。

　　2002 年，文化部、财政部联合组织实施的文化共享工程，为图书馆的发展指出了正确方向。广西壮族自治区图书馆（以下简称"广西图书馆"）作为全国文化信息资源共享工程广西分中心（以下简称"广西分中心"），成为文化共享工程第一批试点图书馆，在文化部全国文化信息资源建设管理中心（以下简称"管理中心"）的统一部署下，启动了公共数字文化建设工作。广西图书馆开始了数字资源和数字文化驿站的建设，将公共数字文化推广服务从城市拓展到了农村。广西图书馆跟随着文化共享工程的建设脚步逐步打下了坚实基础，在数字资源建设与宣传推广中取得了丰硕成果。时光荏苒，白驹过隙。回望十多年的文化共享工程之旅，在告别之际，希望通过文字记录下我们曾经付出的艰辛、相互扶持的坚守、共同奋斗的快乐、取得成功的喜悦。

立足本土，打造地方特色数字资源

地方特色数字资源建设是广西图书馆资源建设的核心工作。为打造丰富多彩的数字资源，广西图书馆结合本地特色，于 2005 年启动了数据库与专题片等资源建设。2006 年，广西游记、广西戏剧、广西音乐、广西民国照片等 9 个专题资源建设项目获管理中心立项，共完成了 4892 条数据、662GB 数据量的建设任务。虽然从现在来看，这个数据量并不多，也并不出彩，但对于 2005 年初启动数字资源建设的西部地区而言，这批数据资源建设极大地增强了广西图书馆读者服务工作的凝聚力和竞争力。

从无到有，从少到多，从不断摸索到愈发精细化、专业化，广西图书馆致力于公共数字文化建设和服务推广的初心始终不变，以展现地域文化特色、体现当地文化精神为建设目标，不断加大地方特色数字资源建设力度，建成了一批优秀数字资源成果，内容涵盖政治、经济、文化、艺术、历史、地理等领域，从最初的全文数据库向图文数据库和多媒体数据库逐步转化，至今已形成由广西政治、广西经济、广西文化、广西艺术、广西历史、广西地理等 6 大版块组成的广西地方特色数据库群，现有成果形式包括多媒体资源库、专题片、地方特色音频库和图片库等，为传承广西优秀传统文化，满足基层群众的精神文化需求，丰富群众文化活动作出了积极贡献。截至 2019 年，已建设 51 个资源库，库中音视频超过 1849 小时，合计 35TB。在此，撷取一些建设过程中的点滴，与大家分享。

选取独特切入点，避免拍摄内容同质化。拍摄专题片对于图书馆人来说是一个全新的挑战，没有任何经验可循。虽然定下的拍摄内容是以广西本地特色为主，但电视台和其他媒体已拍摄了许多同样内容的东西，如何利用好有限的资金拍摄出让读者感兴趣、耳目一新的专题片，是摆在我们面前的一大难题。《品味传奇——历代名人与广西特色美食故事》专题片就是我们尝试转换思维，选取独特角度拍摄的专题片之一。

"像《舌尖上的中国》那样，将美食融入乡土生活，展现质朴的家族观念、故土难离的乡愁？""要不像《寻味顺德》那样，从美食出发，拍摄一些小人物生活，讲述顺德人的故事，展示这方水土的过去和现在？""或者我们可以专门选同一类美食做？就像广西米粉，有上百种呢！"……这些都是项目组成员在构思专题片主题、选取何种角度拍摄广西美食时的讨论。毕竟珠玉在前，大家不得不认真思考如何将广西美食专题片拍得出彩。一次偶然机会，1位项目组成员在他的朋友家中参加聚会，他的朋友在广西戏剧院工作，当时家中聚集了许多在剧团工作的演员，大家一边喝油茶，一边聊着日常工作生活琐事。1位朋友更是从油茶讲到自己参演彩调剧《一品油茶七品官》的经历，这个获得广西壮族自治区党委宣传部"五个一工程"奖的剧目是以恭城油茶为背景，以宋朝恭城籍监察御史周渭为原型演绎的廉吏故事。大家听得津津有味，这位项目组成员更是灵机一动，将历代名人与广西美食相结合，这不正是出新意的好点子吗？回去马上跟项目组其他人员商量，大家都认为这个主题选得好，应该没有人专门从这个视角去拍过美食。我们投入了极大的热情去翻阅地方志等文献资料，最终完成了项目申报书，该项目也顺利通过了管理中心的立项。

项目组成员也跟着录制专题片的公司团队一起，参与了拍摄。拍摄《狄青与宾阳酸粉》时，大家凌晨3点就起床了，因为粉店老板要开始熬制制作宾阳酸粉的相关食料了，大家体会到了餐饮业的不易；拍摄《柳宗元与醋血鸭》时，有一个赶群鸭的镜头，许多项目组成员也与养殖户一道赶鸭，河水溅在人脸上，鸭毛飘飞在空中，时不时还踩到一些粪土，或许这就是生活的气息吧；拍摄《黄宾虹与桂花鱼》时，为了更好地呈现当时画家在江边画画的场景，摄影人员二话不说，卷起裤腿就淌进河水中；拍摄《徐霞客与老友粉》时，为重现古时场景，大家更是穿起古装，扮演不同角色，甚至像模像样地学起了炒老友粉，片场充满了欢声笑语……当然，我们也经历过车在路上爆胎、航拍无人机不慎掉入水中等曲折，但我们最终还是将专题片完美地呈现在大家面前。人间烟火气，最抚凡人心。四方食事，不过一碗人间烟火，即使粗茶淡饭也是人间温暖。《品味传奇——历代名人与广西特色美食故事》专题片就是这样，将一道道普通而又特别的美食与历史文化相融合。

2017 年 11 月，拍摄团队在拍摄《品味传奇——历代名人与广西特色美食故事》专题片

聚焦民族影像，留存广西记忆。广西是全国少数民族人口最多的省区，民族风情浓郁。为了充分展现广西各少数民族的发展历程、百姓生活、民族民俗等，广西图书馆在资源建设方面特别注重民族元素，先后制作了广西民俗风情专题资源库、《广西民族民俗文化概览》专题片、《音绕壮乡——广西壮族特使乐器》专题片、广西非物质文化保护专题资源等，而以记录历史、保存文献、传承民族记忆、加强文献整合与揭示力度为特点的则有广西世居少数民族口述史库——京族记忆。

　　广西世居少数民族口述史库——京族记忆是广西图书馆留住广西民族记忆的一个重点资源建设项目，后续我们还完成了广西世居少数民族口述史库——毛南族记忆、广西世居少数民族口述史库——仡佬族记忆等项目。广西世居少数民族口述史库——京族记忆项目通过拍摄专题片，收集手稿、信件、照片和实物等形成多载体、多种类的专题文献资源集合。在项目启动前，项目组成员经过多方调研，召开项目论证会，邀请了时任首都图书馆馆长倪晓健等知名专家对项目建设进行指导。在个人访谈中，许多京族学者或是京族非遗传承人都认为我们的项目是一个具有文化抢救性、传承性的好项目，纷纷表示支持，他们更是在节目录制时穿上崭新漂亮的京族服装，与我们畅谈京族历史、文化等，有时还会进行乐器或舞蹈表演，在录制间隙觉得自己没讲好或表演好，还主动要求重拍，让现场人们感受到他们对于京族文化的热爱与执着。在收集资料中，我们也有幸认识了京族字喃文化传承研究中心主任苏维芳，老人家虽已年近80岁，仍数十年如一日战斗在京族文化保护与传承的第一线，翻山越岭，走村串屯，仅是他收集的京族民歌就超过2000多首。采访中他说的"我要让京族的文字代代传承下去，把京族文化的根脉留住！"让我们动容，我们也深感作为文化工作者肩上的责任之重。

2018年7月，广西世居少数民族口述史库——京族记忆项目实地调研

阅动指尖，共享"云上图书馆"

宣传推广数字资源，充分发挥数字资源效能，是数字资源建设的根本目的。广西图书馆经过多年努力，积累了海量的数字资源。为了充分发挥数字资源效能，广西图书馆逐渐加大了宣传推广工作的力度。在十几年的文化共享工程之旅中，因机构调整、工作需要等原因，广西图书馆换了2任馆长，分管数字资源建设的馆领导也更换了2位，具体实施部门的主任更是换了4位，部门成员也换了几茬，但也注入了新鲜血液。大家集思广益，成功打造了"广图筋斗云""跟着阿图养猫猫""云游广西"等一系列公共数字文化服务推广活动品牌，通过养成类游戏、线上互动、线上展播等多种方式开展数字资源推广服务。通过展示广西图书馆自建数字资源（包括《广西戏曲动漫》《品位传奇——历代名人与广西特色美食故事》《音绕壮乡——广西壮族特使乐器》、广西民族民间故事等），吸引群众通过扫描图画上的二维码观看形象生动的视频，让他们更加深入了解广西的优秀传统文化。"壮丽70年 阅读新时代"数字推广活动中的亲子手工活动则是最受人欢迎的活动之一，吸引了广大群众参加。《品味传奇——历代名人与广西特色美食故事》《广西戏曲动漫》等优秀专题片先后在"学习强国"等平台播出。

2019年4月，数字资源宣传推广活动现场

数字资源推广走进广西校园。在数字资源推广活动中，"传承经典·共享文化——戏曲文化体验大课堂"活动效果明显，社会反响也最大。广西是戏曲大省，在资源制作中，广西图书馆将现代动漫技术和传统戏曲相结合，通过新颖独特的动漫技术将传统的民族民间戏曲艺术表现得生动有趣、惹人喜爱。配合国家"戏曲进校园"活动，我们主动与区内各小学联系，举办"传承经典·共享文化——戏曲文化体验大课堂"，通过戏曲动漫观赏、戏曲知识趣味互动、戏曲真人扮装、戏曲乐器辨识、戏剧脸谱体验、戏剧动画配音体验等环节让孩子们亲身参与进来。如邀请 5 名同学现场学习戏曲表演，分组听声辨乐器，邀请同学登台勾画脸谱，等等，孩子们兴致高涨，积极参与到课堂的学习互动中，在一片欢声笑语中对中国传统戏剧文化有了零距离的接触，了解了戏曲乐器演奏、戏曲脸谱、戏曲动画配音、戏曲跑圆场等戏曲行当基本特征，真正让广西传统文化基因在广大青少年心中生根发芽。如今，"广西戏曲动漫"这个数字资源服务也已成为广西图书馆作为研学游教育基地的一个保留课程，通过寓教于乐的方式，潜移默化地引导读者使用本馆的数字资源，感受民族传统文化魅力。

2018 年 10 月 16 日，"传承经典·共享文化——戏曲文化体验大课堂"走进广西校园

数字资源推广走出国门。广西图书馆秉持将优秀文化资源带出国门的

创新理念，于 2018 年派出团队到老挝开展文化交流活动，分别在老挝国立艺术学校、萨庞通国际学校、万象儿童救助中心、万象中心商城开展了 3 场"广西戏曲动漫大课堂"活动。出国前夕，同事们已经为这个活动准备了 1 个多月的时间，包括图画设计、展板装备、演出器材、衣食住行等工作都明确落实到具体人员身上，以防工作出现疏漏。这次活动的组织人员共有 9 人，大部分人都没出过国，大家也极为兴奋。无论是机场搬运行李、在活动现场布置展板等，男生们都义不容辞地主动担当起来，女生们则负责与孩子们进行沟通交流，组织大家参与到活动中。现场一度火爆，老挝的孩子们参与的积极性很高，排队参加活动的人非常多，同事们维持秩序嗓子都喊哑了。累虽累，但看到活动如此受欢迎，心里也还是高兴的。据统计，参与活动的人数近千人，超过了原本预计的人数，老挝方也对我馆活动给予了极高的评价。加强对外交流，有利于让全世界更多的国家和地区认识广西，了解广西，不仅恋上广西秀美的山水，更爱上广西丰富多彩极具特色的民族传统文化。

2018 年 5 月 31 日，"广西戏曲动漫大课堂"活动走进老挝校园

文化惠农，共建共享乡土文化

随着边疆万里数字文化长廊进村入户、提档升级等项目的实施，国家加大文化惠农力度，重点向贫困地区、边境地区拓展公共文化服务。广西图书馆也从零开始累积数字资源，大量自建或征集的数字资源推广开来，遍布广西的文化服务站点建立，广西图书馆打通了公共数字服务的"最后一公里"。

2014年，我们第一次向广西上千公里的边境线进发，大规模地拓展公共智能服务。当时广西边境线上的县、村、屯交通仍然十分落后，交通非常不便利。同事们兵分几路，各自从南宁出发，坐上了前往边境线与贫困地区的大巴车，到达县城后再换乘乡间小巴或电动三轮车前往村屯。因正处炎热夏季，在几个多小时的旅途中，大家只能靠车外的风吹散车里的暑气，但大家仍满腔热情，肩负沉重设备，逐步将公共智能服务扎根在广西漫长的边境线上。多年来，广西沿边、沿海、贫困地区遍布了同事们坚实的脚印。印象最深刻的是2017年举办的基层文化站点建设培训班。这是广西基层文化站点人员参加培训人数最多的一次，广西图书馆共派出6名工作人员走进对越边境自卫反击战重要交通线的那坡县、壮族人口聚居较多的边境市靖西县市，向982位站点负责人介绍了公共智能服务设备的使用方法。当时正值清明时节，细雨绵绵，天气湿冷，可无论是培训老师，还是学员，眼中都充满改变乡村文化建设的希冀。截至2019年，广西图书馆依托村级公共服务中心成功建设了2486个基层文化站点，弥补了边远地区巨大的数字鸿沟，也为广西基层群众提供了更加便捷的公共数字文化服务。而广西图书馆建设的《农富广西——广西农村创富榜样》《广西实施乡村振兴战略》《培育新型职业农民——广西传统手工艺助力扶贫》等专题片以及广西文化精准扶贫多媒体资源库等数字资源，更是为基层群众提供了更有针对性、实用性的数字服务。

一个图书馆，点亮一座城。图书馆本身就是一种内涵深厚的文化的传承与发展，这种文化的传承与发展是人类从过去走到现在之本，也是人类走向未来之根。感谢文化共享工程，因为有你，才有了今天不一样的图书馆；不舍文化共享工程，因为有你，大众才能享受到如此丰富多彩的文化盛宴。我们携手走过的那些风雨历程，必定是文化发展长河中不可或缺的华美篇章。文脉传承，文化创新，前路正长，我们一直在路上。共勉。

作者简介

甘　新（1982年2月—　），女，副研究馆员，从事公共文化数字工作，现任广西壮族自治区图书馆副馆长。

黄　歆（1990年12月—　），女，馆员，从事公共文化数字工作，现任广西壮族自治区图书馆公共文化数字建设中心副主任。

与文化共享工程同行的成长记忆

——记广西桂林图书馆资源建设之路

白　薇　王巨琳

2002 年，对于全国公共图书馆而言，是一个特殊的年份。文化共享工程的实施，如春风化雨般为我们带来了极大的帮助，为图书馆事业的发展插上腾飞的翅膀，也为贫困地区基层群众的文化生活掀开了新的篇章。

广西地处偏远，经济发展较为缓慢，在过去，公共图书馆事业的发展往往受到经费短缺、人才队伍参差不齐、信息渠道不畅通等因素的制约。然而文化共享工程的实施为广西公共图书馆事业的发展带来了新的发展机遇。乘着文化共享工程的东风，得益于各级领导的高度重视、稳定的经费投入，我馆逐步建成了完善的分级服务体系、完备的设施设备、成熟的网络平台、丰富的特色资源、健全的专业人才队伍、多样化的推广活动，我馆的公共数字文化建设上了新的台阶。

作为文化共享工程资源建设工作者，我们见证了资源建设的起步、稳步发展和完成。回顾我馆资源建设历程，其中有着无尽的回忆，内心无不充满了成就感，这也成为我们职业生涯中不可多得的、无比珍贵的人生经历。循着记忆回望，"沙编"讲座、特色民族资源收集、系列专题片制作、微视频的集中发力无疑是我馆资源建设发展进程中的几个重要节点。

"沙编"讲座
——桂林图书馆第一个受到肯定的资源品牌

讲座是我馆在 2006 年最先尝试制作的专题资源。把现场讲座编辑制作成网络传播的专题资源，不仅要妥善解决版权问题，还要高标准地完成画面拍摄、声音录制、后期制作等环节。而当时的制作条件、技术手段都不如现在成熟与方便。刚开始制作讲座视频是从头到尾录下来，但是一场讲座至少 1.5 个小时甚至 2 个小时，主讲专家虽然讲得精彩，但观众却很难坚持看完。当时负责讲座视频制作的沙耘老师潜心琢磨，悟出：增加讲座视频的观赏性就必须增加知识性画面，丰富讲座表现形式和内容。这就需要大量充实讲座相关背景资料，对拍摄和后期制作技术也提出了较高的要求。

为了让视频内容充实可观，年近五旬、没有接受过正规视频制作专业学习的沙耘老师自学视频拍摄和编辑技巧。没有师傅教，就自己上网搜论坛、找教程，四处求教，反复练习，为此经常很晚下班。在初期没有专业软件的条件下，字幕要一字一句地输入，非常耗时。记得有一次急着完成讲座视频任务，他当晚在家加班编辑，一直输入字幕到凌晨 4 点，才完成制作，可谓呕心沥血。一部可供观看和欣赏的讲座，无不凝聚着沙耘老师的心血和智慧，查资料，写脚本，自己拍摄、剪辑，当有些镜头实在没有原始素材时就根据文献中的文字描述自己手工绘制。视频制作完成后，首先让同事们提建议，然后不断将作品推敲、打磨、完善。沙耘老师不懈努力，完成了帅立功教授的《桂林喀斯特地貌山水画法研究》等三场讲座视频，并提交文化部全国文化信息资源管理中心（以下简称"管理中心"）。因这 3 场讲座视频质量高、制作精良，得到管理中心高度好评，并以沙耘同志姓氏命名为"'沙编'讲座"，管理中心还将这 3 场讲座的光盘作为品牌样盘向文化共享工程各中心发放。2007 年我馆又向管理中心提交了《游山读史话摩崖》《古钱币的收藏与欣赏》《陈宏谋的治学之路与为官之道》等 10 部讲座视频光盘。2008 年 10 月在兰州召开的文化共享工程资源建设培训和交流会上，沙耘老师就视频讲座的编辑、制作进行了经验分享。

正是沙耘老师这种敬业的精神，让我们早期积累了不少视频资源制作的经验，采集到了丰富生动的地方文献史料。如今沙耘老师已退休多年，回顾这一段往事，他说："制作视频是我的兴趣爱好。我这一生当过插队农民、铁路工人、图书管理员，而做视频拍摄、加工的这 12 年是最令我满足的日子。"

2014 年 7 月 15 日，沙耘老师在桂林市鹦鹉山抗日战壕遗址拍摄素材

依饭节
——特色民族资源的采集整理

广西作为多民族聚居地区，有许多极具特色、丰富多彩的民族节庆活动。为了充分采集特色资源、真实记录广西特色民俗文化，每当广西各地

开展特色节庆时，我们的工作人员都会到达现场，如河池的壮族蚂拐节、融水苗族斗马节、资源河灯节、龙胜"红瑶"晒衣节、贺州瑶族盘王节、三江侗族大歌等。

2014 年 1 月 14 日，摄制组在桂林市龙胜县泗水乡拍摄"红瑶"长发习俗

为了能够深度采集到各地的特色资源，我馆加强与各市、县图书馆的沟通联系，保持信息畅通，联合他们共同开展资源的采集整理工作。2013年 11 月，时任广西河池市罗城仫佬族自治县图书馆韦善严馆长打来电话告诉我们，仫佬族最具特色、最隆重的，三年一大庆、一年一小庆的依饭节就要到了，邀请我们去拍摄，记录保存民族文化、节庆文化记忆。这次依饭节是大庆，机会难得，怎么能错过？说走就走。我馆 3 名工作人员组成采集队伍急匆匆赶赴罗城。罗城是全国唯一的仫佬族自治县，离桂林约 250公里，车程约 4 个半小时。采集队伍赶到罗城已经是晚上 8 点多，与韦善严交流后得知要连续拍摄 3 天，队员们讨论好拍摄方案后便潦草洗漱，倒头睡下。第 2 天，仫佬人在宗祠里举行隆重神圣的"依饭道场"，虔诚祭祀、感恩还愿、庆祝丰收、驱灾祈福，整个节庆充满了原生态民族文化韵味。3 名馆员分头工作，分别负责主拍、辅助拍摄以及相关协调。午夜之后趁着法师稍微空闲的时候，采集队伍请法师讲述依饭节的习俗、由来等，

并拍下法师的口述。3天连轴奋战下来，虽然3人又累又困，但却非常兴奋，用他们的话说就是，"我们记录下了仫佬族的重要节日，记录了依饭节的独特风情，为文化共享工程的地方特色资源建设积累了宝贵的第一手素材"。这段经历让他们记忆深刻，见证了"文化共享人"在建设初期克服人员短缺、经费不足等困难，努力开展资源建设工作，折射出"文化共享人"的敬业和工作热情。

红色系列专题片
——开启资源建设的新篇章

随着文化共享工程专题资源建设项目的正式开启，我馆着手策划搭建以广西文化记忆为主线，涵盖广西历史、红色历史、抗战文化、文化旅游等多个主题的资源建设规划，资源采集和建设也开始迈向规范化、系统化、专业化。由于广西是中国共产党开展革命活动和建立地方组织较早的地区之一，在中国革命史上具有重要地位，红色文化资源丰富；所以对于系列专题片主题的选择，我们的视线首先落在了广西红色历史文化这一主题上。2011年，我们有计划地申报建设广西红色历史文化多媒体资源库，其中包含专题片8集（240分钟）。

图书馆制作专题片，这在我馆可是头一回，当时广西的专题片制作公司为数不多。为保证专题片质量，得到社会认可，我们确定了专题片的定位和视角，我们认为图书馆制作的专题片应体现史料性、严谨性、知识性、普及性、且具有观赏性。在没有任何可借鉴经验的情况下，我们百般琢磨，摸索前行，根据我们的资源建设规划开始了专题片制作的"长征路"。

为保证专题片的摄制水平，我馆成立了专题片制作组，制作组由外聘党史专家，大学院校视频拍摄、后期制作的专业教师以及我馆工作人员共同组建而成。导演是桂林旅游学院电教中心的郭敦辉老师，负责脚本撰写的是广西知名学者——时任广西党史研究室文献征集处处长的庾新顺，同时我们还组建了由大学院校、党史办、抗战文化研究会等相关领域专家学者组成的专家团，他们负责专题片审校。

反复推敲打磨文字脚本并成形之后，接下来的工作就是外拍，以获取第一手素材资料。广西红色历史文化牵涉面广，红色革命区域遍及全广西境内。因此，外拍的难度之大可想而知。但是，在整个外景拍摄过程中，大家激情饱满，全身心地投入工作，不怕日晒雨淋，不畏风吹雨打，一身泥、一把汗，兢兢业业，孜孜不倦。尤其是摄影师冒着酷暑，起早贪黑，跋山涉水，没有半句怨言。在拍摄过程中，吃不上饭、喝不上水更是家常便饭。就是这种大无畏的精神，才使制作团队攀爬上了险峻陡峭的恒里岩（"红军岩"），才使制作团队在傍晚拍摄完列宁岩后摸着黑走下山来，才使制作团队能在短短的时间内拍摄到大量珍贵影像。经过大家的齐心合力、埋头苦干，我馆第 1 部红色专题片——《八桂红旗飘》圆满制作完成。

2012 年 5 月 16 日，《八桂红旗飘》专题片筹备期间，我馆钟琼馆长（左一）带队采访中共广西区委党校文史教研部主任卢尚纯

在整整四年的时间里，我们的制作团队奔赴广西、广东、湖南、海南等多个省，数十个市、县、村、屯，行程 25000 多公里，拍摄素材资源

1.5TB，照片 10 万张，陆续制作完成《八桂红旗飘》《八桂红遗行》《八桂将帅录》《八桂英烈谱》4 部共 34 集广西红色历史文化系列专题片。拍摄的过程中不仅身上洒满了汗水，眼中还常噙满泪水——沿途遇到的老游击队员、在枪林弹雨中戎马一生并为共和国成立甘洒热血的老红军战士们、曾向红军战士伸出援手的乡亲们……他们的故事无一不令人动容、令人铭记在心。团队中的彭艳琼就是在这红色资源拍摄之路中深受教育，逐渐成长，后来光荣地加入了中国共产党，成为一名有着革命信仰的中共党员。四年的拍摄过程是一段刻骨铭心的经历，让每一位参与的同志结下了"战斗"友谊，大家如同亲人一般，至今情谊深厚。

2015 年 8 月 9 日，摄制组拍摄路上遇到道路泥泞的情况

随着经验的积累，随后的这些年，我们每年都申报和承担广西地方文化专题片制作。截至 2019 年，共完成广西红色历史文化、广西边关文化、广西传统村落、广西遗址遗迹、广西百工、广西地标、桂林山水文化等一系列涵盖广西历史文化、特色文化、传统文化的系列专题片。由于制作质量高，广西电视台新闻频道、广西卫视、桂林电视台等地方媒体播出了 34 集系列专题片《广西红色历史文化》、35 集系列专题片《桂林传统村落》、27 集系列专题片《桂林山水文化》、15 集系列微纪录片《广西百工》，这

些专题片都被"学习强国"平台收录。

微视频
——顺应时代节奏的探索

随着移动互联网的发展，相较于之前较长篇幅的专题片表现形式，快节奏、直观化的微视频更能顺应时代发展。制作微视频成为图书馆改变文化推广方式、拓宽图书馆服务边界的重要举措。在专题片拍摄制作逐渐步入正轨后，我们开始陆续申报《广西百工》《广西地标》等系列微纪录片项目，探索微视频制作模式。

虽然此前已经积累了一些专题片拍摄制作的经验，但对于形式新颖、信息丰富的微视频而言，我们仍缺乏相关经验。在前期文字脚本的打磨中，我们的工作人员查阅相关文献、新闻报道和视频资料，在确保其艺术性的同时，使其具有科学性与严谨性。记录广西手工艺人的相关文献资料出版不多，传承人的技艺主要以口传心授的方式流传于世，所以在创作过程中，我们以文字脚本大纲的形式为作品拍摄提供构思基础，以个人化的口述作为内容补充，并协助导演把握作品的叙述风格，力求做到叙述的科学性、严谨性。

在后期编辑阶段，我们的工作人员对视频画面、配音字幕进行了多次人工审校，只要发现画面镜头与字幕衔接不上、字幕与配音不同步、字幕错误等问题，我们都督促后期制作人员进行修改，可以说每个版本的改进都是我们经过不断思索、讨论、推翻再重建的结果。经过所有工作人员的辛勤努力与近两年的经验积累，我们的微视频资源建设也慢慢步入正轨。

在建设微视频资源的同时，我们在已有资源的宣传推广上也花费了许多心思。移动互联网时代，用户的注意力更容易分散，时长接近半小时的专题片越来越难以让受众接受。我们逐步转变宣传思路，通过对现有专题片的二次剪辑，提炼出其中易于传播的精华部分，先吸引用户的注意，再为自建的优质专题片进行引流宣传。多部由自建资源剪辑而成的微视频作品在抖音、微博、微信公众号等平台上均收获了不少的点击与关注。

在不断的探索中，我们的视频加工工作人员也逐渐从摸不着门道的微视频"小白"成长为专业的微视频博主。初期拍摄，设备不够人工来凑，为了保证镜头的稳定性，"人工滑轨"就此诞生；剪辑素材不够，那就自己去拍，秋天馆舍外的银杏、春天暖阳下聚精会神阅读的人群、公共数字文化推广活动中与我们交流的学生，无论是人物还是景色，我们的工作人员都一一取材，力争在视频剪辑时做到生动还原。为了拍摄到最佳的镜头，他们修炼出"十八般武艺"——跪在地上，站在水中，爬到树上，甚至一路奔跑，只为找寻一个最佳拍摄位置。一天拍摄下来，因为扛着沉重的摄像器材跋山涉水，经常腰酸背痛。为了追求镜头的时效性、唯美性，很多时候饭都顾不上吃就赶忙回到单位对当天拍摄的图片以及视频进行后期处理。

2020 年 5 月 23 日，在桂林市城徽象鼻山旁拍摄《走读广西》微视频

通过对微视频剪辑加工技术的不断学习、摸索与实践，我们也能自行选题组织拍摄微视频了。记录传拓记忆的《藏在图书馆的时间》、反映桂林春节习俗的《桂林春节》、图书导读微视频《全民阅读·主播领读》和《全民阅读·亲子共读》以及《走读广西》系列微视频等等，这些微视频在社交平台收获了不少的点击，部分优秀作品还登上了"学习强国"平台的专题栏目。

经过十余载的耕耘，文化共享工程春华秋实，硕果累累。无论是最初的专题讲座制作、特色资源采集，还是之后的系列专题片、微视频制作，都极大程度地丰富了我馆的数字资源，拓宽了我馆阅读推广阵地，提升了我馆现代化服务水平，为我馆培养了大批人才。我们也将珍惜机遇，继续勤恳耕耘，努力拓展数字资源的服务新途径，丰富文化资源的新内容，不断提升公共文化服务能力，为实现公共文化服务的高质量发展、高质量服务新格局而努力奋斗。

作者简介

白　薇（1977年4月—　　），女，就职于广西壮族自治区桂林图书馆，现任公共数字文化中心主任，副研究馆员，长期从事文化共享工程、数字图书馆推广工程等公共数字文化工作。

王巨琳（1995年1月—　　），女，广西壮族自治区桂林图书馆公共数字文化中心工作人员，从事文化共享工程、数字图书馆推广工程等公共数字文化工作。

"共享"记忆

——文化共享工程海南掠影

黄海明

  随着 2019 年 4 月 16 日《文化和旅游部办公厅关于印发〈公共数字文化工程融合创新发展实施方案〉的通知》（办公共发〔2019〕63 号）的下发，文化共享工程完成了历史重任，公共数字文化进入了新的发展时期。这意味着我将开启全新的工作，也意味着与我朝夕相处的兄弟姐妹们即将调换到不同的工作岗位。分别之际总有些说不出的味道和眷恋，眷恋熟悉的工作环境，眷恋如亲人般的同事，眷恋自己曾奋斗过的事业。在这 16 年工作历程中，有喜有悲，有苦有乐，有平静也有波涛，有奋斗的艰辛，也有收获的喜悦。我大脑中的记忆在翻动着，一幕幕往事展现在眼前……

  2006 年，海南省图书馆还属于筹备阶段，在海南省文体厅领导的指导与关怀下，文化共享工程挂靠在海南省图书馆（筹备组），当时负责文化共享工程工作的有时任海南省图书馆馆长邓锦华、时任海南省图书馆副馆长何凡予、冯锦福和我。文化共享工程早在 2002 年就已启动，各省也都已经陆续启动并实施，因为海南省图书馆是全国最年轻也是最后一座建成的省级公共图书馆，所以我省的文化共享工程是在 2005 年正式启动。2008 年，全国文化信息资源共享工程海南省分中心（以下简称"海南省分中心"）正式挂牌成立，部门成立初期共有 11 人（邓锦华、冯锦福、黄海明、钟林飞、李振中、雷晓龙、郑静、杨林军、陈建、朱子觉、杨林），我主要负责技术和各市县区沟通协调方面的工作。很荣幸加入了文化共享工程这个大家庭，作为新人有机会接触到如此大型的国家惠民工程，我备感幸运。起初只是一边学习一边努力做好本职工作，但在不断的深入了解和学习中，逐渐感受到中华民族文化的博大和精深，文化共享工程就是利用现代高新技术，将中华民族传统文化资源精华以及贴近大众生活的现代社会文化信息资源进行数字化加工处理与整合，通过网络实现共建共享。这项工作非常艰巨，当时公共图书馆的数字化服务能力可以说几乎为零，各级公共图书馆基础设施等硬实力亟待提升，很多馆缺少计算机专业技术人员，也没有业务集成系统，文化共享工程就是在这样的背景下起步了。

卫星小站建设

2007年1月份，海南省文化共享工程领导小组利用国家资助的20套卫星小站设备，优先用于建设县级分中心，覆盖率达100%。

当时海南省和其他省一样，由省图书馆（文化共享工程办公室）负责该项工程的具体实施。建设初期，我们到基层架设卫星天线，将国家优秀文化资源以卫星信号传输的方式进行传播。

彼时我们经历了第一次搭设卫星小站、第一次寻星，我们也在慢慢熟练的过程中进行反复的磨炼。记得有一次架"锅"、寻星的时候，遇到个有趣的事情，当地有线电视工程队（这队伍可是专业寻星的），他们接到当地政府的委派负责做跟我们一样的事情，同时我们也到了当地，听说有专业队伍在寻星了，我们也非常庆幸。因为时间紧，任务重，在完成工作后我们就准备赶往下一个架设点，就在这时，当地文体局的同志赶忙过来跟我们说，他们的专业寻星队寻了一天的星都没寻到，"锅"都架好了。好吧，我们调转步伐直奔安装点，经过我们30分钟的不懈努力，寻星成功，这可把当地专业找星队高兴坏了，其实我们也是专业队伍。哈哈！同年，5

个试点县、14个县级支中心、3个乡镇基层中心、3个行政村基层服务点建设完成。海南省分中心在该年度的文化共享工程基层建设工作评比（全国31个省级分中心参与了评比）中获得一等奖。

通过我们的不懈努力，截至2019年4月，海南全省共建立了1个省级分中心、22个县级支中心、196个乡镇和约2556个行政村以及16个社区基层服务点，基本形成了省、市县（区）、乡镇、村（社区）的服务体系。

2006年5月7日，冯锦福（左一）和黄海明（左二）在澄迈县图书馆安装文化共享工程卫星接收设备

边疆万里数字文化长廊建设

为加大对边疆地区公共文化服务体系建设的支持力度，不断提高边疆地区公共文化服务水平，海南省分中心根据文化部全国公共文化发展中心（以下简称"发展中心"）的要求，结合自身情况，分批次整合各级支中心、基层服务点、图书流动站等，将其纳入"逐梦海之南，文化驻边疆——海南省边疆万里数字文化长廊"建设范围，并加快资源更新速度、拓宽资源种类覆盖范围，力求满足广大官兵和基层群众在学习、文化、娱乐等方面

的需求，使公共文化有效服务基层官兵和群众。为提高驻守边疆部队的官兵和群众的科学文化素质，海南省分中心为基层驻军部队（包括海运大队）各赠送 500GB 的数字资源和包括讲座、传统文化和道德建设等内容的光盘，服务官兵 1000 人次。这有效解决了驻地偏僻、远离市区的部队官兵日常生活单调枯燥、文化生活极为缺乏的问题，得到官兵的一致好评。

实施文化共享工程，基层服务网点是文化共享工程的重要阵地。为保障这些网点的正常运行，张蕊、李振中、钟林飞和我经常到 22 个县级支中心巡回检查、指导，确保其处在良好的运行状态。我们通过这些服务网点，源源不断地为基层输送海量优秀文化数字资源，极大丰富了基层群众的文化生活。

2015 年 12 月 8 日，张蕊（左二）、李振中（右二）、黄海明（右一）、钟林飞（左一）到三沙市调研文化共享工程基层服务工作

同时，文化共享工程为三沙市的 23 个管委会、居委会和部队基层点设备提供了数字阅读一体机、平板电脑、摄像机、移动播出终端等，实现了三沙市全覆盖，有力促进了文化共享工程与当地社会经济的协调发展。

"家风家教万里行"

为贯彻落实习近平总书记关于"注重家庭、注重家风、注重家教"的重要论述，在全社会倡导良好家风家教建设，发展中心利用中国文化网络电视新媒体传播渠道，面向基层群众推出"家风家教万里行"系列互动直播惠民服务活动。2015 年 8 月 13 日上午，全国活动的第一站在海南省图书馆报告厅启动，本次活动由发展中心主办，海南省分中心、北京大学家庭文化与家长教育研究所承办，同时得到了中国国际广播电台华语中心等媒体的大力支持。

此次活动特邀中央党校家风家教课题组组长、北京大学家庭文化与家长教育研究所所长齐大辉教授为观众带来了题为"家风家教万里行——为人父母，你准备好了吗？"的精彩演讲。海南省图书馆的报告厅内座无虚席，许多家长纷纷带着孩子到现场聆听演讲，有些家长甚至搬着小凳子坐在过道上。大家对齐教授"一次管一生"的教育理念深为赞同。

活动充分发挥网络优势，同时在全国文化信息资源共享工程江苏省分中心、全国文化信息资源共享工程重庆市分中心、全国文化信息资源共享工程大连开发区支中心、全国文化信息资源共享工程海口龙华区支中心、全国文化信息资源共享工程某部队（驻守海南）服务点设置了 5 个互动分会场，全国约 2000 人同时参与了本次活动，本次活动取得了良好服务效果。

为做好本次活动，我们办公室李振中、我、钟林飞、雷晓龙花了两个月时间筹备此次活动，从各分会场的选址敲定、各会场负责人的联络对接、设备设施的保障运行等多方面跟进。

2015 年 8 月 13 日，"家风家教万里行"活动主会场

公共电子阅览室建设

2012 年公共电子阅览室建设计划正式启动，我们省也在有条不紊地进行着。为了能把这项工作落实到位，我和钟林飞用两个月时间跑完全省 204 个乡镇（街道）。当时那可是日夜兼程，玩了命地赶时间，到每一个点安装公共电子阅览室设备，调试网络和公共电子阅览室管理系统，并对每一位管理员进行现场培训。印象最深的一件事情是，当时临高的公共电子阅览室建设，因为工期紧，我们从早上忙活到下午 3 点，浑然忘记了吃午饭，真的是废寝忘食，下午接着干，午饭都省了。

回想起当时，很多事都历历在目。当时钟林飞还是新婚，我的孩子也还小。所以真的非常感谢家人们无怨无悔地为我们守住家庭后方阵地，他们对家庭的无私奉献以及对我们工作的鼎力支持，使得我们能在文化共享工程的事业上拼劲十足，做好工作中的每一件事。

培训与服务

"文化共享人"间兄弟姐妹般的情谊是在每一次的培训相聚中建立的。这种兄弟姐妹般的情谊体现在文化共享工程各项工作中。人一生中,不论是工作还是生活,总会遇到、结识许许多多不同的人,而这些有缘结识和遇到的人,都会在你的内心深处留下短暂或长久的记忆,组成你一生独特的华彩乐章。最让我暖心的一次培训是 2007 年初在北京的关于"千里马"资源母盘领取和学习的培训。我接到馆领导委派后,立马奔赴北京。当时的北京正处于初春时节,还飘着小雪。我一下飞机,发展中心已安排好接机人员直接把我送到北京国图宾馆。行李刚放下,发展中心的兄弟就已经等在门口,嘘寒问暖道:"还没吃饭吧?走!大家都等着呢。"我一脸茫然,问道:"这都已经过饭点了,还有谁呀?"当我走到了楼下的房间,一进屋,各省的兄弟们都已等候多时,大家纷纷说道:"来,海明先喝两口暖暖。"后来,每当我独自拿起酒杯时,就想起我们的兄弟情谊,怀念我们一起共事的时光。

培训使我们的友谊天长地久。海南省分中心从 2006—2019 年,按照发展中心计划,和各市县区联合开展基层技术人员培训工作,通过线下讲解、考核和现场操作等方式巩固培训效果,开展覆盖市县图书馆、乡镇文化站和村文化室的培训班共计 120 场,累计参训人员约 10000 人次。

海南省各级中心和基层服务点利用文化共享工程设备、网络和资源,不断创新服务方式,为广大群众提供服务。如:昌江县、五指山市利用文化共享工程设备和资源,走进乡村、军营、学校、看守所,播放教育片和优秀国产电影等;琼中县、临高县等为农民提供种养、病虫害防治、供求信息等农业技术信息。全省各市县支中心在财政部和原文化部的支持下建设了公共电子阅览室,均收到良好的社会效果,群众非常满意。据统计,我省各级中心、站点，几年来服务群众约 500 万人次。农民群众普遍反映，文化共享工程解决了他们找科技书难、看电影难、看戏难的问题，使他们享受到了优秀传统文化带来的快乐。

2008 年 12 月 15 日，黄海明（右二）在屯昌县图书馆培训现场

公共数字文化智能服务

海南公共数字文化项目以贫困地区人口数量、服务半径作为布局依据，重点发挥公共数字文化"互联网 +"优势，精准施策，提供网络技能培训、创业帮扶、电商对接、惠民服务等功能。海南公共数字文化智能服务项目惠及 5 个贫困县，线上线下服务人次达 134 万余次，是惠及千家万户的民心项目。

当时工作推进过程中，除了 5 个贫困县，其他乡镇也都积极报名，希望把培训点放在他们那里，其中昌江县和澄迈县图书馆馆长还专门到我办公室，就哪个图书馆先开展公共数字文化智能服务培训争论不休。海南公共数字文化智能服务项目不仅推进了文化创新，完善了公共文化服务体系，提高了公益性文化服务水平，促进了经济、社会协调发展，在资源建设、服务网络建设、人才队伍建设、文化宣传、惠民服务等方面，也取得了可喜成绩。

在海南建设自贸港之际，通过公共数字文化智能服务的方式，海南省分中心增强了贫困地区数字文化服务能力，打通了公共文化服务体系，面向基层开展"一村一品"培训活动，采集具有浓郁地方特色的基层群众文化资源，利用现代数字技术进行整合加工，转化为可看性高的优质数字资源，并在文化云平台这类全媒体平台上推广，满足用户通过海南云平台随时随地观看的需求，全面提升了公共文化服务效能。海南省分中心的数字资源建设则针对海南省贫困地区的实际情况，将受众人群细分。留守妇女可通过文化类资源、生活类资源丰富自己的日常生活内容，提升文化修养；留守儿童可通过文化类资源获取优质的少儿教育学习资源，如教学动画，实现寓教于乐；贫困户可通过扶贫类资源获取农业种植类知识。海南省分中心向农民朋友们普及科技文化知识，因地制宜、创造性地为贫困人员服务，改变了贫困落后的生产和生活条件，使村民能够充分认识并利用当地优越的自然条件和生态条件，在海南建设全球最大自由贸易港的机遇下，打造"一村一品"的特色经济发展格局。

通过前期调研，以基层群众急需的农业专业知识培训、智慧农业及乡村农业振兴讲座为着力点，海南省分中心邀请了中国热带农业科学院和海南省农科院专家，在保亭、五指山、琼中、临高等五个贫困县的基层点分别开展基层技术人员培训工作。通过课堂讲解、田间提问解答、考核等方式，帮助贫困村民获得农业方面所需要的知识和技能，围绕智慧农业、农业种植、防病虫害等开展深入浅出的知识讲座，引导公共数字文化资源向贫困地区倾斜，把精准扶贫和乡村振兴战略相衔接。在讲座现场，我们张贴了海报、横幅。为了提高群众的参与性，海南省图书馆精心设计了一系列文创产品，通过有礼互动的形式，吸引群众现场扫码、关注微信公众号，创建农业交流群，方便农业专家在群内实时为村民答疑解惑，提升公共数字文化的宣传效果。活动结束后，村民纷纷表示希望海南省图书馆以后能够多举办这样的活动，传授更多实用技巧，以实现致富。

2018 年 6 月 10 日，"一村一品"培训活动现场

经过"文化共享人"十余载的耕耘与奋斗，文化共享工程春华秋实，硕果累累。我们将珍惜机遇，继续勤恳耕耘，努力拓展智慧化建设数字资源服务新途径，丰富文化资源的新内容，不断提升公共文化服务能力，为实现公共文化服务的高质量发展而努力奋斗。"文化共享人"的那份执着和坚韧不拔的精神将会继续发扬下去，"文化共享人"将继续为公共文化事业添砖加瓦。

作者简介

黄海明（1978 年 5 月—　），男，馆员，长期从事文化共享工程、公共电子阅览室建设计划和数字图书馆推广工程等公共数字文化工程建设工作。现任职于海南省图书馆自动化网络部。

最好的时光遇见你

——重庆市文化共享工程工作拾粹 [①]

张　波　严　轩

　　"张馆长，这次给区县图书馆发通知还用分中心的印章吗？"全国文化信息资源共享工程重庆市分中心（以下简称"重庆市分中心"）的同事这样问我。"不了，以后发文，就用图书馆的红头，加盖馆章。"我这样回答着。我突然意识到，作为原文化部、财政部联合组织实施的、覆盖全国的公共数字文化项目——文化共享工程，历时十七年，贯穿四个"五年计划"，已经完成了历史使命。作为工程初创阶段的参与者、建设者，对一项贯穿了自己职业生涯黄金时期的项目，在说再见的时刻，应该写点什么，记录一下。走完近二十年的文化共享工程之旅，回头再看，才发现文化共享工程不仅是国家对图书馆行业、图书馆人赋予的使命，也不仅是政府为消除数字鸿沟而向基层群众提供的数字化服务，更是一种"关爱"。对公共图书馆和公共图书馆人而言，是事业上的关爱；而对基层群众而言，则是一种文化关爱。

---

①　此文以张波副馆长为第一人称撰写。

对公共图书馆行业的关爱
——以项目为依托争取经费，兜底重庆市各级公共图书馆数字化服务

初识文化共享工程是在 2005 年，这是我到重庆图书馆工作的第五个年头。记得 2005 年 5 月的一天，时任重庆市委副书记邢元敏、时任重庆市政府副市长余远牧以及市委办公厅、市政府办公厅、市委宣传部、市文改办等部门的领导同志来馆调研文化共享工程工作开展情况，余远牧同志指出："文化共享工程是创新工程、民心工程，务必高度重视，相关部门要落实建设人员、责任，依托市图书馆形成工程的建设团队。"此后，市委宣传部、原重庆市文化局、财政局等相关厅局负责人任小组成员，组建重庆市文化共享工程建设领导小组，依托重庆图书馆成立重庆市分中心（同时在馆设立重庆市文化共享工程建设领导小组办公室），指导全市各级文化共享工程站点的建设、服务。因为文化共享工程是以信息技术为依托开展数字化服务，我所在的自动化部（后更名为网络数字中心）自然承担起重庆市分中心办公室的业务职能。

那时的自动化部刚组建，我担任部门副主任，和时任部门主任毕涛（现任重庆市少儿馆副馆长）搭档，负责部门工作。我主要负责重图讲座、数字图书馆建设及维护。对于文化共享工程，之前的 2 年（重庆市文化共享工程于 2003 年 3 月启动建设）我虽然也在接触，但主要是毕涛负责，我并没有深度参与，所以了解不多。

网络技术部是新组建的部门，很多业务需要从头梳理，ILAS（图书馆自动化集成系统）业务系统部署、重庆图书馆官网开发、数字图书馆安装维护、局域网病毒查杀、终端维护、计算机机房建设，在此基础上又承担文化共享工程工作，不足 10 人的部门，忙得热火朝天。图书馆提供宿舍，技

术部门是年轻人聚集的部门，大家基本都是单身，都住在宿舍里。从宿舍到办公室，直线距离不到 100 米，走路 3 分钟，工作忙的时候，大家基本不分上下班时间，有时候系统调试加班到深夜，累了回宿舍倒头就睡。工作不忙的时间，大家也习惯了不分上下班，技术部门电脑配置好，一群年轻人聚在一起上网、聊天，睡觉的时候才回宿舍。那时的重庆图书馆作为全国最年轻直辖市的图书馆，前身为"国立罗斯福图书馆"，也是联合国文献完全托存图书馆，在全国省级公共图书馆中有一定的知名度，但老旧的馆舍、落后的硬件条件，让实地到馆的同行、读者不免产生失望之情，这种较大的心理落差表现在他们的脸上，作为馆员的我们看在眼里，愁在心里，受制于人、财、物的限制，只能立足做好自己的本职工作。这种情况在重庆市各级公共图书馆中普遍存在，当时重庆成为直辖市不久，财政的重心更多放在经济、基础设施等硬实力提升上，对公共文化事业的支持相对有限。全市 43 家区、县级公共图书馆中，有计算机机房、网站，并且开通了数字图书馆服务的馆寥寥无几，很多馆没有计算机专业技术人员，也没有业务集成系统。重庆图书馆作为省级图书馆，也仅有 10 余台服务器、不足百平方米的小机房。评估当时全市公共图书馆的数字化服务能力，可以说几乎为零，各级公共图书馆亟须项目、经费来兜底数字化建设，文化共享工程就是在这样的背景下起步。作为文化共享工程在重庆建设、落地的责任部门，我们按照负责全国范围文化共享工程建设与服务的单位——文化部全国文化信息资源建设管理中心（以下简称"管理中心"）部署，结合全市公共图书馆数字化发展实际情况，以站点建设、资源建设、服务推广等具体项目为依托，获取中央专项经费支持，争取地方经费配套，开展工程建设。2003年在沙坪坝、渝北两地图书馆建立试点，形成覆盖全市的公共数字文化服务网络；2005 年利用文化共享工程网站向群众提供资源服务，推出"蒲公英梦想书屋"等服务活动；2006 年与重庆电视台合作征集《重庆美食》专题片内容，形成了以巴渝历史文化、抗战文化、非物质文化和民俗文化为主

线的特色数字资源库群。历经 10 余年的建设、发展，我市文化共享工程的
各项工作取得了可喜成绩，各级公共图书馆数字化服务能力得到极大提升。

2005 年 6 月，重庆市分中心工作人员在南川区水江镇安装文化共享工程卫星接收设备

多年后，我做客华龙网，接受一档公共文化类节目的访谈，当持人问
我："什么是文化共享工程？图书馆在其中发挥怎样的作用？"我答道："文
化共享工程是一个'兜底'工程。对我们建设者而言，兜底了各级图书馆
数字化服务能力；对群众而言，兜底了基层老百姓的数字文化权益。在'兜
底'的基础上，让图书馆有能力为群众提供让他们满意的公共数字文化服
务。这里的'满意'至少包含两层含义，一是'愿意用'，二是'方便用'。"
是的，2003 年的重庆各级公共图书馆太"穷"了，如果没有文化共享工程
经费，很多区、县级图书馆的计算机机房可能要延后 3—5 年才能建起来。
在数字技术快速发展的当今社会，这就意味着公共数字文化服务配套的滞
后，延迟基层群众享受公共文化权益的进程。而对于有机房的重庆图书馆来
说，文化共享工程专项经费"兜底"了我们的机房年度运维。重庆图书馆新
馆 2007 年开馆后，每年 2000 余万元的计算机及网络设备运维费用需要经常
性经费的支持。这对于市级财政来说是不小的压力，在财政经费不足的情况
下，这些年我们一直利用文化共享工程专项结余资金来解决计算机及网络

设备运维经费的缺口。在"兜底"的基础上，文化共享工程依托专项项目为图书馆逐年积累数字化服务能力，使图书馆数字化服务从量变逐渐转化为质的飞跃。2014年，中国文化网络电视落地重庆，文化共享工程依托重庆广电 IPTV（交互式网络电视）平台，以网络电视的形式累计覆盖全市650万用户；2015年初，重庆图书馆《公共文化服务类大数据分析试验系统与应用示范——图书馆大数据分析试验系统的研究与应用》选题获得国家文化科技提升计划项目立项并于2年后顺利结题；2018年，我市开通"巴渝文化云"服务，以双向数字电视形式覆盖重庆600万户家庭，打通了公共文化服务"最后一公里"，实现数字内容直接入户……可以说，文化共享工程在恰当的时间出现并加速推动了全市公共图书馆的数字化建设进程，顺应了数字化、网络化发展的社会潮流，符合公共图书馆由传统文化阵地向数字文化阵地转型升级的行业要求，对保障全市群众基本文化权益发挥了不可替代的作用，对统筹全市城乡基本公共文化服务起到了极大推动作用。

对公共图书馆人的关爱
——以培训为抓手搭建平台，兄弟图书馆、业界同行形成了业务交流圈子

2008年4月，管理中心在邻近重庆的四川省成都市举办文化共享工程馆长研讨班暨技术经验交流会。当时我担任重庆图书馆馆长助理，因分管网络技术部（重庆市分中心办公室）工作，被馆里委派参会。第一次参加文化共享工程全国培训，怀着期待、疑惑，间有一丝忐忑。走进会场，见到了时任文化部副部长周和平、时任文化部社图司副司长李宏、时任管理中心主任张彦博。领导、专家们从不同层级、不同角度对文化共享工程的讲解、展望使文化共享工程在我心里第一次具象化了。会后，通过小聚交流，和省级兄弟图书馆的同行渐渐熟络了起来。起初大家就聊文化共享工

程，话题聊开后同志们开始畅所欲言，除了交流业务，也谈谈工作之外的趣事。之后，随着管理中心举办的各种培训，我们的足迹踏遍了祖国的大江南北，交流业务、饱览祖国壮美景色的同时，以训会友，不断结识新朋友——贵州省图书馆张永环、陕西省图书馆秦升、河北省图书馆梁勇、福建省图书馆陈顺、江西省图书馆蔡荣生、海南省图书馆冯锦福、河南省图书馆杨向明……随着朋友圈的扩大，张彦博、刘刚等管理中心的领导、工作人员也加入了进来。每次培训都成为我们老友相聚的最佳机会，人还没出发，先问一下彼此的行程，到了会议地点就聚一下。有会生活的同行带点小吃、茶饮，不知不觉能聊到深夜。从近一段时间业务工作，到各省馆趣事，天南海北一通乱侃。当然，我最喜欢江西省图书馆蔡荣生副馆长和潘小芳主任以双方家人为原型创作的"土味笑话"，他们每次培训都能创作出新的段子，有些段子"广为流传"。

回忆历次培训，我想，和"文化共享人"建立起兄弟般的情谊，应该就是始于一次一次的培训、相聚吧。这种兄弟般的情谊逐渐体现在文化共享工程各项工作中。我们在工作中互通有无，借鉴彼此的先进做法，在各类会议中交流想法、碰撞火花。有时候一项工作，管理中心的文件尚未下达，"文化共享人"朋友圈已熟知，甚至已经有了初步的工作方案。"文化共享人"所在的各省、直辖市举办培训会，会邀请彼此去传授经验，而管理中心也会利用这种"师资力量"，在管理中心工作繁忙时，邀请省级分中心的朋友来支援工作。2009 年 7 月，为积极响应文化部领导关于支持西部地区开展文化共享工程建设的指示，加快全国文化信息资源共享工程西藏自治区分中心（以下简称"西藏自治区分中心"）的建设进度，根据管理中心的建议，重庆市分中心经过与西藏自治区分中心的多次沟通协调，于 7 月 6 日派出由严轩、黄勇 2 名技术人员组成的援藏小分队赴西藏自治区图书馆进行了为期 1 个月的技术援助工作，由此拉开了重庆市分中心援藏工作的序幕。在此后的时间里，通过时任管理中心培训指导处处长刘刚的牵线搭桥，重庆市分中心先后举办了云、川、甘、青、藏部分州县支中心业务骨干培训班、"春雨工程"——2014年四省藏区部分支中心骨干培训班、"春雨工程"——28个人口较少民族聚居区基层文化骨干培训班、西藏基层公共文化骨干培训班，培训来自藏区的文化骨干近200名，最长办班时间达1个月。在开展文化援藏工作、促进汉藏文化交流的同时，重庆市分中心锻炼了自身的培训队伍。2011—2014年，重庆市分中心连续4年被管理中心评选为年度培训工作优秀单位。

2009年7月，重庆市分中心援藏小分队黄勇（右一）、严轩（右二操作设备者）在西藏自治区图书馆网络机房为西藏自治区图书馆技术部工作人员示范文化共享工程系统安装方法

2014年5月28—30日，文化部全国公共文化发展中心在重庆图书馆举办"春雨工程"——2014年四省藏区部分支中心骨干培训班

对我以及图书馆的同行来说，培训最大的收获是在提升业务水平的同时，认识了一群志同道合的朋友。对文化共享工程来说，培训是抓手，它为文化共享工程建立起一个无形的平台，纵向到底、横向到边地串起了各级文化建设单位的骨干人员，形成了业务交流圈子的同时，也让工程有了"人情味"。这种"人情味"是文化共享工程不同于其他工程的区别，更是她对图书馆人的"关爱"之所在。

对基层老百姓的关爱
——以活动为纽带打造品牌，增强了基层老百姓 对公共图书馆、文化共享工程的文化认同感

在 2013 年第十届中国艺术节上，由重庆图书馆联合全市公共图书馆共同打造的重庆市公共图书馆文化共享农民工联盟荣获公共文化建设政府最高奖——文化部第十六届"群星奖"项目类奖。2015 年，在国务院农民工工作领导小组开展的全国优秀农民工工作先进集体评选中，重庆图书馆被评为"全国农民工工作先进集体"，也是唯一获此殊荣的公共图书馆。对于公共图书馆来说，举办的活动能够获得省部级乃至国家级奖励，是一种

2016 年 2 月 1 日，重庆图书馆荣获国务院农民工工作领导小组授予的
"全国农民工工作先进集体"称号

莫大的荣誉。但作为活动策划者，我深知获奖背后的不容易，除了活动主题踩准了国家开展农民工帮扶和深化扶贫的政策节奏，还有赖于管理中心对评选信息的及时告知和指导，更离不开全市公共图书馆多年来在开展文化共享工程服务中积攒的经验、累积的品牌效应。

经过多年的发展，文化共享工程在重庆从开创共建进入到全面共享的发展阶段。重庆市各级公共图书馆以品牌化、整体化的思路，依托文化共享工程建立的服务网络、资源体系，带动全市公共图书馆先后推出了以农民工为服务对象的重庆市公共图书馆文化共享农民工服务联盟、以乡村留守儿童为服务对象的"蒲公英梦想书屋"活动、以民营企业为服务对象的重庆市工商联文化资源共建共享平台、以老龄群体为服务对象的"常青 e 路 幸福夕阳"——重庆市老年人数字阅读培训等服务。这些服务活动带动和鼓励区、县公共图书馆开展具有自身特色的公共文化服务活动，形成了"1+N"服务推广体系。在重庆市公共图书馆文化共享农民工服务联盟带动下，区、县公共图书馆以"融入城市 让生活更美好"为主题，先后推出了猪圈上的留守儿童图书馆、农民工数字文化家园、农民工艺术课堂等服务，开展了"春节购票我来帮""中秋人月两团圆"等基层服务活动。在

2015 年 1 月 8 日，重庆市分中心携手全市区、县支中心在沙坪坝区凤凰小学举办
"蒲公英梦想书屋"活动

"蒲公英梦想书屋"活动的引领下，全市公共图书馆以助力解决 110 万重庆乡村留守儿童缺乏纸质读本、电子学习资源的困难为目标，自 2013 年启动，历时 6 年，走进了 29 个区县，依托乡村留守儿童学校建成了 38 间书屋，捐赠五万余册图书及各类物资，服务 2 万余名留守儿童。同时，围绕"蒲公英梦想书屋"活动开展各类衍生活动，开展了"蒲公英快乐少年"摄影艺术大赛、"蒲公英夏令营"等活动。

对于重庆市基层地区，特别是贫困地区而言，公共文化服务在保障群众基本文化权益的同时，还肩负着满足文化需求、实现文化惠民的重要功能，文化共享工程无疑是践行此项使命的排头兵。文化共享工程在重庆开展的 10 多年里，类似的服务案例不胜枚举。重庆市分中心有效地利用了培训及服务推广专项经费，将专项任务与重庆市实际情况相结合，打造出以政府机构（各级文化部门、公共图书馆）主导，社会力量广泛参与的社会化服务模式，调动了服务主体和广大群众的积极性与参与性，实现了"公共文化服务建平台，群众得实惠"的目标。重庆市分中心推出的各项文化服务活动取得了广泛而良好的社会反响，增加了基层老百姓对公共图书馆、文化共享工程的文化认同感。

时光荏苒，转瞬廿载。作为国家倡导实施的大型公共数字文化项目，文化共享工程在最好的时光里陪伴了图书馆事业的快速发展，而我有幸见证和参与了全过程。忆往昔岁月，有一群志同道合的同事，有数个浸透自己汗水的项目，有遍布重庆各区、县、乡镇、街道的数字化成果，有不计其数加班熬夜做成的文档，更有诸多回忆、无数的人和事萦绕心间。这些经历不会随着共享工程结束而消逝，相反，她所累积的优秀文化资源、培养的建设队伍、搭建的多级服务网络，是智慧图书馆、国家公共文化云等后续各类公共文化项目得以顺利实施的基础保障。再见，文化共享工程！谢谢，文化共享工程！

作者简介

张　波（1976年10月—　），男，研究馆员，长期从事文化共享工程、公共电子阅览室建设计划和数字图书馆推广工程等公共数字文化工程建设工作。现任重庆图书馆纪委书记、副馆长。

严　轩（1981年11月—　），男，副研究馆员，从事公共数字文化工程相关工作。现任重庆图书馆网络技术中心主任。

贵州文化共享工程之两个全国首创

——"遵义模式"和民族文化数字体验馆

张永环　张　转

2002 年由文化部、财政部共同组织实施的文化共享工程是一项新形势下构建公共文化服务体系、惠及千家万户的重要文化基础工程，是政府提供公益性服务的重大文化项目，是推进社会主义文化大发展大繁荣的创新举措。文化共享工程的实施打破了落后地区信息闭塞的状况，缩小了"数字鸿沟"，提高了广大人民的科学文化素质。

在文化部的关心支持下，在文化部全国文化信息资源建设管理中心（以下简称"管理中心"）和贵州省文化厅的直接领导下，贵州省于 2002 年开始了文化共享工程试点工作。启动之初，贵州的各级领导就高度重视，充分认识到文化共享工程建设在丰富经济欠发达地区群众的精神生活，保障农民群众的基本文化权益，满足不同层次的文化需求，缩小城乡之间文化发展的差距，建设社会主义新农村，构建和谐社会等方面具有重要作用。2005 年，贵州省文化共享工程领导小组成立，由时任贵州省副省长的吴嘉甫同志任组长，省文化厅、省财政厅等 10 多个单位的主要领导和分管领导分别任副组长和成员。贵州省 9 个市（州）和 88 个县（市、区）参照省文化共享工程领导小组成立了各级地方文化共享工程领导小组。2006 年 5 月，全国文化信息资源共享工程贵州省分中心（以下简称"贵州省分中心"）经省编委批准，在贵州省图书馆正式成立，贵州省分中心在省文化共享工程领导小组、省文化厅及省图书馆的领导下开展工作。

文化共享工程之"遵义模式"

2002 年，贵州省文化共享工程服务网络建设在贵阳市图书馆和遵义市图书馆拉开了帷幕。2004 年，中央文明办和文化部资助贵州建设了包括遵义县龙泉村基层服务网站在内的 10 个基层服务网点。同年，贵州师范大学图书馆、黔东南州图书馆、贵阳市白云区图书馆积极争取当地资金，建立了 3 个基层服务网点。2005 年，贵州省文化厅利用基层文化建设资金，在全省范围内建立了 25 个基层服务网点。2006 年元旦期间，在管理中心的关心、帮助下，在四川、广西等兄弟省市图书馆同仁的支持、配合下，贵州省分中心在遵义市开展"文化共享工程遵义新春服务行"活动，在遵义全市 14 个县级公共图书馆建立了县级支中心，在遵义县（现更名为播州区）的 31 个乡镇和 5 个行政村建立了基层服务网点并授牌，首次在全国范围内开展"集中连片建设"模式。

2006 年，"文化共享工程遵义新春服务行"活动现场

来自管理中心、全国文化信息资源共享工程广西桂林分中心、全国文

化信息资源共享工程四川省分中心（以下简称"四川省分中心"）和贵州图书馆、遵义市图书馆的 18 位技术人员分工协作，仅用 11 天就完成了遵义县 31 个乡镇和 5 个行政村的基层服务网点的建设任务。

四川省分中心的王家富（操作电脑者）在"文化共享工程遵义新春服务行"
活动中安装调试设备

2006 年 4 月，全国文化信息资源共享工程遵义市分中心（以下简称"遵义市分中心"）通过与遵义市广电网络公司合作，在遵义广电网络开通文化共享频道（33 频道），全市 60% 的群众可以从 8 点到 24 点不间断收看文化共享工程资源节目。此外，遵义市分中心还将遵义市文化共享工程与农村党员干部现代远程教育、农村中小学现代远程教育相结合，让广大党员和中小学生能够收看到文化共享工程丰富的节目资源。遵义市分中心首次在全国范围内真正实现"多网共建共享"的模式。

为推广工作经验，2006 月 6 月 22 日至 24 日，文化部在贵阳召开全国文化信息资源共享工程经验交流会，时任国务委员陈至立同志出席并作重要指示，对遵义开展的"集中连片建设"和"多网共建共享"予以肯定，她称之为是文化共享工程建设的"遵义模式"。国务院办公厅、财政部、文化部、广电总局有关分管领导和各省（区、市）有关领导参加了会议。

中央电视台等多家媒体对"遵义模式"进行了报道。

文化共享工程之民族文化数字体验馆

为利用先进科学技术手段展示贵州的民族文化资源，2015年7月24日，贵州民族文化数字体验馆在贵阳正式建成开放。数字体验馆面积约600平方米，通过HDMI数字全高清矩阵系统、非接触式互动数字沙盘、AR（增强现实技术）等最新技术手段，将文化共享工程建设的文字、图片、视频、音乐等资源向游客展示。该体验馆被文化部全国公共文化发展中心授牌，成为首个全国公共文化数字支撑平台地方特色应用体验基地。

2015年7月24日，贵州民族文化数字体验馆正式开放

体验馆包括5个体验区和1名虚拟主持人。

呈现区（包括虚拟迎宾＋HDMI数字全高清矩阵系统＋非接触式互动数字沙盘）主要展示贵州各地非遗项目、文化类项目总览及视频、图片、文字介绍。在"气象万千呈现区"，右边墙上镶嵌着一张非接触式互动数字沙盘，两道金光勾勒出整个贵州省的轮廓，当游客用激光笔划过版图时，每一块经过的市级版图都会从地图中升起。沙盘对面是一排镜框一样的数

字矩阵显示屏，上面以精美的图文滚动播放贵州苗、侗、布依、仡佬等 17 个世居少数民族的介绍。

点播区（物体识别联动系统）主要包含民族乐器布艺等传统手工技艺的视频、图片、文字介绍。在"触手可及点播区"，圆形桌面上有 3 台物体识别设备，当你将带有二维码的物体放在触摸屏上时，触摸屏上就会显示出一圈圈波纹，波纹上穿插的小球一颗颗地弹出，每颗小球代表一种可展示的传统手工技艺——八音坐唱、傩戏、蜡染技艺等。点到每一项，便会伴随着波纹弹出简介、工艺、模型、视频 4 个按钮。

群众在贵州民族文化数字体验馆影视互动体验区参与互动体验

音乐区（多点触控视听系统）通过聚音罩使参观者分类欣赏民族音乐。多点触控视听系统一级界面分为三个内容：民族之声、MV（音乐短片）、乐器之音。二级界面有相关的具体歌曲，选中歌曲点击进入三级播放界面。

视频观赏区（沉浸式体验空间）包括大型歌舞、节庆、民族特色生活等场景展示。这是一个 270° 的环绕视觉的沉浸式体验空间，能给予观众全视角的视觉冲击力。观众会被安排在最佳的观看点，以达到完美的体验。除了感受视觉的震撼，观众还可以通过智能触控桌，选择播放的内容，也可以参与到虚拟互动之中，而非只是纯观看，这将传统被动式体验变为互动式体验。

影视互动体验区（AR）。在增强现实技术支持之下，参观者可以不受到空间大小的限制，在一个空白的桌台上，手持一对一的平板设备，观看少数民族的 3D 建筑模型。参观者可以在虚拟空间中从不同角度、从不同距离观摩村寨、建筑。贵州民族文化数字体验馆利用增强现实技术，在地面粘贴一张 3D 透视梵净山景区画面作为识别卡片，当观众走进该区域，屏幕中呈现观众影像，同时屏幕中会出现几只金丝猴在观众身边打闹嬉戏，和观众互动。

虚拟主持人以贵州民族姑娘形象展现，她为游客讲解体验馆内的内容，让游客感受到科技与文化的完美结合，感受到文化共享工程先进的服务手段。

数字体验馆不仅为国内游客提供免费服务，还接待了韩国、日本等国游客，成为当时贵州对外文化宣传的重要窗口。在 2015 年首届多彩贵州文博会和首届多彩贵州少儿艺术节期间，贵州民族文化数字体验馆平均每天接待游客上千人次。时任贵州省委书记陈敏尔、省长谌贻琴，时任文化部部长雒树刚等领导先后莅临贵州民族文化数字体验馆。

作者简介

张永环（1977 年 9 月—　），男，2006 年 11 月至 2012 年 11 月担任贵州省分中心副主任，2012 年 12 月至 2019 年 9 月任贵州省分中心常务副主任。现任贵州省旅游信息中心副主任。

张　转（1979 年 7 月—　），男，2013 年 12 月至 2019 年 9 月任贵州省分中心副主任。现任贵州省公共文化发展中心宣传推广部主任。

文化共享工程记忆

——消除"数字鸿沟"，共享文化资源

扎西杰保

从 2008 年至今，作为一名长达 13 年的公共数字文化建设与服务的从业者，面对从文化共享工程到公共数字文化工程的巨大变化，在庞大的记忆数据库中不知如何提取、如何输出。

回望过去，文化共享工程项目建设、资源加工、人员培训、服务推广等各种工作占据了记忆。每一项工作、每一次经历、每一段旅程、每一段故事，都有一份回忆。当然，更少不了通过全国性的文化共享工程业务培训、交流会议、活动竞赛等工作建立起来的同行、师兄弟之间的真挚友谊。

回忆文化共享工程

2008 年 6 月，我从那曲地区的班戈县文广局调到了西藏自治区图书馆。按照西藏自治区图书馆惯例，前半年在采编部学习图书馆基础业务，之后我到典藏部下属电子阅览室工作。当时电子阅览室有典藏部副主任杜磨舟和边巴片多老师两名工作人员。杜主任带我到一个小房子看了摆放在两个机柜上的六台服务器和网络设备，机柜边还放着一台立式服务器，他说，"这是卫星服务器，可以下载国家中心的资源"，然后他因工作太忙就走了。我也没太明白国家中心是什么中心，具体下载的是什么资源。几天后，杜

主任突然让我去找一下文化共享工程下发的资源，并且跟我说，"有个文化共享工程国家中心，我们这边要承担省级分中心的工作，电子阅览室是它的一部分"。他还说，西藏文化共享工程建设尚未启动前，他在这里负责资源播放等工作。下面简单地介绍西藏文化共享工程。

平台建设。2006年，西藏自治区财政投资 380 万元人民币用于全国文化信息资源共享工程西藏分中心（以下简称"西藏分中心"）的基础设施建设，这些资金用于购买 6 台服务器、4T 存储、UPS 供电系统、电脑等机房设备。于是，西藏自治区图书馆拥有了配备 60 台电脑的电子阅览室，相关工作人员也配备了 20 台办公电脑。在此基础上，西藏分中心建立起来了。当时，西藏分中心还没有自己的网站。文化部为缩短西藏分中心与全国其他省中心的差距，进一步提高西藏地方特色资源建设和服务能力，专门下拨 200 万元人民币对我馆中心机房进行扩建，添加了 12 台服务器、60T 存储、防火墙和入侵检测等软硬件设备，同时还建设了西藏分中心官网和西藏图书馆官网两个双语网站，结束了西藏自治区图书馆没有门户网站的历史。当时西藏图书馆官网的年访问量接近 60 万人次，这数据也算可观。

之后，西藏分中心陆续在全区建立了市支中心、县支中心、乡镇基层服务网点、村基层服务网点。西藏自治区图书馆也启用图书馆自动化系统、公共电子阅览室系统等。目前，大众能够通过西藏数字文化网、西藏自治区图书馆微信公众号、双语朗读小程序和抖音视频号等途径获取文化信息资源。

因此，我记忆中的文化共享工程是西藏数字文化服务的先驱者和领头羊。它在西藏文化工作者的脑海中注入了"服务器""防火墙""网络平台"和"数字文化"等概念，让参与工程建设的人们拥有了美好的回忆与期待。

资源建设。2009年，我开始参与西藏藏戏资源专题库、《西藏民间舞蹈》等资源建设工作。在藏戏资源建设时，我参与了方案撰写工作。在制作《西藏民间舞蹈》专题片时，我有幸全程参与了拍摄工作，这个工作机会对于广电专业出身的我来说，非常难得。借此机会，我跟着专业拍摄人员学拍摄技巧、取景技巧和录音技巧。通过几次现场拍摄和跟专家老师交谈，我深刻感受到拍摄并不是所有人都能完成的，比拍摄技巧更重要的是你对西藏舞蹈的理解，你对当地文化的了解和你对非物质文化传承规律的认识。我第一次知道了农区与牧区因生产生活不同而导致的文化差异，舞蹈歌词内容差异、舞蹈动作差异和旋律的不同都与此有关。

2010 年 7 月，在丁青县拍摄文化共享工程专题片时，扎西杰宝（右一）与藏族舞蹈热巴舞表演者合影

我们每到一个拍摄点，都要对非物质文化遗产传承人、舞蹈队员进行采访，以了解舞蹈内容、服装道具特点、歌词和旋律含义。每一种舞蹈至少要拍 3 次。在南木林县拍摄土布加谐钦舞蹈时，因观众里小孩儿声音太大，拍摄连续 3 次中断。拍到第 4 遍时，突然有头毛驴在叫，拍摄又被迫停止。当时大家都比较累，情绪都比较低落，舞蹈专家突然说，"刚才我们只提醒了小孩儿不能大声喊，没说驴不能叫"。听得大家哈哈大笑，最后录音师再让大家重拍两遍后才结束。舞蹈队里年龄最大的兄妹俩，年龄都超过了 60 岁，他们不但没有怨言，还跟专家说，"只要能够把传统舞蹈录下来传给下一代，别说拍 7 遍，就算拍 10 遍都愿意"。拍完后，我们除了

有点疲惫，更多的是对舞者的尊重与敬佩。

之后两个多月的时间里，我们去了林芝、昌都、那曲、山南等地进行实地拍摄。在每个地方我们都拍摄了特色鲜明、内容独特的舞蹈。作为一名土生土长的西藏人，我对其中大部分的舞蹈一无所知。当地群众对拍摄的期待让我感到惊讶。我觉得我们的工作特别有意义，早已不在乎拍多少遍，只在乎能待多长时间，我已经深深地被这份工作所吸引。在拍摄途中，不管是秀丽的风光，还是在泥泞路段里推车，对我来说都是一种快乐。

2012 年 4 月，工作人员在拍摄拉萨尼木县尼赤派非遗传承人作品。右一为扎西杰保，右二是时任西藏自治区图书馆馆长努木，右三为西藏自治区图书馆的尼夏

2013 年，我有幸再次参与藏北格萨尔史诗专题资源建设。因为在之前的工作中对邀请专家、拍摄团队的管理和撰写文案等有一定的了解，所以我们自己带队拍摄制作了藏北格萨尔史诗专题资源。通过此项目，我们不仅有机会了解民间文化宝库之称的格萨尔史诗的内容，也认识到利用藏汉双语两种形式建设数字文化资源是保护优秀文化资源的重要途径。

业务培训。在文化共享工程工作人员的记忆中，服务培训占据不少工作时间，我们也是忙于在区内举办培训、在区外参加培训。因为我们部门只有三个人，因此杜主任和边片老师把所有出去培训、参会的机会都让给了我。他们经常鼓励我说："年轻人接触新知识比较容易，你去参加培训吧!"自 2008 年年底开始，我陆续参加了全国性资源申报验收会、技术骨干培训班、师资培训班、知识竞赛、中国文化报文化共享工程通讯员培训班等各类活动和会议。

2009 年 9 月 1 日，重庆图书馆文化共享工程援藏小分队在曲水县完成设备调试后合影。
右一为重庆图书馆的黄勇，右二为重庆图书馆的严轩，右四为是扎西杰保，
左一为西藏图书馆的杜磨舟

通过参加全国性的培训活动，我不仅能学到文化共享工程相关业务知识，也能大致了解全国各地图书馆基本情况、各地图书馆数字化发展水平，也深刻感受到我馆与其他图书馆，特别是发达地区图书馆的差距。我也实地参观了国家图书馆、上海图书馆、杭州图书馆等。其中，最难忘的是重庆图书馆文化共享工程援藏小分队来我馆工作的三个月。在这期间，时任重庆图书馆党委书记、馆长任竞，时任重庆图书馆党委副书记、副馆长张冰梅还专程来到西藏分中心，在时任西藏自治区图书馆玉珍馆长陪同下参观了西藏自治区图书馆，并就图书馆业务建设、读者服务的开展和文化共享工程的建设等情况进行了热情的交流，重庆图书馆的两位领导还要求援藏小分队一定要保持认真负责的态度去完成这次援藏任务。援藏小分队由

严轩、黄勇两位老师组成，他们每天拿着笔记本电脑在机房和办公室里工作，还手把手地教我们怎么调试服务器、交换机，怎么制作网线等。他们带领我们三人完成了西藏分中心的机房升级改造，两个双语网站建设、上线的各项工作，曲水县支中心服务器调试和软件安装工作。他们用理论联系实际的方式教会我们机房建设与运维，网站建设与管理。两位老师也成为了我的好朋友。

为了给我们举办培训，文化部全国文化信息资源建设管理中心（以下简称"管理中心"）的有关领导和老师多次到西藏开展工作。其他省馆的老师也经常到西藏来授课，他们不仅为我们传递知识，我们还同他们建立了真挚的友谊。

在文化共享工程建设工作中学习

最初，我对文化共享工程的印象是任务多、加班多、培训多、出差多、工种多、项目多、活动多，认识的人也多。因此，有种计划赶不上变化、能力达不到任务要求、西部欠发达地区赶不上中东部发达地区的挫败感和疲劳感。

作为一名文化共享工程从业人员，我经常跟管理中心、国家图书馆和全国各地图书馆老师们一起参加培训、学习业务知识，同援藏的老师一起工作。在跟老师们业务交流、学习和工作时发现，他们个个都是勤奋好学的能工巧匠，具备了扎实的专业功底和综合素质，这让我感到羡慕的同时，也鼓舞我以成为他们那样的人为目标。因此，我很珍惜每一次学习机会。他们也会毫无保留地为我们分享专业知识、业务技能、工作经验等。每一次学习交流都是一次受益匪浅的课程，这为我从事文化共享工程工作奠定了基础。

更让人感到欣喜的事是，在培训中得到聆听北京大学教授李国新、上海图书馆原馆长吴建中等名家的讲座的机会，也有机会听到全国各省分中心技术业务骨干老师们的课程，这些讲座课程为我的工作指明了方向、提供了方法。

在此基础上，我对文化共享工程相关业务有所了解，能够基本完成文化共享工程建设工作，能注意到全国性工作与西藏本地实际需求之间差距，并试图探究问题存在的原因，能够正确理解"全国文化信息资源共享工程是以网络为主要平台，资源建设为核心，为广大基层免费提供优秀文化信息资源的公益性惠民工程"这句话的含义，也认识到了消除"数字鸿沟"的重要意义。虽然在这一重大文化惠民工程建成的过程中自己微不足道，但对这份事业有了使命感、紧迫感。作为西藏文化共享工程建设工作的主要参与者，作为西藏分中心的一员，我先后参与了全区县支中心、乡镇基层服务网点和村基层服务网点的建设工作，也参与了西藏分中心网站、西藏数字文化网和西藏公共文化云平台等建设工作，以及八大藏戏、《西藏民间舞蹈》和格萨尔史诗等地方特色资源建设工作。通过利用自己刻录的光盘向基层开展数字文化服务，后又利用二维码向群众提供便捷的公共数字文化服务。在为文化共享工程奋斗的 13 年期间，我还参与公共电子阅览室建设工作和数字图书馆推广工程。2019 年，国家启动公共数字文化工程融合创新发展工作。得知这一消息后，我有种既喜悦又难舍感觉。

在长达 13 年的文化共享工程建设工作中，我虽然没有取得突破性的理论成果，也没有卓越工作业绩，但是能够总结过去的经验，从本地实际情况和需求出发，因地制宜地思考问题，尽自己所能解决问题，能够符合实情地开展公共数字文化服务，能够利用网站、微信小程序和微信公众号等媒介开展文化信息资源共享服务。因而，我也多了几分满足感。

文化共享工程促使我们成长，我们在诸多的培训中提高了技能，众多的老师为我们指明了方向。文化共享工程留给我们的不光是资源、项目和设备、设施，更重要的是西藏优秀传统文化资源。这些资源不仅服务于当地群众，也服务于全国各地热爱西藏的人们。文化共享工程为西藏公共文化事业培养了庞大的人才队伍，也为全区公共文化数字化服务提供了基础保障。共享工程的记忆是美好的，这些记忆充满了收获、感动。

作者简介

扎西杰保（1979年2月—　），男，西藏自治区图书馆馆员、网络部主任。

穿越时空的记忆

——全国文化信息资源共享工程甘肃省分中心 抗灾纪行

许新龙

岁月不居，时节如流。穿过时间的长廊，回首人生道路上所付出的奋斗，我无怨无悔。转眼间，我已经在甘肃省图书馆工作了 16 年。在这 16 年的时间里，我见证了全国文化信息资源共享工程甘肃省分中心（以下简称"甘肃省分中心"）的茁壮成长，经历了甘肃省分中心从挂靠运行到正式成立，经历了全省文化共享工程从试点建设到整体推进。时光流逝，有些人、有些事早已在时间的长河里失去了色彩，而留在记忆深处的那些刻骨铭心的救灾慰问经历，是我终生都不会忘记的。

陇南、天水地震抗灾

制订抗灾计划。2008 年 5 月 12 日，我国四川省汶川发生了特大地震灾害，甘肃省陇南市和天水市处在受灾范围内。地震发生后，为贯彻落实文化部、甘肃省文化厅关于"送文化到灾区"的指示精神，6 月 2 日上午，甘肃省图书馆召开领导班子会议，专题研究服务灾区工作。会议决定，组建甘肃省图书馆文化服务队，由我来带队，从业务处、会展中心、甘肃省分中心、行政办公室等部门抽调责任心强、综合素质高、具有奉献精神的人员，专程赴陇南、天水地震灾区开展文化服务活动。

此次文化服务队前往地震灾区的主要任务是赠送视频播放设备、光盘资源，了解灾区情况，为灾区群众播放影片，提振抗灾信心等。赠送和播放的资源内容主要包括地震预防知识、震后自救、灾区防疫、食品安全、心理援助和文艺节目等。文化服务队选择灾区人员相对集中的地方播放影片，将文化送到灾区人民身边，使他们振作精神，坚定信心。

抗灾行程。在为期5天的抗灾救灾文化服务活动中，文化服务队一行五人先后奔赴陇南市武都区、康县、成县，天水市秦州区、麦积区等地，住帐篷，睡通铺，啃馒头，吃方便面，克服路途崎岖艰险、山石滑落、余震不断等困难，行程1400多公里，深入灾区图书馆、乡村、学校，开展文化服务活动，将文化送到灾区群众身边。

6月3日早晨，文化服务队从兰州出发，首先到达天水市图书馆了解灾情，实地察看了图书馆大楼的受灾情况，并向天水市图书馆赠送了已准备好的视频播放设备和光盘资源。

2008年6月3日，文化服务队在成县

随后，文化服务队奔赴此次地震的重灾区之一——陇南市康县。在地震中，康县房屋损毁比较严重，尤其是农村。我们6月3日下午到达康县县城，经过一些乡村时，灾区村民有的住在自己用竹竿、木棍、农用薄膜、编织袋、草席等材料搭建的简易房屋内，简易房屋空间很小，人在里面无法直起身来，而且雨天简易房屋就会漏雨。文化服务队一行在时任康县图书馆馆长王森虎的陪同下，登上自地震发生后再没有人员进入的图书馆大楼，只见大楼到处都是跌落的水泥块、墙皮、书架、图书，墙体多处裂缝，顶棚脱落，部分门窗变形，大楼受损情况非常严重。据介绍，经康县建筑工程质量监督站鉴定，大楼已变成危房。图书馆的工作人员在临时搭建的简易帐篷里值班和办公，所有人员都在积极自救和重建家园。

6月3日晚上，文化服务队先后在一处救灾帐篷搭建相对集中的居民区和一家幼儿园中，播放文化共享工程宣传影片、地震预防知识和有关文艺节目。灾区群众拿着自己家里的小板凳，围坐在投影屏幕前，观看文化服务队为民众精心挑选的优秀视频节目。播映活动从晚上7点开始，一直到夜里11点多结束，观众达100余人，播映得到了群众的广泛欢迎。文化服务队还给康县图书馆赠送了光盘播放设备和有关防震抗震知识的光盘资源，为康县图书馆引导民众开展震后自救、灾区防疫、心理援助等活动提供帮助。

2008年6月3日，许新龙（右）在康县向时任康县图书馆王森虎（左）提供用于
开展文化共享工程服务的设备

6月4日，文化服务队来到陇南市武都区，这里是此次四川汶川大地震波及甘肃的又一重灾区。服务队在时任武都区文体局党支部书记李建民、时任武都区图书馆馆长徐立荣的陪同下，了解了地震造成的损失情况。李书记详细介绍了5月12日当天地震发生时的情况和震后区文化系统开展自救的工作。这次大地震给武都区造成了巨大的破坏，损失非常严重。在武都区图书馆馆长的带领下，我们来到武都区城西的旧城山，这里是此次地震破坏和损失最严重的地带之一，当地居民的住房绝大多数被震倒或变成危房。从山上俯视城区，沿白龙江两岸的长江大道上搭满了形形色色的救灾帐篷。

庆幸的是武都区图书馆所在的大楼在本次地震中受灾较轻，图书馆所受到的破坏不大。自5月12日发生强烈地震后，这里余震不断，武都区图书馆在开展自救的同时，从5月15日起，克服诸多困难开始正常接待读者。当天晚上，文化服务队在武都区莲湖公园旁边的救灾帐篷区，播放了震后自救知识和儿童喜欢的优秀影片《大灌篮》等。观看节目的人们围得里三层外三层，许多小朋友蹲在地上看得津津有味，不断发出笑声。观众超过200人，播放活动从晚上8点开始到午夜结束。播放活动结束时，观众还依依不舍地不愿离去。

2008年6月4日，文化服务队在陇南市武都区为灾区群众播放影视作品

6月5日，武都区气温高达35摄氏度，文化服务队一行在被地震破坏后才抢修不久的山间便道上艰难跋涉。我们一行人来到了几天前时任中共中央总书记胡锦涛同志刚刚视察过的武都区马街镇姜家山村。由于"5·12"汶川地震造成山石塌方，原本就不宽敞的山路更加难走，这里一度与外界隔绝。兰州军区官兵日夜奋战，抢修出一条汽车勉强能够通行的便道。姜家山村的海拔接近2000米，村里住着两百余户人家，在此次四川汶川特大地震中，这个村子几乎被夷为平地。文化服务队一行在村民的带领下，沿着胡锦涛同志视察过的路线拍摄了一些灾情照片，并向村民询问了有关灾后重建、群众文化需求等方面的情况。

6月6日上午，大雨如注。文化服务队离开陇南市武都区，前往另一个受灾区——成县。经过长时间的山路颠簸，我们来到了康县豆坪乡豆坪村，地震对这里造成的损害令人触目惊心，现场几乎看不到一间完好的房屋。下午，文化服务队一行来到成县图书馆。汶川地震对该县造成了巨大损失，县图书馆大楼整体倾斜，楼内图书架倒地，图书洒落满地，墙体部分裂缝，楼顶漏水严重，对外服务停止，只留有值班人员监视楼房变化情况。由于大雨一直下个不停，原计划开展的文化共享工程优秀电影播映活动被迫取消。我代表甘肃省图书馆和甘肃省分中心向成县图书馆赠送了视频播放设备和光盘资源。

6月7日，文化服务队一行离开陇南成县，前往天水市麦积区了解当地文化部门的受灾情况。在时任天水市麦积区文化局党委书记、三馆（图书馆、文化馆、博物馆）馆长田德海的陪同下，文化服务队一行来到麦积区文化中心察看。与陇南市的受灾县区相比较，这里的受灾程度轻一些。虽然大街上救灾帐篷随处可见，但图书馆开展的一些活动还是吸引了大量的读者，各阅览室都有前来学习、阅览的读者。

田馆长介绍说，在这次"5·12"汶川地震中，天水的震感相对要弱一些，但还是引起了市民的极大恐慌，部分地方受损比较严重，幸运的是三馆受灾程度比较轻。由于保护措施得当，区博物馆中保存的文物一件都没有损坏。同样，我们向麦积区图书馆赠送了视频播放设备和光盘资源。

甘南州舟曲县泥石流抗灾慰问

2010 年 8 月 7 日夜至 8 日凌晨，甘肃省甘南州舟曲县发生强降雨，并引发特大泥石流，造成重大人员伤亡和财产损失。泥石流堵塞白龙江形成堰塞湖，县城大部分被淹，部分电力、交通、通信中断。党中央、国务院高度重视，时任国务院总理温家宝同志率国务院有关部门负责同志赶赴受灾地区，现场指挥抢险救灾。

甘肃省图书馆、甘肃省分中心全体干部职工第一时间做出反应，积极向舟曲灾区伸出援助之手，向舟曲县图书馆职工了解情况并表达深切慰问。当得知 2 名职工遇难和 15 名家属受灾时，大家心情非常沉重。9 月 27 日至 29 日，甘肃省图书馆、甘肃省分中心组建文化服务小分队，由我带队赴灾区开展慰问活动。

2010 年 8 月 25 日，时任文化部全国文化信息资源建设管理中心主任张彦博（右一）
在甘肃省图书馆副馆长许新龙（左一）陪同下，前往甘肃省敦煌市支中心
调研指导工作

经过曲折的跋涉，小分队抵达了舟曲。我们向舟曲县图书馆在泥石流中遇难的两位职工家属赠送了慰问金，并对舟曲县图书馆所有职工表达了深切的问候。同时，我们向舟曲县图书馆赠送了 500 余张精心制作的光盘，还转赠了文化部全国文化信息资源建设管理中心党支部捐赠的录音机、移动播放器、"文化共享铸信心 齐心协力建家园"专题资源。我们详细了解了图书馆灾后恢复重建情况以及群众文化生活需求，我们还为灾后图书馆的重建提供了帮助。

定西市岷县灾后帮扶

2013 年 7 月 22 日，甘肃省定西市岷县发生了 6.6 级地震，造成重大人员伤亡和财产损失。灾情发生后，甘肃省分中心密切关注着灾区情况。我与全国文化信息资源共享工程岷县支中心多次沟通与商讨。为了便于全国文化信息资源共享工程岷县基层服务网点能够积极组织开展各类群众喜闻乐见的文化活动，解决灾区群众获取信息难、业余文化生活匮乏的问题，以文化服务支援灾区群众，我们于 2013 年 9 月 16 日在岷县举行全国文化信息资源共享工程流动服务设备捐赠仪式暨技术培训班。时任文化部全国公共文化发展中心副主任刘惠平代表全国公共文化发展中心，向我省受灾地区基层服务网点赠送了 18 台笔记本电脑，投影仪、音箱等设备，精心制作的各类视频资源。同时，甘肃省分中心也向灾区支中心、基层服务网点赠送了资源光盘 1000 余张，光盘内容涵盖抗灾救灾、生产自救、心理安抚、疾病防治等。

2013 年 9 月 16 日，全国文化信息资源共享工程流动服务设备捐赠仪式暨技术培训班
在岷县举行

　　甘肃省是一个地理环境复杂的省份，受气候变化等因素的影响，省内地质灾害时有发生。甘肃省分中心能够在灾难发生时第一时间组建文化服务队，奔赴灾区救灾，组织指导各市、县支中心和基层服务点积极展开自救、互救，并在灾区开展一些有关灾难预防、灾后自救、灾区防疫等方面的文化服务活动，使灾区人民能够及早地摆脱困境，重建美好幸福新家园。在开展文化服务活动的过程中，随处可见"一方有难，八方支援"的人间真情。这些抗灾救灾的驰援行动传递着人间真情，将永远镌刻在历史的记忆中。

作者简介

　　许新龙（1963 年 1 月——　　），男，甘肃图书馆党委委员、副馆长，研究馆员，主要从事图书馆管理、数字化建设和读者服务工作。

廿年之路

——文化共享工程青海拾光

闫卫军

前不久的一天，在青海省图书馆停车场偶尔瞥见角落里的一辆孤零零的车，似曾熟悉的外形和号牌，但原本通身的湖蓝已被暗淡的灰白所覆盖，它在满是枯叶的地面上静静地停着，丝毫不起眼。似乎是完成了使命已被遗忘，又像是积蓄着力量等待着召唤。却正是这辆车，在过去的近 20 年里，它披着灵气的蓝外衣，载着文化共享工程配发的设备，也载着一代图书馆人的青春与激情，精灵般穿梭在青海省 72 万多平方公里的大地上，几乎跑遍了全省县乡图书馆和文化馆（站），见证了青海各级图书馆由传统型到数字型的跨越式变革。

这场变革始于 2002 年，始于由文化部、财政部共同组织实施的一项国家重点文化惠民工程，即文化共享工程。它主要依托各级图书馆、文化馆（站）等公共文化单位，通过互联网、广播电视网、无线通信网，应用现代信息技术，将中华优秀文化信息资源进行数字化加工整合，在全国范围内实现共建共享。为此，文化部设立了负责管理文化共享工程的国家中心，即文化部全国文化信息资源建设管理中心（以下简称"管理中心"），各省（自治区、直辖市）在省级图书馆设立分中心，各省（自治区、直辖市）市县图书馆设立支中心，管理中心负责组织协调、配发设备、技术培训，各地分、支中心负责工程的具体实施工作。我省的文化共享工程建设任务自然就落到了青海省图书馆的身上，全国文化信息资源共享工程青海省分中心在青海省图书馆挂牌成立。那时，我正就职于青海省图书馆网络管理中心，于是就责无旁贷地投身到了这项事业中，也开启了一场难忘且激情澎湃的旅程。

工程的任务目标已然确立，年度考核要求也已下达，我省前期摸排考察工作紧锣密鼓地开展了起来。时任青海省图书馆馆长于立仁此时却愁眉不展，因为我们急需一台既能翻山越岭，又能拉人载货的车辆开展工作。当时馆里有两辆车用于公务：一辆半新的桑塔纳；一辆省文化厅赠给我馆的车，已开了很久，油耗也大。买辆车总得有个理由吧？于是趁着考察海西州下辖市县图书馆和送书下乡的机会，于馆长邀请青海省文化厅计财处和社文处的两位处长一同前往。

2004 年 8 月 28 日一大早，天气晴朗，空气极佳，馆里的肖青海、王有军两位师傅和我陪同三位领导出发前往 800 公里外的目的地。我之所以把这个日子记得如此清晰，是因为 29 号的凌晨发生了一件激动人心、令人振奋的事（什么事？容我稍后交代）。坐在由肖师傅驾驶的那辆省文化厅赠给我馆的"老爷车"中的 3 位领导，也许是久坐办公室的缘故，一路上有说有笑，心情大好。途经美丽的青海湖时，我们看到艳阳下湖水微澜，波光粼粼，水鸟不时掠过湖面，水天一色，湖水几乎要与天际相连，却又被地平线尽头黛色的山脉拦腰折断，山顶上白皑皑一片，也分不清是常年的积雪还是天边的云朵。佳景如斯，怎不令人陶醉？早上的时光就在满车窗的美景中一晃而过。中午在都兰县吃过饭后，奔跑了一上午的"老爷车"终于出现了状况。彼时我省的高速路虽然还没有现如今这样发达，但路面平坦且少车，机器充分运转几个小时后，这辆旧车的水箱里的水就时不时沸腾，师傅就不停地找水。好在路边用于浇灌的沟渠很多，流淌的水清澈冰凉，换过后继续赶路，想着到了格尔木再想办法。过了海西州境内的万丈盐桥，如今的网红打卡地"天空之境"时，离格尔木不过百来公里，"老爷车"的水箱里的水开始频繁地沸腾，每跑10公里左右就得换1次水。2位师傅重复着一样的操作，剩下的人束手无策，百无聊赖地四处张望着。若早知道那一个盐湖能成为十几年后的旅游胜地，我一定建议当时在场的几位都前去观赏一番，免得日后再专程坐旅游列车去拍照留念。终于在又一次停车后望见了城市，格尔木市图书馆的同事们早已望眼欲穿。见面握手，寒暄问候，安顿住处。我们折腾了一路，草草吃了晚饭，全都进房休息，余下的事只好明天再办。我惦记着雅典奥运会中俄女排决赛，困意全无，急忙打开电视等候，有幸见证了一场跌宕起伏、扣人心弦的大战。中国女排由0:2落后到3:2逆转取胜，女排精神体现得淋漓尽致，我的心情也由沮丧到兴奋直至激动不已！第二天我起床时，早已日上三竿。心想着完了，误事了，急忙跑下楼。两位师傅在修理水箱，更换零件，领导们去格尔木市图书馆考察、送书还未回，宽厚的他们并没有叫醒我。

2007年4月，全国文化信息资源共享工程海晏县支中心挂牌成立

我马不停蹄地整装、吃饭。车也修得差不多了，回去的路上还要到两个地方去送书，我们急忙踏上归途。"老爷车"在老司机的手里很服帖，一路疾驶翻过必经的橡皮山（山名），车轮前展现出一条笔直的回家路，左手边夜幕下的青海湖缥缥缈缈，泛着雾气，宛如仙境，前车窗里装不下的

一轮明月，如磨盘般大，为大地洒下无尽的银色光芒。月宫影影绰绰，仿佛抬手可触，月兔此刻不再是传说，让人不得不相信嫦娥姑娘果真就住在里面！

披星戴月地赶路，终于到达早已安静下来的西宁城。当把两位疲惫不堪的处长送到住处时，他们很是无奈地说："图书馆下基层的车应该换了！"2005年4月，新车到位。

一项事业的完成，总离不开一群不计得失、兢兢业业的人，我无时无刻不被他们所感动！工作中总伴着危险的不期而遇。我们安装卫星天线时，有些老旧楼房的外墙爬梯因年久失修而变得不牢固、晃动，这种情况我们总是遇到。有一次，我的同事李玉彬在攀爬到一半时，固定在楼体内的钢筋因受力而突然从墙体内滑出，他的整个身体也随之180度转向，仅靠一侧手脚支撑着，人悬在半空，惊险至极！地面上的人都张着嘴望着他，大气都不敢出。幸好他平时注重锻炼身体，缓过神后，慢慢爬了下来。不得已更换安装卫星天线的位置后，我们依然出色地完成了工作。这件事后，我们的前期准备更加细致，我们在思想上也重视了起来。

但有些危险却是不可预知的。一次，随时任省文化厅社文处副处长邱杰和时任省图书馆副馆长刘正伟前往距省城六百里外的海北州祁连县图书馆考察文化共享工程工作，邵新华师傅开着前不久刚更换的新公务用车，一路喜滋滋！邵师傅驾车是出了名的稳，任凭身后的卡车一辆辆呼啸而过，也任凭车上的人调侃，他却总能目视前方，专心致志地开车。我们笑归笑，心里也深知他手握一车人的安全，必须如此。即便是谨慎至极，在翻越海拔3800米的大阪山时，天空飘着雪，邵师傅更加小心，车子缓慢前行，好不容易到达山脚下。在转弯时，由于路面结冰，车子开始打着转儿向坡下滑行，尽管邵师傅全力操控车子，但汽车始终倔强地不听使唤，终于一头栽到路边一米多深的泄洪沟里后才被迫停下了。有惊无险，没有人受伤，但都面面相觑。几个人使出浑身力气把车推了出来。车子底盘受损，但能开。我看到邵师傅满脸的心疼，直到车回西宁修理后，他的心情才缓和了些。

要数省图书馆的肖青海师傅最可爱！他性格豪爽，身材高大，笑容总挂在脸上，是位"多面手"，干起活来非常麻利，修理车辆、安装设备、电工活都是一把抓。在接到文化共享工程的任务时，他已近五十岁了，但摸高爬低的本领令我们汗颜，自愧不如。他口袋中常备的阿司匹林，被视为"灵丹妙药"。工作中谁有个头疼脑热，也不管是不是高原反应，立刻掏出递给你吃，说包治百病。一次安装卫星天线，楼顶中间区域铺设了防雨层，天线底座无法固定，只能将卫星天线安装在楼顶边缘。天线旋转对准卫星时，用于接收信号的高频头就伸出了楼外。一切就绪，就等微调高频头接收资源。肖师傅自告奋勇，被我们在腰间系一根粗麻绳拽住，他够着身子去调整高频头。那一瞬间被我用相机记录了下来，以期日后去向上级"邀功"。应该是拍摄角度的原因，照片中的他看起来距地面很高，半个身体探了出去，右手努力地够着设备，身后的两个人拉着绳子。之后，照片被肖师傅炫耀给爱人看，爱人惊得没合上嘴。他的爱人来单位找馆长，质问道："怎么图书馆工作人员还能从事如此危险的工作？"时任省图书馆

2010 年 8 月 27 日，时任管理中心主任张彦博（右五）、时任管理中心培训指导处处长刘刚（左一）以及时任省文化厅社文处处长边振刚（右四）、闫卫军（左二）等人在玉树地震后慰问全国文化信息资源共享工程玉树支中心工作人员

馆长于立仁一时语塞,只能耐心听完指责并保证注意安全。事后,我们被馆长臭骂了一顿,无人再敢提"邀功"之事。非常遗憾,这张照片随着相机报废一起消失,肖师傅的那份自信和洒脱只能留在我们的记忆里。

2010年4月14日,青海省玉树藏族自治州发生强震,人员伤亡,财产受损。管理中心得到消息立刻联系了省图书馆领导,询问情况,商议玉树州(现称玉树市)图书馆灾后重建的事。很快,援助的设备就到位了。时任管理中心主任张彦博和时任管理中心培训指导处处长刘刚带着"文化共享人"的问候来到了玉树。时任省文化厅社文处处长边振刚和我陪同前往,我们也是灾后首次来到玉树。街道两旁还未来得及清理的残垣断壁随处可见,瓦砾石块滚落得到处都是,车辆鸣着喇叭疾驶,人们都行色匆匆,宽阔些的场地和远处山坡上扎满帐篷,整个县城笼罩在喧嚣的尘土当中。迎接我们的时任青海州图书馆馆长扎西不是想象中强壮的藏族汉子,精瘦精瘦的,由于常年生活在高海拔地区,嘴唇青紫,疲惫写在脸上。张彦博和刘刚关切地问到馆舍和馆里工作人员的情况,并把设备清单送到扎西手中。临近中午,热情的藏族馆长邀请我们去他和家人临时搭建的防震棚中做客,他亲手用青稞炒面拌着酥油白糖还有一种被藏族同胞称作"曲拉"的调味品制作了他们的日常食物——糌粑,并与我们分享。我知道这种食物外地人一般难以下咽,可实在是盛情难却。两位北京人居然吃得津津有味,全部吃了下去!

文化共享工程促使全国参与到这项工作的人们组建成一个大家庭,不时相互交流学习,每一个人都骄傲地称自己为"文化共享人"。每到一处,"文化共享人"甘于奉献、埋头苦干的事迹不胜枚举,比比皆是。我深深地感到,和一群志同道合的人一起奔跑,一起努力,是我人生中一件美好的事!

随着工程的全面展开,数字资源建设成为工作重点。我省自建的三江源文化资源数据库得到国家资金和技术上的大力扶持,我们的足迹也深入到长江源头、黄河腹地、高山草甸。

最美的风景总在最远处。在我们数字建设队伍的镜头里，隽秀的日月山孕育了文成公主和松赞干布浪漫的爱情故事，碧波万顷的青海湖吸引着四面八方的来客，雄伟庄严的塔尔寺领受着朝圣人虔诚的膜拜，这一幅幅优美的长卷在青海铺开。

果洛州班玛县由于植被丰富，气候温润，被称作果洛的"小江南"，是中国工农红军二万五千里长征唯一经过青海的地方。班玛县玛柯河林场前往久治县途中有一条沟被叫作"红军沟"，原名"子木达沟"，正是为了纪念工农红军而被当地藏族群众改了名。在纪念红军三大主力会师七十周年之际，我们到此进行主题拍摄。沟中树木林立，荆棘丛生，有潺潺溪水自上而下流着，溪水清澈见底。石壁上刻有"北上响应全国抗日反蒋斗争！安庆宣"的字样，至今清晰醒目。如今这处遗迹早已被我省重点保护起来。玛柯河贯穿在整个林场中，随着地形深入山林，河面由宽阔变得狭窄，水流由平缓变得湍急。依河而建的公路顺流而下，蜿蜒盘旋于遮天蔽日的森林中。空气也带着甜滋滋的味道，让我们忍不住想多吸两口！车子很快驶出林场，过了前面不远处的垭口，山下又展现出另外一幅画面：一条"白练"由远山中倾泻而下，犹如仙女拂向大地的衣袖，在残阳中格外显眼。绿茸茸的高山草场就好像裁剪得当的羊绒毯，随着地势有时平铺，有时倾斜。"白练"此刻又变身为一支画笔，恣意地在毯子上勾勒出各种图案。牧民逐水而生，散落水边的帐篷上不时飘着袅袅炊烟。

青海省文化共享工程发展的主体是全省各级公共图书馆，乡镇、街道文化站以及社区、村文化室等，工程要求各种文化服务设施站点紧密相关，互相促进，形成覆盖全省的服务网络，努力实现"进家入户"的战略目标。

随着文化共享工程的深入开展，青海省在省委、省政府正确决策以及各级文化行政部门的努力下，借助国家资金和技术的支持，抓住机遇，大力发展，积极推进工程建设。文化共享工程在青海省投入过亿，建设有省级分中心一个，县级支中心 43 个，覆盖率达到百分之百。建成乡镇、街道基层服务网点 283 个，村基层服务网点 4170 个，极大地改变了我省文化服务设施落后的面貌，紧随全国先进省份的步伐，实现了跨越式发展的目标。

各县支中心配备有中心机房和电子阅览室，各类硬件包括服务器、磁盘阵列、交换机、防火墙、不间断电源、非线性编辑设备、计算机、投影仪、数码摄像机、液晶电视、触摸屏、卫星接收设备等，内外网通过光纤连接，安装有图书馆业务管理和资源加工管理软件，具备了办公自动化、业务工作和读者服务网络化、文献加工与服务数字化的功能。乡镇、街道基层服务网点均配有卫星接收系统和设备，文化服务水平极大提升，服务能力明显增强。

我省各级图书馆服务能力的提高依靠的是一支长期扎根县乡、敬业的专业队伍。省图书馆多年来不间断地进行各种业务培训，或集中学习，或深入基层指导，培养了 300 余人的专业队伍，为群众提供专业服务。

资源建设是文化共享工程的核心，为群众提供优质的数字资源是文化共享工程的目的。工程实施期间，我省根据不同的服务规模和对象，分别安装了国家中心下发的"千里马"资源 1200GB，配发光盘 8.8 万余盒，为我馆自建的三江源文化资源数据库拍摄反映青海风土人情、人文景观、名胜古迹、非物质文化遗产的专题片 113 部，共约 2260 分钟。乐都县图书馆利用暑期在文化广场露天开展优秀革命影片展播活动，吸引了成千上万的观众观看。人们一边纳凉，一边回味旧时乐趣，同时重温革命情怀，反响非常热烈。湟中县图书馆自提供数字资源后，50 个座位的电子阅览室天天爆满，几个月下来座椅几近报废，可见群众对各种信息资源的巨大需求。省图书馆多次深入田间地头开展农民工技能培训，诸如大棚蔬菜养殖、农家乐经营等等，同样深受欢迎。正因为有了文化共享工程这个项目，我省图书馆的服务方式由被动迎接转化为主动出击，使得我省图书馆的服务范围和效果更广、更好。

　　文化共享工程的实施，对身处西部内陆省份的我们来说意义更大，不仅体现在馆舍面积的扩充、硬软件的更新、数字资源的新建上，更是打破了文化信息资源共建共享的"瓶颈"，使"老少边穷"地区的群众也能享受到全国范围内的文化精品，也使我们地区的文化艺术珍品能有机会展示给全国读者。

2003 年 4 月，青海省图书馆开展"文化共享长征行"活动

　　日月如梭，文化共享工程迎来实施二十周年纪念。一路走来，时间改变了容颜，岁月淡然了心境，只有那份执着和激情无法改变，感谢在最美的时光遇见你！

　　又去角落看车，它依旧沉寂于尘埃里，似乎什么都没发生过。与它如老朋友般相望，它仿佛在告诉我，沉默却从未沉沦，它代表着一种精神——做人甘为人后，做事敢为人先，为奋斗的事业永不停歇，一直走在路上！

作者简介

　　闫卫军（1970 年 10 月—　　），男，青海省图书馆馆员，从事文化共享工程十余年，现在青海省图书馆学会工作。

日染一瓣　则春深矣

——宁夏文化共享工程成长掠影

张明乾　王　岗　李　刚

　　这是一个漫长的、渐进的过程，一个充满了困惑、枯燥，甚至痛苦的过程，然而坚持下来，在不知不觉中获得一种新的感受方式和思维方式——日染一瓣，则春深矣。在时隔多年后，共享的理念在这片土地上开花、结果。回首往昔，一些人，一些事，一些风景，一些情怀永远铭刻在心里，留存在记忆深处。

零的突破

　　2000 年前后，城市俨然已被如雨后春笋般出现的网吧包围。

　　互联网、信息技术等新概念纷沓而至，更新了人们的认知，一个崭新的世界正在以迅猛的速度蓬勃发展。科技的快速发展使人们获取信息的渠道和文化娱乐方式丰富了许多，而宁夏图书馆却在新信息技术时代中搁浅了，似是一个等待拯救的、被这个新世界遗落的"部落"。1996 年，宁夏图书馆购买了一台 486 电脑，用于文字材料打印。1999 年，西部大开发战略正式启动，为西部经济、社会全面跨越式发展铺平了道路，特别是为西部信息化建设进程的加速提供了广阔的空间和强有力的政策支持与倾斜。2001 年，宁夏图书馆用专项资金购买了 30 台电脑，建立了电子阅览室。设备有了，人呢？满眼望去，馆里没有一个懂电脑的。馆领导颇费心思，选出 6 名员工组成了第一批电子阅览室管理人员队伍。几个"机盲"面对着 30 台电脑束手无措，仅凭着一股子韧劲和一腔热情，硬着头皮咬着牙，找来相关书籍快速恶补，照着说明书辨识各个硬件，鼓捣了一周后安装好了电脑，30 台电脑终于整齐地安置在电脑桌上了。然后，学习软件安装，学习打字，组建馆域网。与宁夏数据处理公司合作，接入 2 兆 DDN（数字数据网）专线，开展网络信息浏览、查询、检索以及数据库检索和馆员计算机培训等服务。几个人边干边学，尽管这样，仍然很难保障电子阅览室对外服务的顺畅运行。馆领导出面，与宁夏科学技术情报研究所合作，共享他们所购买的《维普科技期刊数据库（镜像）》，开通全文数据库检索服务，同时由宁夏科学技术情报研究所派驻一名技术人员，以 1 年为期，协助电子阅览室工作，全面培训专业技术人员。

2003 年 1 月 8 日，宁夏回族自治区图书馆电子阅览室

到 2004 年下半年，以宁夏图书馆电子阅览室为平台，全国文化信息资源共享工程宁夏分中心（以下简称"宁夏分中心"）正式挂牌，此时电子阅览室的工作人员都能独当一面。后来，他们或成为宁夏图书馆的技术中坚，或成为宁夏地区开展文化共享工程建设的中流砥柱。文化共享工程的实施

为宁夏各级公共图书馆提供了一个千载难逢的契机，开启了宁夏公共文化信息基础设施建设之路，宁夏各级公共图书馆实现了跨越发展，且宁夏地区图书馆信息技术队伍建设也由此起步。

文化共享工程之"贺兰模式"

2004 年，宁夏启动文化共享工程建设，贺兰县作为试点地区首先开展文化共享工程建设工作。在当地网络发展还比较落后，只有一套卫星接收设备的情况下，时任全国文化信息资源共享工程贺兰县支中心主任（贺兰县图书馆馆长）蔡生福，为了加快文化共享工程资源利用，积极接收文化共享工程资源，主动调查了解农户在种养过程中遇到的难题，把适合本地的资源进行再次分类，按照类型分别建立文件夹，并编号打印节目单。为方便农民朋友使用资源，蔡生福根据本地情况，决定采取"光盘服务"模式。他精心挑选了农业种植、养殖技术光盘，在没有专项资金支持下，他自掏腰包垫付购置了光盘拷贝机和光盘刻录机，将所接收的信息制作成农民需要的 VCD（影音光碟）和 DVD（高密度数字视频光盘），共计 5 万多张。

2009 年 8 月 7 日，蔡生福（左二）带领工作人员在贺兰县金贵镇集市为农民群众发放文化共享工程资源光盘

在服务的过程中，蔡生福把为基层群众服务的战线拉到了农民的田间地头。他每月至少带领馆员下乡 4 次，去农贸市场，去基层种植、养殖点，进农村，进温室大棚，带上宣传单，带着农民需要的光盘，利用各类宣传活动为农民朋友免费发放，让政策理论、法律法规、农业科技、致富信息以及各方面的先进文化信息走入农民家中。在推广资源的过程中，当了解到农户在种养过程中遇到的难题时，蔡生福及时向文化共享工程国家中心反馈，文化共享工程国家中心则通过文化共享工程相关渠道以最快速度下发相关资料。文化共享工程的资源让贺兰县的农民掌握了技术要点，学会了科学的种植养殖，这里的农民把文化共享工程亲切地称为"农民致富的好帮手"。

贺兰县借助文化共享工程把先进文化知识与扶贫资源送进千家万户，让干部受到教育，让农民得到实惠。蔡生福带领贺兰县图书馆探索的"跨系统＋资源深加工＋光盘刻录配送"服务模式，被文化部领导誉之为"贺兰模式"。2006 年，贺兰县作为文化共享工程资源应用的典型代表，在文化部召开的文化共享工程经验交流会上发言。2007 年，中央电视台《新闻联播》对"贺兰模式"进行了报道，蔡生福还被邀请做客央视《新闻会客厅——决策者说》栏目。2008 年，贺兰县被文化部命名为全国文化信息资源共享工程示范县。

一路花开——培训活动与推广活动

宁夏文化共享工程前期工作举步维艰，有关工作难以正常开展。2004 年下半年，自治区财政拨付了专项启动资金，宁夏分中心进行了相关技术人员的培训。由于宁夏各市县图书馆（支中心）技术人员及站点管理人员学习能力弱及设备安装条件有限等原因，宁夏文化共享工程建设初期的培训工作主要以点对点的模式、手把手的形式进行。宁夏文化共享工程建设之初，宁夏各市县图书馆（支中心）和设备安装基层站点都没有配备专职管理人员，大部分专职管理人员都由图书馆领导和乡镇干部兼职，他们同时还兼职其他工作。为了将文化共享工程建设持续推进下去，宁夏分中心的老师分组、分批次前往不同的市县图书馆和站点进行点对点的培训服务。有一次，已经连续几天在基层点辅导培训的陈公维老师正在家调休，突然接到电话，"陈老师，黑屏了，赶快来呀，咋办呢？"陈公维老师问了问情况，见来电人也说不清楚，立马撂下电话，请示宁夏回族自治区图书馆领导后，直奔长途车站，坐了 3 个多小时的车赶到了目的地。一进屋，连口水都没喝就开始检查线路、插座、插头，最终发现，原来是电脑电源没有接好。在一些山区，由于 DDN 专线无法接入，于是就在这些地方安装卫星接收设备。宁夏分中心的工作人员从如何安装卫星接收设备、如何使用卫星接收设备、如何给电脑开机、键盘和鼠标如何安装到电脑上、如何使用键盘打字等这些最基础内容进行培训。在培训时，多数情况下是一个站点花费一天的时间。于是，从一大早就开始，拉水泥，备沙子，架起卫星"锅"，等到调试卫星接收设备时已是正午。卫星接收设备安装好之后，工作人员还要用沥青把屋顶补修好。烈日下，沥青把鞋底都粘住了，一使劲儿，脚出来了，鞋还粘在沥青上。那一刻，工作人员的身影如雕塑一般定格在人们眼里。

2007 年 5 月 22 日，宁夏分中心工作人员为石嘴山隆湖经济开发区文化中心安装文化共享工程卫星接收设备

　　2009 年，文化共享工程在宁夏实现全覆盖后，各市县支中心及乡镇、村基层服务网点的设备配置和性能都有了很大的提升，急需快速提高各级管理人员的业务能力。由于乡村管理员业务水平参差不齐，且各行政村较分散，统一培训难度大、针对性差，于是宁夏分中心深入调研，制订了按行政区划集中、上门培训的方案。为了把基层服务网点培训工作做好，宁夏分中心做了充分准备，不仅发放了大量介绍文化共享工程的宣传资料，而且还将设备操作、安装与维护的过程制作成视频光盘，发给每位参加培训的学员。在培训工作的具体实施中，还通过现场投影播放文化共享工程宣传片，在每位学员对文化共享工程有了一定的了解和认识的基础上，再认真细致地讲解设备的使用与维护。同时，具体结合当地实际，注重培训的普及性和实用性，对文化共享工程基层服务点、新农村信息服务站的信息员进行培训。

　　"十三五"期间，宁夏分中心组织各基层服务网点专兼职人员开展集中培训、网络培训，指导各基层服务网点开展服务工作，提高市县支中心技术人员的管理水平、业务素质及服务能力，为各地区组建了稳定的、适合文化共享工程建设需要的服务队伍。

　　为此，宁夏分中心引进新的培训理念，增添了新的培训形式和内容讲解方式。宁夏分中心采用"走出去、请进来"的方式做好集中培训。宁夏分中心分别在 2018 年、2019 年在杭州和重庆两地举办宁夏公共数字文化建设和服务培训班，让宁夏公共图书馆和基层服务网点的管理人员走出宁夏，实地了解全国各地图书馆及基层服务网点的建设情况。如 2018 年宁夏分中心在杭州举办的宁夏公共数字文化建设与服务培训班，来自宁夏全区各市、县（区）公共图书馆馆长、业务骨干共 66 名学员参加了培训。培训期间，宁夏分中心分别邀请了时任超星集团副总经理、原成都理工大学图书馆副馆长叶艳鸣，时任浙江省图书馆副馆长刘晓清，时任宁波大学图书馆馆长颜务林，时任嘉兴市图书馆馆长沈红梅等专家学者开展专题讲座，这些专家学者还对如何做好阅读推广及数字化阅读的趋势、如何利用"互联网＋图书馆"、今后图书馆事业如何创新发展等问题提出了建议，他们为宁夏各公共图书馆今后的发展指明了方向。同时，会议还安排了案例分享环节，并分别选取了参会的几个公共馆就本馆数字化发展情况向学员进行了分享。讨论会上，学员们分别就此次培训班的举办形式、今后如何更好地开展宁夏文化共享工程建设与服务工作纷纷提出自己的意见和建议。为了增加会议的丰富性和实践性，会议还安排了现场教学环节，学员们对杭州市图书馆、嘉兴市图书馆进行了实地观摩和学习。学员通过走出课堂，实地看，实地问，实地学的方式，结合本馆实际情况向两馆老师请教、沟通交流和学习，掌握发达地区图书馆在数字文化建设与服务方面的先进经验。

为广开渠道，面向基层，加大资源的推送、更新力度，宁夏分中心以基层服务网点建设为重点，借助自治区—市县—乡镇—村四级服务体系开展了多项文化推广活动，如开展"免费上网订火车票"活动、为特殊群体送服务、开展节假日活动、刻录光盘赠与群众等，这些服务与活动深受基层群众的喜爱。

2013 年 1 月 25 日，宁夏分中心工作人员在宁夏银川火车站开展
"免费上网订火车票"活动

2013 年春节期间，宁夏分中心工作人员深入地了解农民工群体的文化需求，为他们提供更优质、更高效、更有针对性的个性服务，为他们打造一个贴近、便捷、精彩的文化家园。2013 年 1 月 25 日早上 7:30 左右，宁夏分中心的工作人员开着印有"数字文化 共享如 e（意）春节系列文化惠民服务活动"字样的"信息大篷车"到银川市火车站开展活动。记得那天天气非常冷，天空灰蒙蒙的，火车站售票厅门前的大广场上已经有熙熙攘攘回家过年的返程人员，有提着行李箱穿着整齐的，也有背着帆布袋的农民工。活动现场，宁夏分中心工作人员为农民工朋友们送去 1000 多张文化资源光盘，光盘资源的内容分为欢乐电影碟片、开心动漫、彩虹英语、龙年民俗、节日美食 5 个方面。同时，在活动现场还向农民工朋友们赠送了农民工维权、进城务工培训等内容的书籍。针对家里没有网络、不会上网的群众，还专门设立了免费上网订火车票服务点，并亲自指导群众上网订票，提供车次、余票查询等，先后让 100 多人体会到了网络的快捷与方便，帮助他们顺利踏上返乡归途。"十三五"期间，宁夏分中心对服务推广又有了新的规划和要求，即以创新服务方式，提升服务效能为目标，应用最新科技成果，畅通公共数字文化服务渠道，创新服务模式，精准对接群众文化需求，提供多层次、多样化的数字文化服务，提升公共数字文化服务的针对性、实效性。

宁夏分中心不断拓展文化共享工程的服务内涵和方式，开展多种文化活动。2016—2019 年，宁夏分中心在银川、彭阳、隆德、同心、平罗等市县开展了多项公共数字文化服务推广活动，举办了以"文化共享·美好生活""我们的中国梦——文化进万家""宁夏文化精准扶贫 共享工程助力发展"为主题的推广活动。这些品牌活动不仅形式多种多样，而且精准对接群众文化需求，扩大了惠民工程的覆盖面和影响力，让更多群众享受文化盛宴。在实施这些推广活动过程中也发生了一些感人的故事。

2019 年 10 月 16 日，按照宁夏分中心 2019 年扶贫推广活动方案的计划安排，宁夏回族自治区图书馆共享工程部活动组 10 月 18—19 日要在宁夏隆德县和海原县的 5 个基层服务网点（包括一所小学）开展服务推广活动。

16 日早晨，我们从银川出发时，天气还是晴朗的。等在隆德县基层服务网点查看完 3 个活动场地的布置情况后，天气突然变得灰蒙蒙的，感觉大雨要来临，想想我们还要赶到海原县的一个基层服务网点（海原县关桥乡罗山村舒湾小学）去查看第二天古诗词朗诵活动场地布置情况，并且给孩子们准备了图书、期刊、书包、彩笔等学习用品，如果不及时送到将会耽误活动的开展，让孩子们的期盼失空。于是，我们布置完隆德的基层服务网点场地后，抓紧时间往海原县赶。在去的路上雨就开始滴答地下个不停，宁夏南部山区气温较低，一会儿便成了雨夹雪，等我们到高速路口时，高速公路已全线封闭。想想孩子们期盼的眼神，我们开始导航寻找新的路线去往海原县。根据导航驶入国道，朝着目的地前进，可是半道上发现这条路在修建，刚刚挖完的土路遇到雨雪，已经泥泞不堪，车子在泥里扭来扭去，开了 20 多年车的老司机陈师傅也感到害怕，但是我们觉得无论如何都要赶到学校，不能耽误第二天的活动。陈师傅凝神屏气谨慎驾驶着车子缓缓挪动，我们用 3 个小时才行驶完原本 1 个小时的路程。第二天，诗词

2019 年 10 月 18 日，宁夏图书馆馆长韩彬（左四）参加宁夏分中心在海原县关桥乡罗山村舒湾小学开展的服务推广活动（左五为张明乾）

诵读比赛如期开展。看到孩子们欢天喜地拿着自己喜爱的奖品，大家都露出了欣慰的笑容。

近20年来，参与宁夏文化共享工程的同人们，不忘初心，砥砺前行，实实在在地将优秀的文化资源送到基层，让"文化共享·美好生活"这一理念惠及万家。"勿忘昨天的苦难辉煌，无愧今天的使命担当，不负明天的伟大梦想，以史为鉴、开创未来，埋头苦干、勇毅前行，为实现第二个百年奋斗目标、实现中华民族伟大复兴的中国梦而不懈奋斗"。这是一群对生命的内在风景有着持久而坚韧热忱的人，有着共同情怀的"文化共享人"，践行着使命与担当，不忘初心，永远前行。

作者简介

张明乾（1984年11月—　），男，宁夏回族自治区图书馆副研究馆员，长期在文化共享工程宁夏分中心从事公共数字文化建设工作。现任宁夏回族自治区图书馆网络技术部主任。

王　岗（1966年12月—　），女，宁夏回族自治区图书馆研究馆员，研究方向为图书馆学、文献资源建设等。曾参与宁夏文化共享工程建设，现从事公共数字文化资源建设工作。

李　刚（1984年1月—　），男，宁夏回族自治区图书馆助理馆员，长期在文化共享工程宁夏分中心从事公共数字文化建设工作。现任宁夏回族自治区图书馆共享工程部副主任。

文化共享工程助力农民群众
脱贫致富奔小康

——从一个"小馆长"到"大媒人"的成长之路

蔡生福

20 年前,我调任宁夏贺兰县图书馆馆长。当时图书馆的条件十分简陋,甚至连一台计算机都没有。全年购书经费 4 万元,报刊订阅占去了三分之二的经费,剩下的经费只能买几百本新书,远远不能满足读者日益增长的阅读需求。

2002 年,文化部实施全国文化信息资源共享工程(以下简称"文化共享工程"),给县级图书馆带来了前所未有的发展机遇,我们也是头一次真正意义上拥有了属于图书馆的服务器和电脑。设备有了,不光是用来看的,更主要的是文化共享工程的资源怎么用起来。面对这个问题,我思考着怎样才能打开资源利用的突破口。

我最看重的是党员教育和农村实用技术这两大板块。要想这些资源得到充分的利用,首先要当好"媒人",其次是通过什么途径推广到基层,提供给群众。面对网络条件有限的实际,我决定采取光盘和移动硬盘服务模式,以推广使用文化共享工程资源为切入点,以服务农民群众、服务新农村建设为抓手,利用新农村信息化服务平台,多方开展资源服务,获得了良好的社会效益。

为了当好这个"大媒人",我为此奋斗了8年。

为文化共享工程资源当好"大媒人"的几点做法

一是主动为资源找"对象"。为了加快资源利用工作,我们把资源节目单按照使用对象主动送到有关单位,争取使资源尽快找到"婆家"。正是通过主动上门这种方式,我们了解到基层需要什么,另一方面让基层群众知道文化共享工程资源都有些什么。以前我们下乡,只能带上一些过时的旧书,从有关期刊上摘录一些实用信息编印成宣传单,情景甚是尴尬。有了文化共享工程资源,我们如获至宝。为使这些"宝贝资源"尽快嫁出去,我们在没有专项资金支持的情况下,我本人拿出自己的工资5000多元购置了光盘拷贝机和空白光盘,迈出了资源利用工作的第一步。2004年底,我们主动和县委组织部电教中心合作,把其中的政治理论和农村实用新技术作为基层党组织开展党员电化教育和第3批农村党员先进性教育学习宣传的主要内容,陆续刻录党员电教光盘100多种4300张。2005年12月初,又为自治区科技厅制作"三下乡"农村实用新技术和科普知识光盘3100

2005年2月21日,贺兰县图书馆到常信乡集市推广文化共享工程资源

张，并在集市上免费发放。截至 2005 年底，为农技推广、林业、计划生育、文化、卫生、公安等十几家单位上门刻录了 1000 多张光盘，为主动上门的农民朋友刻录光盘 300 多张。

二是认真做好节目接收和宣传工作。文化共享工程资源是面向全国的，因此，我们在接收、存档过程中把适合本地的资源再次分类，按照类型分别建立文件夹，并编号、打印节目单。我们先后在各乡镇集市上发放了 5000 份农村实用新技术节目单。我们在贺兰广播电视台打出标语广告，利用图书宣传周、科技宣传周加大宣传力度，在各乡镇集市和种养集中连片的村社为群众提供现场咨询。针对农户怎样发展种养业的问题，编写了"目标无公害，发展名特优，打好时间差，肯定能增收"的顺口溜，收到了良好的宣传效果。

2006 年 9 月 4 日，文化共享工程推广活动走进贺兰县宏佛塔庙会

三是坚持常下乡，让文化共享工程资源进村入户。我们每月至少下乡 4 次，赶集、进村、进温棚，深入一线，调查了解。发现了大多数农户在种、养过程中存在的问题：首先关键技术掌握不好，病害防治不得要领，钱花了不少，但病害没治好，因此增加了成本，降低了效益；其次是市场把握不准，随大流现象严重，价格、销路不好，使得一些农户发展种养业的积

极性受到影响。而文化共享工程资源正好有这些内容，于是我们在"三下乡"期间，先后在各乡镇集市上以成本价（2元/张）售出3000多张农村实用新技术光盘，免费送出800多张，深受广大群众欢迎。

2006年3月24日，蔡生福（右一）在习岗镇新平蔬菜园区了解蔬菜种植情况

四是引入招商机制，造福于民。为了解决经费紧缺这个难题，我们引入招商机制，以附加片头广告的形式，由商家免费提供空白光盘。一方面宣传了企业形象，增加了客户认知度，另一方面也解了图书馆经费之困，使此项活动得以持续开展，进而造福于民。

文化共享工程让农民富起来

贺兰县习岗镇新胜村七社有农户46家，2000年在全县率先建起温室大棚35栋。由于对温室大棚蔬菜种植的技术掌握不够，农户的积极性也不高，建好的35栋温室大棚还有15栋闲置。2004年10月，贺兰县图书馆将新胜七社刘吉平家作为试点，配置有关蔬菜种植的图书35册，VCD光盘40张，免费供群众借阅。农技专干年生祥、刘吉平带头利用新技术，更新品种，成效显著，并积极鼓励其他农户发展蔬菜产业。一年后，温室大棚增加到 106 栋。刘吉平家 2003 年蔬菜种植人均收入 3000 多元，2005 年人均收入 5000 多元，成为新胜村温室大棚蔬菜的种植能手和致富带头人。新胜七社成为全县无公害蔬菜生产示范基地。

新胜三社司龙是村里有名的温室大棚蔬菜种植户，他告诉我们，看了《西红柿病害防治》光盘之后，很快掌握了技术要点，而且降低了农药成本，以前一栋温室大棚仅农药一项支出 700 多元，现在只需 150 多元，买药不再听别人胡乱推荐。更重要的是懂得了如何降低蔬菜的农药残留，生产出合格的无公害蔬菜。他们种植的小樱桃柿口感好，销路也不错，新胜小樱桃柿成为市场品牌。

这样的典型实例还很多，我不再一一列举。

"大媒人"的几点体会

文化共享工程是发展先进文化，建设社会主义新农村的有效载体。文化共享工程为基层提供了展示先进文化资源的平台，借助这些丰富多彩的信息，我们在进行文化、科技、卫生、法律等宣传工作中，就有了新的内容，有了更加适合广大人民群众喜闻乐见的、健康向上的、科学的、先进的文化资源。建设新农村，发展群众文化，首先解决的问题是满足群众当前最需要的科学种田和养殖技术。因此，文化共享工程在发展先进文化，建设社会主义新农村的过程中发挥了应有作用，是推进文化、经济发展的有效载体。

文化共享工程是群众长期得实惠的有效途径。我们在资源推广利用的过程中，把政治理论和农村实用新技术有机地结合起来，既让党员学习先进性教育的有关理论，又学习先进实用的农村新技术，当好带领群众致富奔小康的模范。文化共享工程为农民提供了农村实用新技术资源，这些资源以讲座为主，讲座由专家主讲，实地实景拍摄，具体形象，可参照性强，农户可以不受时间限制，随时把"专家"请回家。因此，推广利用文化共享工程资源，对发展农村经济，增加农民收入，起到了积极的推动作用。

文化共享工程资源内容丰富，使用前景广阔。文化共享工程资源受众面非常广，需要我们做出更大的努力，才能使资源物尽其用。关键是要找准切入点，贴近生活，贴近实际，服务群众。充分发挥知识资源在提高青少年科学文化素质，推动农业产业化进程，增加农民收入，缩小城乡差距，发展社会主义市场经济，倡导先进文化，构建和谐社会中的基础作用。

"大媒人"的丰厚回报

自 2004 年以来，贺兰县图书馆先后为基层印发文化共享工程宣传资料 12000 多份，刻录光盘 48000 多张，为全县农民科技致富和基层党组织开展科学发展观实践活动提供了及时、最新的光盘节目，受到了基层党组织和广大群众的欢迎和好评。2006 年 6 月 22 日、9 月 18 日，我馆作为全国唯一县级图书馆代表，在文化部全国文化信息资源管理中心在贵州省贵阳市、山东省济南市召开的文化共享工程经验交流会上发言。8 月 20 日，时任文化部副部长的周和平一行到我馆视察文化共享工程工作，对贺兰县图书馆的工作予以肯定。9 月 29 日，中央电视台新闻频道邀请我作为副嘉宾和周和平一同做客《新闻会客厅——决策者说》栏目。新华社、《人民日报》、《光明日报》、《中国文化报》、央视国际网、文化共享工程官网、宁夏电视台、《宁夏日报》、《银川晚报》等多家媒体对我馆利用文化共享工程资源开展服务进行了报道。2007 年 11 月 20 日，我荣获了第十四届群星奖。2008 年 5 月，贺兰县被文化部命名为全国文化信息资源共享工程示范县。

时光如梭，转眼一晃，20 年的光景过去了。回首我前 10 年的工作，正好验证了习近平总书记说过的话，"社会主义是干出来的，幸福生活是奋斗出来的"。文化共享工程造就了我，成就了我的共享梦，让我实现了人生价值。

作者简介

蔡生福（1962 年 9 月—　），男，副研究馆员，2002 年 11 月至 2022 年 3 月任宁夏回族自治区贺兰县图书馆馆长。

十余年"共享"精彩 惠无数新疆民众

王曙光 吴 倩 钟丽峰

2003年,在文化部以及新疆维吾尔自治区党委、自治区人民政府的正确领导下,在自治区文化厅、自治区全国文化信息资源共享工程(以下简称"文化共享工程")领导小组的安排部署下,文化共享工程在新疆正式启动,全国文化信息资源共享工程新疆维吾尔自治区分中心(以下简称"新疆分中心")也依托于新疆维吾尔自治区图书馆开始开展工作。

我们作为新疆图书馆技术部的工作人员,具体负责新疆分中心工作的组织与开展,主要参与文化共享工程传输网络、服务网点、数字资源、硬件设备、业务自动化系统等各个项目在新疆的部署实施和提档升级,因而有幸成为新疆文化共享工程建设的亲历者与见证者。

壮实"躯干"

文化共享工程在新疆启动后,2006年—2010年间,中央财政累计投入11680万元,自治区财政累计投入2330万元,用于新疆文化共享工程分中心、支中心、基层服务网点硬件和网络的建设,构建起了自治区分中心、市县支中心、乡镇和村级基层服务网点相结合的文化共享工程网络框架和服务体系,实现了全疆市县、乡镇、村级站点的全覆盖,为文化共享工程在新疆的全面展开奠定了坚实基础。

"十二五"期间,国家和自治区进一步加大投入力度,完善服务器、存储等硬件设备，相继建成全国文化信息资源共享工程新疆维吾尔自治区监控中心、集中式 VPN 通信管理平台、资源发布站群平台（包括中心站和94 个子站）、业务集群管理平台等。2011 年起，更将文化共享工程与公共电子阅览室建设、数字图书馆推广工程结合起来共同建设，在软硬件平台建设、资源建设、应用推广服务方面取得了阶段性成果。

回想项目建设之初的那些年，为了给南疆四地州（喀什地区、和田地区、阿克苏地区、克孜勒苏柯尔克孜自治州）的乡镇基层服务网点安装卫星接收设备，我们新疆分中心的工作人员常常坐夜班车再转乘线路车，两三天吃住在路上，好不容易才能到乡镇。很多乡镇的路况不好，客车的密封性差，下车后每个人都灰头土脸，满身尘土，大家互相"嘲笑"着对方的模样，但苦并快乐着。

2015 年，文化部全国公共文化发展中心（以下简称"发展中心"）启动了"春雨工程——文化志愿者边疆万里数字文化长廊行"旗帜传递活动。因新疆有着 5600 多公里长的边境线，是全国与周边国家接壤面积最大的省份之一，边境口岸分属地方和兵团。我们多方考虑综合权衡，与全国文化信息资源共享工程新疆生产建设兵团分中心共同制定了在新疆的传递方案：2015 年 7 月 26 日—8 月 13 日，持续 19 天，途经哈密、昌吉、喀什三个地州（市）的 8 个边境基层站点。

直至今日，我们依然清晰记得旗帜传递活动的很多细节。出发之前，为了给每个基层站点赠送优秀数字资源，新疆分中心的光盘拷贝机昼夜不停地工作了好几天。7 月 27 日，旗帜在时任甘肃省图书馆副馆长许新龙一行的护送下，顺利抵达新疆第一站——哈密地区伊吾县，并在伊吾县振兴社区隆重举行了旗帜交接仪式。8 月 2 日，旗帜抵达昌吉州奇台县乔仁乡乔仁村，并在那里举行边疆万里数字文化长廊建设新疆地区启动仪式，时任发展中心副主任李建军，时任自治区文化厅党组副书记、厅长穆合塔尔·买合苏提专程前来参加了项目启动仪式并做了重要讲话。8 月 4 日，旗帜抵达昌吉市，并在 2015 年文化共享工程南北疆技术骨干培训班（北疆片区）开班仪式上进行了揭旗。8 月 7 日，在海拔 4000 米的塔什库尔干县红其拉甫边检站举行了隆重的旗帜传递仪式，这是旗帜在新疆传递的第八站，也是新疆境内边境线海拔最高点。8 月 12 日，由自治区文化厅公共文化处与新疆分中心工作人员组成的文化志愿者队伍一行 4 人共同护送旗帜抵达世界屋脊——拉萨，与全国文化信息资源共享工程西藏自治区分中心完成了旗帜交接仪式。也是在西藏，我们因故滞留机场，感受了高原反应导致的头痛欲裂，抢了好几天的票才顺利返回乌鲁木齐。

2015 年 8 月 7 日，"春雨工程——文化共享志愿者边疆万里数字文化长廊行"活动在红其拉甫边防哨所

虽然旗帜在新疆传递的时间短暂，但旗帜传递路线横跨东疆、北疆、南疆三个地区，传递站点包括乡镇基层服务网点、兵团团场、边防哨所。"春雨工程——文化共享志愿者边疆万里数字文化长廊行"活动内容丰富，形式多样，运用互联网与移动通信技术将优秀数字文化资源横到边、竖到底地送到了新疆基层服务网点和边防连队，真正做到军民共享、兵地融合，让最偏远的村落也能乘上信息化、数字化发展的快车，打通了公共数字文化服务"最后一公里"。

值得一提的是，新疆边疆万里数字文化长廊建设项目，对北疆边境的25个文化共享工程乡镇服务网点进行了提档升级，其中阿勒泰地区哈巴河县库勒拜乡、加依勒玛乡、民主西路社区3个基层服务网点被评为了"边疆万里数字文化长廊示范点"。以此为起点，发展中心后续又对新疆10个边境地州、33个边境县（市）、339个边境乡镇（街道、农牧场）、3123个村（社区、牧队）陆续完成提档升级，项目惠及新疆边境地区的各族群众。

补充"血液"

数字资源建设是文化共享工程完成各级网络和硬件设施部署之后的一项重要工作。2008年至2019年，在发展中心的资源和经费支持下，根据新疆特殊的地域文化和广泛使用多民族语言文字的特点，我们把加强新疆少数民族语言文字资源建设、挖掘新疆地方特色文化作为数字资源建设的重点，资源建设成果制作成光盘配发至全疆各级支中心，一定程度上缓解了基层支中心和基层服务网点购书经费过少、新疆少数民族资源不足的现实困难。

相比译制资源建设，地方特色资源建设更因我们缺乏专业人才队伍、对地方特色文化了解不足等原因而充满困难，尤其是《新疆味道》专题片的拍摄经过，我们仍记忆犹新。

2012年起，福建、山西等省陆续制作出了一批精良的地方特色资源，这也促使我们思考怎样才能制作出拿得出、叫得响的作品。2013年，我们申报了美食项目，正发愁以什么形式制作的时候，《舌尖上的中国》火遍了大江南北，点醒了我们。是啊，《舌尖上的中国》就是很好的参照啊，而且新疆独特的人文、地理、历史环境，形成了鲜明、粗犷、豪放的饮食特征，做美食项目我们具有天然的优势。想法确立之后，我们反复论证，多方沟通，终于与新疆电视台纪录片导演石峰一拍即合，采取与社会机构合作的方式，制定了详细的拍摄方案，邀请到当时在拍摄美食方面非常有经验的陈潇、李浩导演的摄制团队，由技术部派出3名编导带着拍摄团队兵分南疆、北疆、东疆三路开始拍摄。

对摄制组来说，最难的不是新疆地域辽阔，路途遥远，而是拍摄素材和拍摄对象的选择。对于那些大家熟知的美食，如塔城的羊腿面包、伊犁大草原的奶皮子、和田的烤包子等，拍摄团队有把握把它们拍好。可要找到那些藏在民间、不广为人知的美食，若没有当地宣传部门和居民的推荐，只靠摄制团队自己打听，那真是难上加难。导演承受着非常大的压力，还好内地拍摄团队对新疆的一切充满着好奇心，对将会挖掘到的素材也充满期待，一群"乐天派"集思广益，团结协作，竟然从中找到了乐趣。

拍摄过程中充满了种种困难。记得拍全羊宴时，摄制组要从宰羊开始拍，拍摄的内容多，拍摄过程中种种问题层出不穷，我们都怕不能一口气拍完，还好有导演对镜头的精准把握和编导强有力的现场执行，终于没让我们再宰一只羊。在伊犁特克斯县的喀拉峻湖拍摄昆仑山玉矿的烤鱼时，拍摄地点选在了湖心的小岛。由于湖周围的滩涂特别长，淤泥特别深，小船很快就走不动了，无奈大家只能扛起设备在淤泥中步行。可是就在步履维艰中，一个身材高大的摄影助理双腿深陷泥潭，情况十分危急，幸好向导急中生智，丢给他一支浆，才把他拉回船里，有惊无险。当然，也因为拍摄中我们发现了很多有欺骗性的美食，比如葡萄汁馕里并没有葡萄汁，平添了许多乐趣。就这样，在困难与乐趣的交织中，3支团队历时200多天，行程20000多公里，采访近千人，集中拍摄了新疆十多个民族的近80种美食，为该专题片的质量与后续宣传、推广、播出打下良好的基础。

2015年4月8日，《新疆味道》在新疆卫视进行了首播，创造新疆卫视同时段收视率新高，并在中秋节当天登上央视CCTV-9套黄金档。随后，在上海纪实、北京纪实、重庆卫视、央视网、爱奇艺、搜狐、腾讯等13个媒体平台播出，先后与东南亚地区签署了播映协议。2016 年 4 月，《新疆味道》（第一季）获得第五届天山文艺奖的作品奖，这可是自治区文艺最高奖啊。

2014 年 11 月 15 日，《新疆味道》摄制组在塔城拍摄现场

现在，《新疆味道》已拍摄了 3 季，光盘和 U 盘等衍生产品已在新疆礼物"二道桥"品牌管理有限公司、昌吉回民小吃街等合作单位进行销售，得到本地市民和各方游客的热烈追捧。同事们每每在酒店餐馆看到《新疆味道》循环播放，谈起这段曲折艰辛却又充实难忘的日子时，也都为参与打造了这样一张"新疆名片"而感到骄傲和自豪。

强健"大脑"

新疆是少数民族聚居的地区，多民族馆员的构成是新疆公共图书馆业务建设、服务开展的需要，也是人才队伍建设的主要特点。

进入 21 世纪，网络信息技术快速发展并在图书馆行业日益普及，缺乏信息技术人才，少数民族馆员普通话水平较低，成为阻碍新疆公共图书馆向数字图书馆转型的重要因素。特别是 2010 年左右，文化共享工程在全疆初步搭建起省级分中心、县（市）级支中心和乡村（社区）基层服务网点相结合的自治区文化共享工程网络框架和服务平台，正要满怀信心地再进一步时，却发现很多基层服务网点的服务器、电脑、打印机等设备并没有投入使用，究其原因竟是工作人员不会用。

我们忽然意识到，新疆公共文化服务提升、转型升级的根本是在于人，必须先想办法解决人的问题。于是，在发展中心的大力支持下，我们从两方面进行了努力。一是编制教材。将《全国文化信息资源共享工程县级支中心基础培训教材》和《全国文化信息资源共享工程乡镇基层服务点基础培训教材》翻译成了维吾尔语和哈萨克语，还结合新疆实际编制了维汉双语、哈汉双语对照的各种设施设备和应用软件的操作手册。二是开展培训。制定面向全疆各级支中心管理人员及技术骨干人员的培训计划，坚持每年举办2—3次集中培训，组织专业技术人员赴基层开展现场教学，及时共享发展中心下发的培训资料，不定期组织市、县支中心负责人赴发达省市考察学习等，不断总结培训经验，创新培训形式，努力做到按需设课、学用结合。

2015 年 11 月，新疆文化共享工程阿瓦提县专题培训班

2012 年起，为了让大家能了解自治区内其他图书馆、支中心的业务开展和服务情况，互相学习好的经验做法，我们举办了多期南北疆交叉培训，留下了许多难忘的回忆。2013 年，我们在阿克苏地区拜城县举办了新疆文

化共享工程各级支中心负责人及业务骨干培训班（北疆地区）。清晰地记得，我们新疆分中心 4 名同事坐了近 10 个小时火车后又转乘公共汽车，终于在培训前一天抵达拜城县，并在提前预订好的酒店完成房间确认、用餐安排、会场布置等全部准备工作。报到日当天，在等候领导、老师和学员的时候，我们却接到了酒店关于多名原有房客不愿退房、三分之一的房间无法提供的消息。已有近百名学员不远千里、满怀期待地从北疆各地赶来，我们不能让大家在舟车劳顿后却无房可住，更不能因此而影响培训班的正常举办。一阵慌乱之后，我们迅速镇静下来，一方面和酒店确认空余的房间数量，积极获取原有房客的理解并协商退房事宜，另一方面迅速与当地政府和其他酒店对接，争取获得帮助以解燃眉之急，再者逐一确认学员抵达时间，按照时间顺序做好房间安排，以免人员扎堆，出现混乱。终于，在拜城县委县政府、酒店和我们的共同努力下，在工作人员钟丽峰让出自己的床位后，我们将最后一名抵达的学员安置妥当了。那时已是凌晨三点，三位工作人员挤在一张大床上。

多年来，新疆文化共享工程的培训足迹，到过新疆北部边境小城塔城，到过距乌鲁木齐 1500 公里的南疆大县莎车，也到过"天府之国"的四川和"人杰地灵"的江浙……我们遇到过各种各样的突发情况和现实困难，但我们看到各级支中心和基层服务网点设备开始正常运行，看到公共文化服务的内容和形式愈加丰富，看到基层管理人员更加坚定和自信，更看到我们自己的变化与成长。比起艰辛和困难，我们的收获和感动更多！

2021 年 9 月，新疆维吾尔自治区图书馆馆长和党委书记带领团队就《新疆维吾尔自治区公共图书馆条例》立法工作赴全疆各地州开展调研。调研过程中，发现去到的很多县级公共图书馆、乡镇文化站和农家书屋，还是在依托文化共享工程配发的办公桌椅、服务器、电脑和打印机等设备开展服务。回来后多次感慨，正是那些年文化共享工程的经费保障和深入实施，帮助新疆各级公共图书馆一步步完成了网络、平台、硬件设施设备的部署和安装，为向数字图书馆转型提供了基础保障。

我想，如果把新疆公共文化服务比作一个人，是文化共享工程十余年的深入实施，为她壮实了"躯干"，补充了"血液"，涂上了色彩，更惠及了新疆的各族人民。而我们个人也因文化共享工程而迅速成长，并与地州、县市公共图书馆的馆长和工作人员建立了密切的联系，成为最了解基层图书馆建设现状、能在工作中独当一面的业务骨干。

感谢发展中心各位领导和老师始终关心新疆公共文化建设与发展，多次赴新疆指导工作，并在政策、项目、经费等多方面给予大力支持；感谢原自治区文化厅领导高位推动，亲抓落实，为工程的顺利实施提供了坚实的保障；也感谢全疆各级公共图书馆人的积极配合、辛勤付出，为新疆公共文化服务的蓬勃发展作出了不懈努力。

最后，感谢文化共享工程，我们都是受益者。

作者简介

王曙光（1970 年 4 月—　），女，新疆文化馆馆长，研究馆员，曾任新疆维吾尔自治区图书馆技术部主任、新疆维吾尔自治区图书馆副馆长，长期从事公共图书馆网络化、数字化建设与服务工作。

吴　倩（1977 年 1 月—　），女，新疆维吾尔自治区图书馆办公室主任，副研究馆员，曾任新疆维吾尔自治区图书馆技术部主任，长期从事文化共享工程、数字图书馆、数字资源建设等相关工作。

钟丽峰（1985 年 12 月—　），女，新疆维吾尔自治区图书馆办公室工作人员，副研究馆员，曾就职于新疆维吾尔自治区图书馆技术部，长期从事文化共享工程、数字图书馆、数字资源建设等相关工作。

为了脚下这片深情的土地

——新疆生产建设兵团文化共享工程纪事 [①]

高作品　苏　建

2011 年 11 月，由文化部全国文化信息资源建设管理中心（以下简称"管理中心"）组织拍摄的专题片《春风化雨润物无声》在全国文化信息资源共享工程（以下简称"文化共享工程"）平台播出后，引起广泛关注。在这部反映文化共享工程十年建设成就的专题片中，约有四分之一内容是反映我们新疆生产建设兵团文化共享工程建设情况，其中有采访我的镜头。不久，我到北京参加管理中心召集的会议，管理中心的同志见到我，亲切地说，我们文化共享工程的"男一号"来啦。弄得我有点丈二和尚摸不着头脑，弄清原委后，我倒真的不好意思起来。

2009 年 4 月 10 日，新疆生产建设兵团党委宣传部、文广局把我从兵团党委机关刊物《兵团建设》（后更名为《当代兵团》）杂志社副社长任上，调到兵团文化中心任党委副书记、主任，兼兵团群艺馆馆长、和平都会总经理。不久，又把全国文化信息资源共享工程新疆生产建设兵团分中心（以下简称"兵团分中心"）主任的担子压到了我肩上。

2009 年 4 月 20 日，我和时任兵团文化中心共享办主任苏建同志参加管理中心在郑州市召开的 2009 年度全国文化信息资源共享工程技术交流

---

① 此文以高作品为第一人称撰写。

会。这次会议的一项内容，是总结前一阶段文化信息资源共享工程县级支中心建设的成绩和经验。部分工作做得好的省市受到表彰，而新疆生产建设兵团因为工程建设严重滞后，受到点名批评。在有上百人参加的全国性大会上受到点名批评，脸上实在挂不住。说实话，这之前，我对文化共享工程几乎一无所知，但在随后的表态性发言中，我还是代表兵团文化中心表态，回去后一定加紧工作，争取早日赶上兄弟省区的前进步伐。

回到新疆后，我认真阅读了郑州会议上管理中心领导的讲话实录、兄弟省区的经验介绍及其他会议文件，对文化共享工程的内涵、发展现状及我们要做的工作有了比较全面的了解，深感这是一项国家投入巨额资金，功在当代，利在千秋，旨在促进中华文化全民共享的惠民工程。随后，我们开始了为期 2 年的集中建设兵团文化共享工程平台的工作。

文化部和财政部在对文化共享工程进行顶层设计时，考虑到全国各省（区、市）经济发展水平不平衡的实际情况，确定了中央财政补助标准：东部省区中央以奖代补；中部省区补助 50%，自筹 50%；西部省区补助 80%，自筹 20%。新疆生产建设兵团同新疆维吾尔自治区一样，享受西部省区的待遇。这笔补助款项专款专用，主要用于建设省（市）、县（区）、乡镇（街道）、行政村（社区）的相关软硬件平台以及数字资源。由于兵团行政管理体制有别于地方，采用的是兵、师、团、连的部队管理体制，而大多数师没有乡镇一级，只有兵、师、团、连 4 级。

苏建同志虽然年轻，但却是兵团文化共享工程的"老人"。经过和苏建同志的深入交流后，我了解到，兄弟省区的文化共享工程大都依托省、县级图书馆来做，主体明确，人员到位，资金有保障；而兵团本级没有图书馆，14 个师中只有第八师石河子市有图书馆，其他 13 个师和 176 个团场都没有图书馆。所以，没有具体承接单位，只能由兵团宣传部、文广局文化处代管，而文化处人员紧张，业务繁忙，因此，在文化共享工程平台建设中，只完成了 4 个县级支中心的试点建设。而按照国家批复的建设方案要求，到 2009 年，兵团应该建成 1 个省级分中心、14 个市级支中心、81 个县级支中心、2297 个连队基层服务网点。

从郑州回到新疆，我们把会议内容向兵团宣传部、文广局领导作了详细汇报，部领导经过研究，决定由兵团文化中心承担兵团分中心的具体业务。

兵团各级虽然没有图书馆，但这并不意味着兵团各级不重视文化建设，相反，为了凝聚人心，完成兵团使命，师、团两级都建有文化活动中心，连队都建有党员电教室，兼有文化活动室功能。在兵团有关部门协调下，兵团决定，利用各师、团文化活动中心及连队党员电教室搭建文化共享工程建设平台。

理顺了内部管理体系，我们便开始了艰苦的、为期 2 年的平台建设"补课"工作。

平台建设，风雨兼程从头越

俗话说："新疆有多大，兵团就有多大。"兵团的使命是屯垦戍边。兵团成立之初即确立了不与民争利的原则，故兵团的师、团、连布局大都在路到头、水到头、电到头的戈壁荒滩、边境沿线，也就是常说的"两圈一线"。"两圈"指的是南疆的塔里木盆地和北疆的准格尔盆地周边，"一线"指新疆 2000 多公里的边境线。

场地问题解决后，我们严格按招标程序和管理中心确定的设备参数标准，完成了平台设备的招标。为解决施工技术人员严重短缺的问题，我们通过公开招标确定了设备安装施工方，随后，开始了艰苦的设备安装和测试。经过近一年的时间，终于在 2011 年底前完成了 1 个省级分中心、14 个师级支中心、81 个县级支中心、2297 个连队基层服务网点设备的安装和调试工作。

数字是枯燥的，数字背后的数万里行程中发生的故事，却是生动而曲折的，非亲身经历者不能感其苦。兵团文化中心是自收自支性质的事业单位，千方百计搞好经营创收，让自己的员工有饭吃是我们党委一班人首要的任务。作为单位的行政主官，我的主要精力只能放在经营管理方面，文化共享工程建设方面的工作，主要由苏建同志来承担，而他所付出的努力是常人无法想象的。

从 2009 年 6 月起，苏建带着通过招标确定的承建单位的技术人员，沿着"两圈一线"开始了涵盖兵团、师、团、连的"旅行"。一路之上，联系安装场地，确定合适的建筑物，搬运设备上楼顶，安装卫星接收设备，调整接收天线角度，安装计算机……设备安装完成后，还得手把手教管理人员操作。一个点的工作做完，又马不停蹄地赶往下一个点。错过了饭点，就在路途中遇到的小饭馆吃碗拌面，继续赶路。那时新疆的交通条件，尤其是南疆，可不像现在这样便捷，沙漠边缘的团场、连队大多还没有沥青路，一路上所经之处尘土飞扬，若遇上沙尘天气，更是苦不堪言。更难能可贵的是，当时兵团文化中心只有一台常坏常修的公务车，不敢跑长途，大多时候，苏建都是开着自己的私家车奔波在天山南北的团场、连队。和他一起出差的技术人员问他，"你那么拼干什么啊？"他笑一笑说，"时间紧，任务重啊。"于是苏建便有了一个"拼命三郎"的雅号。

2008 年 7 月，苏建（右一）与有关技术人员一起在兵团第十四师一牧场安装
文化共享工程设备

作为兵团分中心主任，不了解基层服务网点的建设情况，对兵团的文化共享工程建设就没发言权。于是，在 2010 年 5 月，我挤出一周的时间，和苏建一起，带着一名技术员前往地处新疆东大门哈密的兵团第十三师检查、验收县级支中心和连队基层服务网点的建设情况，看完师部哈密周边的基层服务网点，便翻过天山赶往离师部最远的淖毛湖农牧场。这个团场地处中蒙边境地带，常年风沙肆虐，生产生活条件异常艰苦。我们一行到达淖毛湖团场后，苏建便和技术员一起爬上一栋五层大楼的顶部，冒着大风安装卫星接收设备，调试室内设备，直到开机后收到管理中心发送的视频信号，工作才算结束。回到乌鲁木齐，我算了一下此行路程，从乌鲁木齐到哈密 600 多公里，从哈密到淖毛湖农场 300 多公里，合计近 1000 公里，返程又是 1000 公里，加起来就是 2000 公里。而这次前去的师仅仅是兵团 14 个师中的一个，还不是最远的师，南疆的 3 个师和北疆的 4 个边境师离我们的距离更远，那里条件更艰苦。而苏建同志带着技术员，硬是在不到两年的时间中完成了全部任务。

有一次，我和苏建谈心时，我问他，"你玩命工作的动力是什么？"他看着我说："共产党对我苏家有恩，我只有努力工作才能对得起这份恩情。"

苏建的家在兵团第七师 124 团，父母亲是团场畜牧工作者。苏建有一个姐姐、一个哥哥，一家人原本其乐融融，生活幸福。但天有不测风云，1993 年，他的姐姐苏娟、哥哥苏伟被双双查出患上了尿毒症。这无疑是晴天霹雳，瞬间击垮了苏家幸福的生活，苏父开始带着一双儿女四处求医。最后得到乌鲁木齐空军医院可以做换肾手术的消息，便来到空军医院，但高昂的手术费难倒了苏父，在巨大的压力之下，没过多久，苏父便撒手人寰。

苏家遭受厄运的消息，迅速在 124 团传开。团党委迅速将情况上报给第七师党委，师党委立即在全师范围发起了为苏娟、苏伟公开募集手术资金的活动。一时间，第七师的党员干部带头，广大群众积极响应，纷纷解囊相助。此事经媒体报道，捐款活动更是延伸到全兵团、全社会，汇聚起一股强大的正能量。最终，收到捐款 20 多万元。放到现在，20 万元不算多，但在大家每月工资平均只有几十元的时期，这却是一笔巨款。就在等待肾源的过程中，空军医院党委作出决定，免费为苏娟、苏伟姐弟俩做换肾手术。

手术成功了，苏娟、苏伟姐弟俩得救了。这件事被各家媒体大量宣传，一时间成为一段反映军民雨水情的佳话。1993 年，以此为原型拍成了电影《生死之间》，在全国公开上映。

俗话说："福不双至，祸不单行。"没想到，过了 3 年，苏娟、苏伟的尿毒症复发，空军医院党委顶着来自各方面压力作出决定，再次免费为姐弟俩做肾移植手术。

回忆这段痛苦的经历，苏建深情地说："我家姐弟三人，有两人不幸得了绝症，又有幸两次得到解放军和全社会的无私帮助，把他们从死亡的边缘拉了回来，这份恩情比天高，比海深。我姐和我哥的命虽然保住了，但无法像正常人一样工作，失去了回报社会的能力，只能由我来替他们担负这份责任啊。"

在了解了发生在苏家这段感人至深的经历，我懂得了苏建"一个人干三个人的活"的情怀。从此，也更加放心大胆地把重要的工作交给他，因为我知道，懂得感恩的人一定是浑身上下充满正能量的人。

后来，兵团各级文化共享工程平台建设终于赶上了全国发展水平，我们也得到了管理中心的赞许和肯定。

平台应用，因地制宜创新路

兵团的文化共享工程平台网建成后，怎样发挥其作用，成了必须解决的问题。兵团自 1954 年成立以来，几代兵团人扎根边疆，献了青春献终生，献了终生献子孙，在祖国西北边陲筑起一道保家卫国的钢铁长城。几代兵团人的青春热血凝聚成"热爱祖国，无私奉献，艰苦创业，开拓进取"的兵团精神。在这种精神的感召下，千千万万兵团人克服千难万险，在亘古荒原上创造出惊天地，泣鬼神的煌煌伟业。

兵团文化中心是没有上级拨款的自收自支性质、内部实行企业化管理的事业单位，花的每一分钱都要靠自己的双手面向市场去挣。具体来讲，全靠盘活自身地处乌鲁木齐市闹市区的区位优势，出租部分场地与经营和平影城，靠卖电影票的钱来维持正常的开支。直到2014年，兵团党委宣传部、文广局才开始每年从自己的办公经费中划拨34万给兵团文化中心，作为对文化共享工程的补助。

从2009年4月10日，兵团党委宣传部调整兵团文化中心党委班子以后，党委一班人面向市场，抢抓机遇，深挖潜力，科学管理，票房收入以每年30%速度提升。到2014年，票房收入突破2000万元大关，加上其他营业性收入，当年总收入超过3000万元，创造历史最好成绩。因此，兵团文化中心被文化部评为"全国文化系统先进单位"。随着单位整体经济形势的不断好转，我们可以拿出更多的资金支持共享办按照管理中心的部署开展工作，共享办的工作人员也由起初的3人增加到7人。

平台建好后，如何发挥平台作用，让老百姓从中受益，成了头等大事。各省级分中心八仙过海，各显神通，因地制宜，创造出很多运行模式。

兵团具有组织化程度高，可以集中力量办大事的优势，我们在充分利用兵团自身特点，创造性地开启了利用有线电视传送文化信息资源的模式的试点工作。首先，我们与第六师五家渠市电视台合作，由我们联系管理中心提供资源，五家渠电视台新建一个频道作为文化共享工程专用频道，每天不间断播出文化节目，这些节目受到群众热烈欢迎。这种模式受到管理中心领导的充分肯定，认为这才是真正的文化共享。

试点成功后，在兵团党委宣传部、文广局的支持下，我们在五家渠召开现场会，推广五家渠电视台的经验。随后，兵团各师有条件的师级电视台和部分团场电视台纷纷开播了文化共享工程频道，数十万各族群众受益。

文化共享工程是利用现代信息技术实现文化信息资源的广泛传播，是一项技术含量比较高的工作。为了保证平台的正常运转，管理中心在技术培训方面做了大量工作，经常组织全国性技术培训会和知识竞赛，还拨出专项资金支持各省（区、直辖市）分中心开展培训，在管理中心的大力支持下，兵团分中心连续12年组织各师、团支中心管理人员和技术人员进行技术培训，还组织技术人员远赴浙江萧山培训基地培训。十几年来，累计培训人员1000余人次，不仅为文化共享工程培训了人才，还为兵团的数字化建设储备了人才。

资源建设，军垦特色寄情怀

2013年开始，文化共享工程的工作重心转到各省自建特色资源上。在管理中心的支持下，我们邀请中央党校的王海光教授、梅敬忠教授等文化行业的专家专程来新疆，为我们建设资源的方向进行顶层设计。2012年6月，王海光等5位专家来到兵团，我陪着他们去石河子参观调研，先后参观了军垦博物馆和莫索湾垦区的团场、连队。专家们建议，兵团应该把重点放在以兵团精神为内核的红色资源的挖掘整理上。随后，我们成立了由兵团党史专家和文化名家组成的专家组，专题研讨兵团红色资源建设方案。方案报请兵团宣传部兵、文广局领导审阅，得到肯定。并做出明确指示：资源建设拍摄制作不养队伍，从市场上选择专业团队来完成。几经选择，最终选定符合要求的机构作为合作方。

2014年春节期间，由共享办苏建、耿建昌同志带队，摄制组一行冒着零下30℃的严寒前往第十师185团桑德克哨所采访拍摄马军武一家三口过春节的场景，最后定名《守边人的春节》。此专题片制作完成后，得到兵团宣传部领导的充分肯定。根据领导指示，在兵团电视台播出，得到各方好评。送到中央党校梅敬忠教授手里后，他看过片子后非常激动地说，"兵团人的精神让人感动，你们是共和国最伟大的公民。"

第一部专题片拍摄制作的成功，极大地鼓舞了摄制团队的士气。接着，他们又奔赴南疆拍摄 3 集专题片《沙海老兵》。这部专题片反映的是新疆解放初期，中国人民解放军第二军五师十五团 1800 余名官兵横穿塔克拉玛干沙漠，平息和田反动国民党守军叛乱后就地转业，戍守沙漠边缘几十年的事迹。当年横穿死亡之海的 1800 余名解放军官兵，最终集体转业，变成了新疆生产建设兵团 47 团，在离和田市 60 公里沙漠边缘扎下了根。他们中的大多数人从此再也没有离开过脚下这片土地。随着时光的流逝，这群老兵的人数一天天变少，而团场"三八线"老兵墓地里的坟茔一天天变得多了起来。摄制组的同事说，他们第一次到 47 团采访时，还剩下 7 名老兵，第二次再去开机拍摄时，剩下 6 名，专题片制作完成，还有 3 人在世，最近听说，老兵们仅剩 1 人了。

为了保证红色资源建设的质量，我从兵团分中心调配得力人员组成摄制助理组配合摄制组工作，苏建同志作为共享办主任，理所当然又一次担起了这份责任。他负责协调各方面关系，为专题片的拍摄提供支持。耿建昌同志是一位从基层团场走出来的颇具文人气质的老同志，有着深厚的文学功底和组织能力，有些时候，苏建同志因为其他工作走不开，就委托他主持摄制组的工作。他克服各种困难，积极为摄制组出主意，想办法，为拍摄专题片作出了积极贡献。王新义同志是文化中心美术培训部主任，擅长国画，为了增强专题片的艺术气息，提出了很多宝贵的意见。在拍摄专题片《林则徐在新疆》时，他还客串了不少林则徐的镜头。王强同志是文化中心音乐培训部副主任，还是兵团音协钢琴家协会的秘书长，为了让苏建有更多精力做共享办的工作，王强被调到共享办担任副主任。

七集专题片《林则徐在新疆》是我们精心打造的一部精品力作。民族英雄林则徐在虎门销烟后，被清政府发配新疆伊犁，后又辗转到南疆。无论走到哪里，这位用虎门销烟的壮举警醒国人的民族英雄，依然用满腔热情为国尽忠，为当地各族群众谋利。为了拍摄《林则徐在新疆》，摄制组数次往返伊犁和喀什，行程何止千里万里。一路上风餐露宿，冒严寒，斗酷暑。历时 2 年，终于完成了拍摄制作任务。2021 年 11 月，从文化和旅游部（原文化部）传来好消息，由兵团分中心报送的专题片《守边人的春节》《沙海老兵》《林则徐在新疆》全部入选优秀专题片库。

2014 年，管理中心又开展了一项非常有意义的文化建设活动——边疆万里数字文化长廊建设。管理中心从财政部申请资金，沿着我国陆地边疆省区和沿海边疆省区建起一条数字文化长廊，兵团有 64 个团场被纳入其中。

结语

时光一去永不回，往事只能回味。回想参与文化共享工程的 7 年时间，收获良多，感慨不少。7 年中，接触了许多新事物，结交了许多好朋友。每每想起，心潮起伏，如沐春风。从人口数量上看，兵团体量不大，只有 330 万；但是，党和政府一刻都没有忘记我们。拿文化共享工程来说，时任文化部领导周和平、杨志今以及管理中心的历任主任、副主任及各处室的领导和工作人员，都先后到兵团指导工作。我们到北京开会，也会情不自禁去管理中心走一走。走进管理中心的大门，总有到家的感觉；见到管理中心的同志，就像见到久别的亲人一样亲切。我想，这不仅仅是我的感觉，全国的"文化共享人"都会有这种感觉吧！

历史的车轮滚滚向前。在党中央和中央人民政府的关怀和 19 个对口援疆省市的支持下，新疆这块占全国 1/6 国土面积的热土正焕发出前所未有的变化。尤其是中央三次新疆工作会议的召开，更是不断为新疆的发展注入新的活力和动力，天山南北处处呈现出欣欣向荣的景象。

新的历史时期，乘着新疆大发展大繁荣的浩荡东风，新疆生产建设兵团的面貌也发生了翻天覆地的变化。随着 11 座军垦新城和一座座现代化团场小镇拔地而起，军垦第一代人戈壁滩上盖花园的梦想正在变成现实。

回望七年多时间走过的路，常常被过往的人和事感动得热泪盈眶，最后就让我借用艾青先生的诗句作结尾吧：

"为什么我的眼里常含泪水，因为我对这土地爱得深沉。"

作者简介

高作品（1963 年 3 月— ），男，2009 年 4 月至 2017 年 11 月任新疆生产建设兵团文化中心党委副书记、主任，兼新疆生产建设兵团群艺馆馆长、和平都会总经理，2010 年 6 月至 2017 年 11 月任全国文化信息资源共享工程新疆生产建设兵团分中心主任。

苏　建（1977 年 10 月— ），男，2006 年 9 月至 2009 年 3 月任新疆生产建设兵团文化中心共享办副主任，2009 年 3 月至 2010 年 9 月任新疆生产建设兵团文化中心共享办主任，2010 年 9 月至今任全国文化信息资源共享工程新疆生产建设兵团分中心主任助理，兼新疆生产建设兵团文化中心共享办主任，负责全国文化信息资源共享工程新疆生产建设兵团分中心各项工程建设、资源建设等工作。

我与文化共享工程的若干事

刘　刚

"逝者如斯夫，不舍昼夜。"

2002年4月17日，文化部与财政部联合下发《关于实施全国文化信息资源共享工程的通知》（文社图发〔2002〕14号），就全国文化信息资源共享工程（以下简称"文化共享工程"）的建设意义、总体目标、实施内容等提出要求，做出部署，文化共享工程正式启动。时隔十七年，2019年4月16日，《文化和旅游部办公厅关于印发〈公共数字文化工程融合创新发展实施方案〉的通知》（办公共发〔2019〕63号）指出，"在保持现有机构稳定的基础上，将原来的全国文化信息资源共享工程、数字图书馆推广工程、公共电子阅览室建设计划，统称为公共数字文化工程。"这意味着文化共享工程完成了它的历史使命，公共数字文化建设进入了新阶段。

按照文化部的要求，文化共享工程的前期策划筹备工作由国家图书馆承担。2002年4月文化共享工程启动后，5月10日，国家图书馆设立了全国文化信息资源共享工程国家中心（以下简称"国家中心"）。2004年4月，文化部为进一步推动文化共享工程建设，经中编办批准，组建了文化部全国文化信息资源建设管理中心（以下简称"管理中心"），管理中心负责文化共享工程组织、建设等工作。2011年11月，管理中心更名为文化部全国公共文化发展中心（以下简称"发展中心"）；2018年8月，更名为文化和旅游部全国公共文化发展中心。

2004年4月2日，时任文化部副部长周和平在国家图书馆宣布成立管理中心，并安排时任文化部社会文化司副司长刘小琴负责日常工作。管理中心所需45名事业编制从国家图书馆划转，国家图书馆的事业编制由1945名减为1900名。这样，国家中心就从原来国家图书馆所属的正处级部门，成为文化部直属的正司（局）级的事业法人单位，与国家图书馆比肩成为兄弟单位。在国家中心工作的我、王芬林、胡晓峰、薛鑫卉、徐建萍、王军、李晓松进入管理中心工作，时任国家中心常务副主任富平以及张克清、李翠薇、赵志玲则留在国家图书馆其他部门。7月21日，时任文化部副部长周和平等再次来到国家图书馆，时任文化部人事司司长吕章申宣读了文化部对管理中心领导的任职决定，刘小琴副司长兼任管理中心副主任，主持日常工作，张晓星、崔建飞为副主任，刘晓白为总工程师（正处级，由管理中心聘任）。后至2019年4月底，张彦博、李宏、魏大威（同时任国家图书馆党委书记、副馆长）先后担任主任，李建军、杨化玉、刘惠平、陈胜利、颜芳、罗云川先后任职副主任。

十余年来，得益于党中央和国务院的高度重视，得益于文化部（后改名为文化和旅游部）的强力推进，得益于财政部的经费支持，得益于地方各级党委和政府的积极工作，得益于管理中心（发展中心）的齐心努力，特别是得益于各级公共图书馆的大力支持与协同作战，文化共享工程取得举世瞩目的成就，文化共享工程的服务得到广大基层群众的欢迎与好评。期间，根据上级有关要求，管理中心（发展中心）开拓创新，开展了大量内容丰富、形式多样、卓有成效的工作。由我及我所负责部门策划、组织、实施的工作浮现眼前：

2004年为文化共享工程官网（www.ndcnc.gov.cn）"少年文化"栏目征集名称的"我做网站主人，我为网站命名"活动，2005年"楷模光辉照我心"活动、"纪念抗战·永保和平"等活动，2006年"文化共享长征行""文化共享工程建设成就视频展播"活动，2010年"少年网页设计培训暨文化共享工程少年网页设计竞赛"活动、"文化共享之春"活动，2011

年"颂歌献给党——全国文化信息资源共享工程迎接建党 90 周年群众歌咏"活动、"'阳光少年热爱党'少年动漫设计制作竞赛"活动，2012 年"全国'公共电子阅览室建设计划'百题知识竞赛"活动，2013 年"传承经典 共享文化"活动，2014 年"畅享数字资源 点亮文化生活——全国残疾人网络答题"活动、与全国妇联儿童工作部联合开展的"我演我家——2014 家庭情景剧推选展播"活动，2015 年"文化记忆·致敬荣光"——纪念中国人民抗日战争暨世界反法西斯战争胜利 70 周年网络答题活动、再次与全国妇联儿童工作部联合开展的"我爱我家——2015 年家庭情景剧展示活动"，等等。现采撷几件如下。

"化私藏为公有 立人世之楷模
——专家学者向文化共享工程捐赠版权"

2003 年 7 月 25 日下午，中央电视台的新闻播报了专家学者向文化共享工程捐赠版权的视频新闻。当天上午，国家中心在国家图书馆文津厅举办了"化私藏为公有，立人世之楷模——共享工程向捐赠作品的专家学者颁发荣誉状仪式"。时任文化部副部长赵维绥、时任国家图书馆馆长任继愈、时任国家图书馆党委书记兼副馆长杨炳延、时任文化部社会文化图书馆司副司长刘小琴、时任国家图书馆副馆长兼国家中心主任张晓星、时任财政部教科文司文化处调研员孟冬出席了仪式。仪式由我主持。

仪式上，赵维绥等领导分别向任继愈、钱逊、卓新平、何祚麻、卞祖善、李致忠、陈长芬等九位专家学者代表颁发了荣誉状。除中央电视台外，新华社、《人民日报》、《中国文化报》等近 30 家新闻媒体也予以报道。与此同时，国家中心也在文化共享工程官网发布了征集作品启事。

2003 年文化共享工程启动之初，建设经费有限，但各项工作都需要资金的支撑。经综合考虑，我认为通过捐赠丰富和补充资源内容是文化共享工程资源建设的一条途径。为此，在 3 月初策划启动了"名家名作"征集活动，并先后拜访了任继愈、张岱年、戴逸、朱家溍、启功、汤一介、乐黛云、冯其庸、华君武、江平等一批著名专家学者，向他们介绍文化共享工程的有关情况，请各位专家学者们将各自有代表性作品的复制权、信息网络传播权等授权给文化共享工程免费使用。此项工作也得到文化部老领导贺敬之、周巍峙、吴雪、高占祥、陈昌本的大力支持，他们先后签署了有关作品的授权书。

2003 年 3 月 19 日，刘刚在红学家冯其庸（左）家中征集作品

在拜访著名红学家冯其庸先生时，他家藏獒见到陌生人凶猛狂吠，冯先生一边安抚着它，一边招呼我们进入工作室。在仔细听取了有关文化共享工程的介绍后，他欣然签署了授权书。在拜访北京大学教授汤一介和乐黛云伉俪时，正赶上有几名北大学子聆听他们夫妇的教导，我们抓紧时间获取了两位学者有关作品的授权。经原国家图书馆副馆长孙承鉴研究员的介绍，我前往他在清华大学上学时的老师、中科院院士张钹教授家中征集作品，因张钹院士提供的作品是由他和他兄弟合作完成，又麻烦张钹院士取得了他兄弟张铃先生（安徽大学教授）的授权。经国家图书馆张廷银的牵线搭桥，我与张廷银前往他的大学老师启功先生家中征集作品，启功先

生高兴地签署了授权书。在文化部位于沙滩红楼后面的孑民堂，我陪张晓星副馆长向原文化部副部长陈昌本征集作品，他听了介绍后，认为文化共享工程是利国利民的好事，畅快地签署了授权书。

为争取更多的授权作品，国家中心委托相关机构开展此项工作。截至2004年底，累计获得千余位作者的授权，内容涉及哲学、宗教、法律、历史、军事、经济、语言、文学、音乐、美术、摄影、体育、医学、科技以及对外关系等。对于获得授权的作品，经过加工在文化共享工程官网"名家名作"栏目发布。

版权捐赠工作不仅扩大了文化共享工程的社会影响，也树立了文化共享工程尊重版权、尊重作者的良好形象，获得社会各界人士的广泛好评与支持。这是我从事文化共享工程后策划、实施的第一项重要工作。

"共享"盛事
——"文化共享杯"

2011年10月17日，《科技日报》第3版刊发了记者郭姜宁编写的《紧张的竞赛 文化的共享——第二届全国"文化共享杯"知识与技能竞赛侧记》："'金秋十月，丹桂飘香。在美丽的浙江萧山，第二届"文化共享杯——全国文化信息资源共享工程知识与技能竞赛"，经过两天的初赛、复赛、半决赛，今天就要进行最后的决赛了。请参加决赛的代表队入场。'14日上午8点58分，随着主持人的宣布，在热烈的掌声中，来自山东、天津、辽宁、内蒙古自治区的代表队依次走上竞赛台，今天他们要决出最后的冠军……"

按照以赛促训、以赛带训、以赛促用、以赛创新的指导思想，我与所负责部门同仁在管理中心领导和相关部门同人的支持下，精心策划、精心组织、精心实施、开拓创新实施了两届"文化共享杯"竞赛活动。

精心策划。在竞赛内容方面，试题不仅涵盖了文化共享工程的组织管理、数字资源、网点建设、技术应用、传输平台、标准规范、合作共建、服务模式、人员培训各个方面，还涉及时事政治等；在竞赛机制方面，第二届在保留第一届的必答题、抢答题、竞猜题的基础上，增加了赛前笔试、场外答题；在赛程安排方面，由本部门曾获得国家二级运动员证书的于洋同志负责有关赛制编排、分组抽签等工作。

精心组织。竞赛活动编写了组织方案、复习资料、竞赛规则、秩序册、活动指南和竞赛试题等。竞赛复习资料提前下发给各省级分中心，便于大家培训学习。在试题的准备方面，一方面是部门内部人员群策群力，另一方面也请省级分中心等提供题目。同时，我还通过网络了解有关题目，采购有关专业书籍借鉴其中相关内容。确定的试题由本部门的刘平、徐小芳负责制作竞赛题目的PPT，并在现场配合主持人播放。竞赛期间，我和本部门人员认真准备竞赛现场的每一个细节，当参赛队员们竞赛休息期间欢歌笑语、切磋技艺、深入交流时，我们则通宵达旦地准备。

2009年10月，第一届"文化共享杯"活动现场

精心实施。2009年10月23—25日、2011年10月12—14日，两届"文化共享杯"先后在首家文化共享工程培训基地——浙江省杭州市萧山区

图书馆举行。时任萧山区图书馆馆长孙琴、时任党支部书记朱军华对竞赛现场的布置亲力亲为，为增加会场气氛，加挂了相关横幅，制作了手持标牌，摆放了盆栽桂花。福建省图书馆派出了由时任馆长助理陈顺带领的视频拍摄队伍负责现场直播。本部门的薄亮手持数码相机全场全程拍照，留下大量珍贵的精彩瞬间。而第一届"文化共享杯"主持人浙江图书馆的陈于阗、山东省图书馆的徐洋、山西省图书馆的朱伟、管理中心的张娇，第二届"文化共享杯"主持人重庆图书馆的陈昱竹、浙江图书馆的徐佳炜、山东省图书馆的徐洋、管理中心的张娇，构成了两届"文化共享杯"竞赛现场的亮丽风景线。在他们的穿针引线下，参赛队员领先者从容镇定，后居者你追我赶，观众们时而掌声欢呼声此起彼伏，时而争相答题积极互动，现场的气氛紧张中呈现着热烈，热烈中又透着活跃。

两届"文化共享杯"也得到了文化部领导的关注：在举办第一届"文化共享杯"时，时任文化部副部长周和平发来贺信；在举办第二届"文化共享杯"时，时任文化部副部长杨志今发来贺信。两届"文化共享杯"有近 18 万人参加了由有关省级分中心举办的选拔赛等活动，活动网络直播观看人数约 25 万人次，并得到浪潮集团有限公司、北京百年树人公司、深圳雅图视频技术有限公司、英特尔（中国）有限公司、联想集团有限公司、北京阳和文化传播有限公司的支持。

"文化共享杯"是由我策划、组织、实施的一项培训活动。多年之后，参赛选手们依然津津乐道，意犹未尽。至今，重庆图书馆的严轩仍把参加第二届"文化共享杯"所获得优秀选手的水晶奖杯摆放在他的案头。

当"共享"遇到"春雨"两大惠民工程携手服务边疆

2011 年 8 月 11 日，《中国文化报》第 1 版刊发了记者李晓林撰写的《当"共享"遇到"春雨"两大惠民工程携手服务边疆》文章，介绍了管理中心开展"春雨工程"的情况。

"春雨工程"于 2011 年由文化部、中央文明办共同启动实施，每年开展。管理中心积极参与，作为具体组织实施的部门负责人，我与处里的同志们认真学习文件，研究有关问题，结合实际情况，联合有关省级图书馆和文化馆有针对性地开展服务活动。2012—2017 年，连续 6 年开展的服务活动均获得文化部的表彰和奖励：2012 年的"文化名人大讲堂"和"文化信息资源共享工程志愿者"系列活动被评为"全国文化志愿者边疆行示范项目"，2013 年的"文化共享志愿者边疆万里数字文化长廊"活动被评为"文化志愿者基层服务年"优秀典型，2014 年的"文化共享志愿者边疆行"被评为"春雨工程"——全国文化志愿者边疆行示范项目，2015 年的"文化共享工程志愿者边疆行"被评为"文化志愿服务推进年"示范项目，2016 年的"汉藏文化交流活动"被评为"春雨工程"——全国文化志愿者边疆行典型案例，2017 年的"边疆民族地区基层文化骨干系列大讲堂"被评为 2017 年文化志愿服务示范活动典型案例。

2012 年 4 月 21 日，"春雨工程"的"文化名人大讲堂"邀请张炜先生在南宁做题为
"文学创作与文化建设"的讲座

2012 年"春雨工程"的"文化名人大讲堂"活动，在山东省图书馆

领导李西宁的协调下，邀请了时任山东省作家协会主席、第8届茅盾文学奖《人在高原》的作者张炜先生前往广西，分别在南宁和桂林以"文学创作与文化建设"为主题，对文学创作的使命和当下文化建设等问题进行了独到而精彩的演讲。活动取得了圆满成功，两场讲座吸引了普通市民、部队官兵、大学院校在校学生、文化系统工作人员以及文化爱好者等共计2000余名群众前来聆听，收到了良好的社会效果。许多听众表示，活动为基层群众近距离地接触当代作家，感受文化人的风采，创造了十分难得的机会。

2015年，我们创新了活动方式，推出了"文化共享工程志愿者边疆行"活动，活动于5月22日在黑龙江省抚远县启动，通过大舞台、大讲堂、大展台、小分队以及活动旗帜传递的"三大一小一传递"等形式实施。活动兵分两路，一路沿西北、西南边疆而下，另一路沿华北、华东、华南、东南沿海而下。2个省（区、市）之间举行旗帜交接仪式，并深入边境市县，为基层群众、边防官兵等开展文艺演出、专题讲座、流动培训、专业辅导、主题展览、资源更新、技术维护等一系列的数字文化志愿服务，最终两路队伍于12月18日在海南省顺利会师。活动覆盖了18个省（区、直辖市）和新疆生产建设兵团的150多个边境市县、乡镇及行政村（社区），开展基层骨干培训班近200期，面向群众的专题讲座800余期，文艺演出100余场，专题展览200余期，累计有50万余基层群众参与了相关活动。期间，还举办了以"魅力边疆"为主题的摄影作品征集活动，有17个省（区、市）推荐报送了523幅（384组）作品，各地网民通过文化共享工程官网等进行在线浏览并投票，我们收到了170多万张投票，网民推选出30幅/组优秀作品。

"春雨工程"是由我策划、组织、实施的，持续时间长、涉及面广、服务人群多、形式多种多样、内容丰富多彩、得到基层群众广泛好评的服务活动。

流动的公共电子阅览室
——文化共享大篷车

2011 年 9 月 30 日，《人民日报》第 19 版的《文教周刊》刊发了记者张贺撰写的《"文化共享"助力兵团建设》的文章。文中谈到，"在第六师五家渠市的田间地头时常可以看到一辆特殊的汽车，车上装着电脑和卫星设备，在地里劳作的职工随时可以上车登录互联网。这就是在当地家喻户晓的'信息大篷车'。作为文化共享工程的一项创新举措，第六师组建了一支精通业务、熟悉信息管理的大篷车队。大篷车聘用了 3 名在信息化管理、计算机、农业种植、养殖、法律法规等学科领域的专业人员，组成文化共享工程和信息大篷车信息服务专家队伍，随车深入到各个团场的连队进行农业科技知识、健康养生等方面的电脑教学。通过信息大篷车，将先进的科技知识送到了团场的田间地头，解决了数字化传播"最后一公里"的瓶颈。截至目前，'信息大篷车'行程 25000 余公里，为全师 100 余个连队的近 40000 名职工群众进行科技信息化培训 350 场次，接待群众上网查询信息 15000 人次，免费发放科普知识光碟 20000 余张，全师信息覆盖面达 40%，约 3 万名职工群众从信息服务中受益。"

这里的"信息大篷车"是 2007 年信息产业部赠与全国农村综合信息化试点市的培训用车。它是用 25 座大客车改装而成，车内配有计算机、电脑桌椅等教学所需设备，安装了投影机和幕布，具备有线或无线上网功能，配备了大功率 UPS（不间断电源）、空调和稳压电源等设备。每台"信息大篷车"造价 50 万元，包括车辆购置、改装、安装教学设备等，全部由相关企业赞助。通过改装，客车成为流动的公共电子阅览室。

2008 年 9 月，"信息大篷车"在宁夏回族自治区同心县，后排左一为孙燕。

　　当我从中央党校中央国家机关分校同学、时任信息产业部信息化推进司处长孙燕那里得知此信息时，正借调在文化部社会文化司图书馆处协助开展文化共享工程组织管理工作。我向有关领导汇报此事，表示应争取通过"信息大篷车"开展文化共享工程服务，得到领导的支持。为落实有关工作，我前往位于北京亦庄经济开发区的车辆改装工厂实地了解车辆改装情况，提出在车辆前方的挡风玻璃上方，张贴印有文化共享工程标识和文字的横幅，彰显文化共享工程；同时，每台大篷车上都配发一套文化共享工程的资源光盘，提供群众免费使用。这些举措得到文化部社会文化司领导以及信息产业部信息化推进司领导和孙燕的肯定。在此基础上，我与孙燕继续推动合作共建的规范化实施。

　　2007 年 9 月 30 日上午，在文化部办公楼的 3 楼大厅，举行了文化部、信息产业部合作协议书的签字仪式，双方就推进文化共享工程和农村信息化综合信息服务工程合作共建，共同促进社会主义新农村建设，达成协议。时任文化部副部长周和平出席仪式并签署了协议书。同时，两部委联合下发了《关于全国文化信息资源共享工程与农村信息化综合信息服务工程开展合作共建的通知》（文社图发〔2007〕36 号），要求在文化共享工程和农村信息化综合信息服务工程建设过程中，文化部、信息产业部要充分运用各自优势共同推进。

我与我的同窗在 3 个月的时间内促成了两部委的合作共建，两部委实现了资源共享，我们办成了好事一桩。

文化共享服务部队百万官兵

中国人民解放军政治工作网简称"全军政工网"，是依托军队通信网络且覆盖全军的信息服务系统。2013 年 11 月 4 日，《中国文化报》第 1 版刊发了记者王学思《文化共享工程全面服务我军官兵》的报道："11 月 1 日，全军政工网'文化共享工程专栏'正式面向全军百万部队官兵推出。文化部副部长杨志今、解放军总政治部宣传部部长周涛、北京军区政治部副主任康春元等到北京卫戍区 66381 部队 79 分队调研该专栏的试用情况。部队官兵表示，专栏的开通为青年官兵学习成才构建了良好的平台，栏目内容丰富、特色鲜明、信息集成度高、阅读浏览便利，深受大家的欢迎和喜爱。"

2013 年 11 月 1 日，全军政工网开通"文化共享工程专栏"页面

作为曾"一颗红星头上戴，革命的红旗挂两边"的"老班长"，我与部队官兵有一种天然的亲切感。通过有关方面的介绍，我与负责运行全军

政工网的总政治部文化工作和网络宣传教育中心（以下简称"文网中心"）人员接触，经多次深入交流，双方认为可以发挥各自的优势，实现资源共享。即管理中心可以将文化共享工程的丰富资源通过全军政工网服务部队官兵，同时，文网中心也可提供相关数字资源通过文化共享工程官网等途径开展服务。2012年底，双方签署了合作共建协议。经过一段时间的准备，2013年11月1日全军政工网"文化共享工程专栏"正式推出，栏目设置了文化专题、群星璀璨、文化共享奥运行、共享讲堂、精品资源库、放映大厅、快乐生活、经典剧场等8个大类、40个小类的核心资源库。至2017年底，全军政工网"文化共享工程专栏"资源达6.4TB，累计有514万人次的部队官兵访问了该栏目，页面访问量达4846万。

2014年2月，发展中心在文化共享工程官网上设置了"军营音画"专栏，集中发布了文网中心提供的一批军民迎新春文艺晚会、全军业余文艺汇演、第三届全军业余DV短片创作比赛获奖作品、新兵入伍教育电视系列片等数字资源。同年8月1—15日，双方联合开展"文化强国强军知识网络竞答"活动。活动在文化共享工程官网和全军政工网同步实施，共有21万人次参加此项活动。其中，部队官兵有17万余人。

2016年6月，刘刚与同事范雪（女）在福建某驻军连队调研

为进一步了解基层官兵对公共数字文化的需求情况，2016年6月发展

中心有关人员与文网中心相关同志一起前往福建和海南，深入海防前线的基层连队、海军航空兵驻地，登上南海舰队战舰，与驻军官兵座谈交流，了解情况，探讨军民融合发展的新途径和新方法。

作为推进实施与全军政工网合作的发起者，看到文化共享工程服务部队百万官兵，我深感欣慰。

文化共享专题片系列培训

数字资源是文化共享工程的核心。与以往图书馆承担建设数据库不同，文化共享工程要求各地要制作有关音视频的公共数字文化资源，这对图书馆来说是挑战，也是创新。为此，我在培训部门工作期间，紧紧结合各地需要，策划、组织、实施了系列专题片培训工作。

第一次是 2005 年 6 月 11—12 日在陕西省图书馆举办摄像编辑人员培训班。这也是文化共享工程首次举办的摄像编辑方面的培训班。培训班邀请在中央电视台工作的李炼成编导为各省级分中心骨干介绍摄像的基本知识。在学习基本知识后，大家外出利用自带的摄像机进行实地拍摄，并由老师进行指导。首次扫盲培训班取得预期效果。

2005 年 6 月，管理中心在陕西省图书馆举办培训班

第二次是 2009 年 5 月 5—9 日在首都图书馆举办"文化专题片制作基础技能培训班"。培训班邀请了中国教育电视台资深电视工作者闻闸先生以及中国传媒大学老师等授课，其权威、系统的讲授内容与交互式教学方式，得到参加培训的 70 位学员的好评，大家希望管理中心继续举办此类提高班。为便于各地共享培训资源，我们将文化专题片制作基础技能培训班内容制作成光盘下发各地使用，同时将其发布到工程网站的培训专栏，供各地使用。

第三次是 2012 年 2 月 29 日至 3 月 4 日在文化部的中央文化管理干部学院举办全国文化信息资源共享工程专题片制作省级师资培训班。为办好此次培训班，我请资源建设处的吴哲联系中国传媒大学赵曦教授，请赵教授前来授课，同时，赵教授还推荐了其他授课人员。此次培训班有 33 个省级分中心的 74 人参加了学习，赵教授讲授了电视纪录片创作，东方卫视《杨澜访谈录》制片人马敬军就谈话类节目制作流程和样态做了专题辅导，还有其他老师也就相关内容授课。课上课下，学员们就各自感兴趣的问题与老师进行了广泛交流。

第四次是 2014 年 1 月 5—11 日在文化部的中央文化管理干部学院举办的文化共享工程多媒体资源建设培训班。来自文化共享工程 33 个省级分中心、22 个支中心和有关单位的 115 位学员参加了培训。还是通过吴哲的介绍，我邀请了中国传媒大学教授高晓虹、何苏六、徐舫州、王晓红，副教授孙振虎前来授课，他们先后讲授了电视编导、纪录片创作、电视策划与写作、电视画面编辑、电视摄影造型等内容。这些业务精湛、经验丰富，具有高水平的教授们，得到了学员们的高度赞誉，大家反映，教授们讲课视野广阔，条理分明，语言风趣。学员们说，通过专家教授们的悉心讲解，他们全面、深入、系统地了解了一部好的专题片所应具备的基本要素，例如好的选题、精彩的拍摄、感人的细节、准确的解说、优美的配音、流畅的剪辑等等，其中真实是电视专题节目的生命。

学员们的满意，就是对我工作的肯定。这一系列培训以及日后的网络教学，不仅提高了各地文化共享工程专题片的制作水平，也为公共图书馆开拓了资源建设新领域奠定了基础。而我自己也从中学习到镜头的"远、全、中、近、特""推、拉、摇、移、跟"等知识。

结语

十余年的文化共享工程虽已落下帷幕，但它在公共数字文化建设方面所体现出的开拓创新、勇于实践、大胆探索的精神和取得的丰硕成果与经验模式，将指导、推进公共数字文化不断前行。十余年间文化共享工程的精彩瞬间、难忘时刻，暂且尘封于此吧！

作者简介

刘　刚（1960 年 11 月—　），男，研究馆员。1981 年初进入国家图书馆工作，先后担任自动化发展部（后更名信息网络部）副主任、国家图书馆分馆副馆长、全国文化信息资源共享工程国家中心副主任；参与若干项国家及省部级数字图书馆建设课题；1993 年 4 月至 1994 年 4 月带队前往美国 OCLC 工作。2004 年 4 月进入文化和旅游部全国公共文化发展中心（曾用名文化部全国文化信息资源建设管理中心、文化部全国公共文化发展中心），负责资源建设处工作，后任规划管理处、培训指导处、信息技术处等部门处长。

后 记

年年岁岁花相似，岁岁年年人不同。经过 1 年的筹备，由"文化共享人"发起并撰写的《文化共享工程记忆》终于完成。全国文化信息资源共享工程作为我国公共数字文化建设与服务的创新者、探索者、实践者，极大推动了我国公共文化数字化、网络化建设进程，为公共数字文化向智慧化发展奠定了基础，提供了经验。

文集的 60 位作者（含序作者）是千千万万全国文化信息资源共享工程建设与服务者的代表。34 篇文章展示了全国文化信息资源共享工程建设者"功成不必在我，功成必定有我"的高尚情怀，彰显了因地制宜、勇于探索的创新精神，记录了默默无闻、脚踏实地的辛勤付出，记载了跋山涉水、迎难而上的艰辛旅程，体现了精益求精、一丝不苟的责任担当，反映了辛苦我一人、幸福千万家的奉献精神，分享了穰穰满家、硕果累累的喜悦心情。

本书得以出版，要感谢各位同人的大力支持。感谢原文化部全国文化信息资源建设管理中心主任张彦博对本书的悉心指点并作序，感谢首都图书馆的陈建新、山西省图书馆的李静、吉林省图书馆的吴爱云、浙江图书馆的刘晓清、安徽省图书馆的许俊松、江西省图书馆的蔡荣升、湖南图书馆的伍艺和任重、广东省立中山图书馆的吴昊、广西壮族自治区图书馆的秦小燕、海南省图书馆的冯锦福、青海省图书馆的刘正伟等同人的关心和建议，感谢各位编委百忙之中对本书进行审定，还要感谢国家出版社社长魏崇、总编辑殷梦霞、图书馆学编辑室的老师在出版过程中给予的帮助与指导。

期望这本书能让更多的人深入了解全国文化信息资源共享工程，并为公共数字文化的发展提供有益的参考与借鉴。

编者

2022 年 4 月